따뜻한
교육,
행복한
미래

따뜻한 교육,

김성규 지음

초등학생부터 대학원생까지 가르치며 생각한 교육이야기

행복한 미래

한국학술정보㈜

책 펼치기에 앞서

요즘 우리 교육은 대혼란기를 겪고 있다. 이 혼란을 어떻게 극복하는가에 따라 우리 교육이 새롭게 도약할 것인지, 실패할 것인지, 결정되는 중요한 시점이다. 한마디로 교육의 미래를 결정하는 선택의 기로에 있다.

공교육에 대한 신뢰는 바닥으로 추락하고, 교육수요자의 요구는 점점 거세어지며, 학교폭력은 날이 갈수록 심해지는데 해결방법을 찾지 못하고 있다. 이젠 교사에 대한 권위와 스승에 대한 존경심도 사라지고, 학생들의 인권 강화는 교사의 지도력을 약하게 하고 있다.

이러한 상황에서 하루가 다르게 새로 터져 나오는 교육문제들을 해결할 수 있는 뚜렷한 해법이 없다. 그렇다고 그냥 두고 볼 수도 없다. 어떻게 하든 잘못된 교육을 바로잡아야 우리의 미래에 희망이 있다. 그렇게 하는 것이 교육자의 사명이다.

이 책은 우리 교육이 당면한 문제들의 교육적 해법과 대안들을 교사와 학생의 눈높이에서 모색해보고, 우리 교육이 나아가야 할 방향에 대한 진솔한 이야기를 정리한 것이다.

제1장 '흔들리는 교단'에서는 요즘 학교현장에서 일어나고 있는 교

육문제에 대한 필자 나름의 해법을 제시하였다. 교육문제는 여러 가지 요인에 의해 나타나므로 단편적인 치료보다는 다각적인 처방이 필요하다는 생각을 정리해봤다.

제2장 '다시 생각하는 교육'은 교육문제의 그 원인이 무엇이며 교육의 본질에 비추어 문제해결 방안을 재조명하였다.

제3장 '행복을 위한 교육'은 교육의 본질은 인간의 행복한 삶에 있음을 밝히고 행복한 삶을 위한 학생 삶의 질 향상, 감성의 중요성, 공감하기에 초점을 둔 공존교육을 제시했다.

제4장 '미래를 위한 교육'은 인간의 행복한 미래를 준비하는 과정이 교육임을 알리고 이를 위한 우리 교육의 방향을 모색하였다.

제5장 '행복한 교직원 관계'는 현행 학교조직의 문제점을 짚어보고 개선방향과 학교조직 구성원 간의 미래지향적인 소통방법, 학교 내외의 갈등을 슬기롭게 극복할 수 있는 방법을 살펴보았다.

제6장 '마음을 읽는 교육'에서는 교육리더의 학교경영기술론으로 학교관리자(교장, 교감)가 교직원의 마음을 먼저 읽고 이들이 신바람 나게 학교업무에서 역량을 발휘하게 하는 경영기술을 소개하였다.

이 책은 교육을 처음 접하는 대학생이나 대학원생, 임용고시를 준비하는 수험생, 현직교사, 학교경영자, 그리고 자녀교육에 관심이 많은 학부모에 이르기까지 누구나 이해하기 쉽게 우리 교육의 현실과 행복한 미래를 위한 따뜻한 교육방향을 제시하였다.

끝으로 본 책의 출판을 기꺼이 맡아주신 한국학술정보(주) 대표이사님과 직원 여러분께 감사드린다.

2012년 03월

김성규

CONTENTS

[Step 3. 행복한 삶을 위한 교육]

Step 1

흔들리는 교단

교육이 위기다

요즘 세상일을 보면 나라가 제대로 돌아가는 것이 하나도 없다는 생각이다. 그중에서도 우리의 교육은 전반적으로 위기에 처한 것 같아 걱정이 앞선다. 나라 밖에선 한국교육을 배우고 본받자는 칭찬의 말이 많지만 우리의 현실은 그렇지 않다. 청년실업과 대학의 반값 등록금, 사교육비 증가, 학교폭력, 학생인권 등 교육과 관련된 문제는 학교 내외의 또 다른 갈등으로 심한 몸살을 앓고 있다.

지금까지 교육은 교사가 주도적으로 학생을 교육해왔다. 그런데 언제부터인가 교육에 경제논리가 도입되고 교육수요자란 이름으로 교육주체로 자리 잡아 학생과 학부모들의 교육에 대한 요구가 점점 커지고 있다. 이에 우리 교육도 교사중심에서 학습자 중심교육으로 패러다임(paradigm)을 전환한 것이다. 학습자 중심 교육의 가장 기본적인 전제는 먼저 미래사회를 대비하고, 인성교육의 토대 위에서의 학력을 신장하는 것이며, 다음으로는 타의에 의한 학습이 아니라 자발적인 자기 주도적 학습이라고 말할 수 있다.

우리는 요즘처럼 교육의 어려움을 겪은 시기도 일찍이 없었다. 모름지기 교육은 불안과 혼란보다는 안정되고 조용한 환경에서 깊이 성찰하고 몰입하는 데서 깊은 사고력과 창의력이 길어지는 것이다. 교육이 사회문제로 대두된다는 것은 그만큼 교육이 중요하고 시급한 당면과제임에는 틀림없다. 그러나 온 나라가 교육문제로 시끄럽다 못해 대통령까지 나서는 것을 보면, 교육이 위기라는 생각이 든다.

우리나라 국민은 모두 교육의 전문가인 것 같다. 요즈음 교육문제에 대해서 모두가 한마디씩 쓴소리를 하고 있다. 학교, 가정, 사회는 집단 따돌림과 학교폭력의 원인제공자로 책임감을 가져야 한다는 조언도 한다. 이렇게 모든 사람이 교육에 높은 관심을 갖는 것은 교육이 인간의 삶에 중요한 역할을 하고 있기 때문일 것이다.

교육에는 교육 본연의 철학과 이론이 존재한다. 교육이 교육 본연의 자기추구를 목표로 교육 고유의 이론과 원리가 교육정책에 존중되어야 올바른 효과를 거둘 수 있다. 반면 여론이나 정치적 외압에 의한 즉흥적인 교육정책의 폐해는 고스란히 학생들에게 미친다. 이러한 점에서 볼 때, 요즘 교육은 정치적인 외압과 국민들의 여론에 너무 휘둘리고 있다는 생각이 든다.

교총보도에 의하면 교사 97%가 '수업 중 문제학생을 일부러 피한다'고 한다. 한마디로 교육권을 포기하고 있다. 교사가 학생을 가르치는 교육권을 포기한다면 교사의 임무를 저버리는 것이다. 참으로 걱정스럽고 안타까운 현실이지만 지금의 교육환경에서는 어쩔 수 없는 선택이기도 하다.

"입시 위주 교육으로 무너진 교권이 교사들의 의욕을 깎아내렸다. 학생인권조례도 교사들의 발목을 붙잡았다. 학교에선 학생들의 휴대전화 사용 때문에 교사들과 전쟁이 벌어진다. 소지품 검사를 할 수 없도록 해서 담배나 흉기 소지 여부를 알 수도 없다. 교사들의 손발이 묶인 상태에서 거칠어진 요즘 학생들을 적극적으로 지도하기가 매우 힘들게 돼 있다. 우리 아이들이 가장 많이 쓰는 단어가 뭔가 조사를 해 봤더니 1위가 '×팔', 2위가 '×나'였다. 기본 언어교육과 인성교육이 안 돼 있는 아이들에게 책임보다 권리를 앞세우도록 하면 안 된다. 소지품 검사를 받지 않을 권리에 앞서 담배를 피워서는 안 되고, 친구를 때려서는 안 된다는 인성교육을 시켜야 한다."

교사가 교육권을 포기한다면 문제학생은 누가 지도한다는 것인가. 이 같은 사태가 오기까지는 교육과학기술부나 시·도교육청이 일관성 없는 교육정책으로 일선학교를 혼란하게 하였기 때문이다.

학생지도는 교사에게 맡겨야 한다. 교원자격증을 가진 교사만이 교육의 전문가임을 인정하고 믿어야 한다. 만약 환자의 질병을 의사가 아닌 국민의 여론이나 정치적인 압력에 따라 진료와 치료방법이 달라진다면 환자의 치료가 가능한 것인지 되묻고 싶다.

요즘 교사들은 우리의 교육위기를 학교현장에서 생생히 체험하고 있다. 그것도 너무 큰 상처를 경험하면서 때론 교육에 대한 회의감까지 느끼고 있다. 교육정책자들은 진정한 교육이 무엇인지를 깨닫고 그 본질을 회복하는 데 노력해야 한다. 정치인의 한마디에 교육정책이 흔들리고 학교현장이 혼란을 겪는 현실에서는 더 이상 정상적인 교육을 기대할 수는 없다.

진정한 교육을 위한 정상적인 교육활동에 반하는 교육정책은 과감히 개혁할 수 있어야 정상적인 교육과정을 단위시간에 충분히 수행할 수 있다. 요즘 교육과 관련이 없는 업무까지 일선학교에 보내지고 있다. 그 대부분은 교육분과위원회 의원들의 국정감사 자료들이다. 국정감사 자료는 국회의원의 개인비서인 보좌관이 있음에도 교육청을 통해 일방적으로 일선학교에 요구하고 있다. 이러한 감사 자료는 시도 때도 없이 항상 '긴급'으로 교사의 일상적인 교수활동까지 마비시킬 정도다. 한마디로 '국민의 심부름꾼'이란 말은 선거 때나 하는 습관성 거짓말인 것이다.

교장 중심의 학교경영, 책임경영, 자율경영은 말 그대로 이름뿐인 정책이다. 현행 교육정책하에서는 창의적이고 자율적인 학교경영은 할 수도 없지만 해서도 안 되는 상황이다. 단지 주어진 예산과 방법 안에서 시행해야 한다. 설사 자율적인 학교경영을 했다면 반드시 책임을 져야 하고 그에 상응하는 철저한 감사를 받아야 한다. 이러한 현실에서 자율화는 하나의 공염불에 지나지 않는다.

교육은 믿음과 신뢰에서 출발해야 한다. 조그마한 교육비리가 온 나라의 교육현실인 것처럼 보도하는 언론도 문제다. 물론 교육은 다른 직업보다 높은 도덕성과 청렴성을 강조하고 있지만 공룡처럼 거대한 교육조직에서 크고 작은 문제들이 없을 수는 없는 일이다. 이러한 사실로 모든 교원들이 마치 범죄자처럼 호도되는 것은 교원들의 사기와 자존심에 지울 수 없는 상처를 주고 있다.

교육이 개인성장뿐 아니라 미래의 국가성장의 동력임은 누구도 부인할 수 없다. 그렇다면 과거와 같은 스승의 대우나 존경은 못 할망정 지금의 교육위기를 극복할 수 있는 사기를 더 이상 꺾지 말아야 한다. 교육자의 사명감을 일깨우고, 자율성과 책임감으로 학생들에게 희망과 용기를 심는 교육을 할 수 있도록 교원에 대한 대안이 필요하다.

위기는 기회가 될 수도 있고, 말 그대로 재난이 될 수도 있다. 그 차이는 위기에 대한 대처능력이다. 보다 정확하게 사전준비를 '어떻게 하느냐'에서 시작된다. 평상시에 미리 준비해놓은 사람들은 위기를 두려워하지 않는 대신 오히려 기회로 만들 수 있다. 그러므로 지금 교육위기를 슬기롭게 극복할 수 있는 것이 무엇인지를 진지하게 생각하고 준비해야 한다. 그래야 위기관리를 잘하는 존경받는 리더가 될 수 있다.

PART

학교도 못 막는 학교폭력

괴롭힘을 견디다 못해 지난해 목숨을 끊은 대구의 중학교 2년생 휴대전화로 두 가해학생이 보냈던 문자메시지다.

> "'숙제 15장 대신 할래? 내일 50분 동안 맞을래?', '요즘 안 맞아 서 영 맛이 갔네, 답 늦을 때마다 매 2대 추가' ……."

이들은 하루에 많게는 40~50개씩 문자를 보내 숙제와 온라인게임을 시키고 돈을 요구했다. 죽은 학생과 두 가해학생은 초등학교 동창인데다 같은 반이었다. 모두 맞벌이 중산층 가정 아이들이고 공부도 평균은 했다고 한다.

과거엔 고등학교 1~2학년이 학교폭력의 대부분이었으나 이제 중학교 2학년이 꼭짓점이다. 과거엔 폭력이라고 해봤자 한탕 붙어서 힘센 학생이 힘없는 학생을 한두 번 괴롭히는 정도였지, 지금처럼 죽도록 때리진 않았다. 하지만 이제는 폭력이 '과시'와 '재미'로 변했다는데 문제의 심각성이 있다. 피해학생과 부모의 고통을 생각하면 용서받지 못할 가슴 아픈 일이다. 물론 과거 세대에도 '일진'이라고 말을 안 붙였을 뿐이지 싸움 잘하는 학생들의 폭행은 있어 왔다. 어른들은 그 때문에 "우리 때도 그랬다"면서 대수롭지 않게 여기는 경향이 있다.

하지만 최근의 학교폭력은 양상이 다르다. 지속적이면서 집단적으로 이뤄졌다. 대구 중학생 자살 사건도 그런 집요한 폭력에 굴복해 발생했다. 왕따도 그렇다. 학생들의 집단 따돌림엔 이유가 없다. 공부를 잘해도 대상이 되고, 못해도 왕따가 된다.

어느 전문상담교사의 이야기다.

> "학교폭력은 솔직히 끔찍합니다. 시도 때도 없이 화장실로 불러내서 치마가 짧다, 눈빛이 싸가지 없다고 쥐어박고, 숙제해 오라고 협박하고 안 해오면 때리고, 준비물 빼앗아가고, 미술 과제물도 빼앗고…… 거의 종처럼 부리다가 필요 없으면 버리고, 왕따시키고 다른 아이를 또 영입해서 데리고 놀다가 또 버리고…… 남자아이들은 약한 아이를 때리고 욕하고, 오토바이에 매달아 달렸다는 이야기도 들었는데 우리 학교 아이들은 확인하지 못했습니다."

이 정도면 교육을 하는 학교가 아니라는 생각이 든다. 학교현장이 이렇게 변하기까지 정부와 교육당국 그리고 학교는 무엇을 했으며 학부모는 무슨 교육을 기대하고 학교를 보냈는지 의문이 든다. 모든 학교 상황은 아니지만, 한마디로 학교가 폭력의 도가니인 것이다.

요즘 학교폭력은 그 해답을 찾기 어렵다. 그것은 폭력의 대상이나 수준이 도를 넘었다. 중·고등학교에서 초등학교로, 남학생에서 여학생으로, 폭력은 또 다른 폭력을 낳고 있다. 심지어는 자신이 왕따당하지 않기 위해 남을 왕따시키는 현상까지 나타나고 있다. 그리고 학생들이 인터넷이나 스마트폰으로 손쉽게 폭력영상물을 보면서 다른 사람을 때리는 것에 대한 죄의식도 옅어지고 있다. 그저 재미를 위해 공격대상을 계속해서 찾는 분위기가 학생들 사이에 확산되고 있다는 데 문제의 심각성이 있다.

학교폭력에 대해 학교가 더 이상 손을 쓸 수 없는 현실도 문제를 확대시키고 있다. 본래 학교폭력이 발생하면 일차적으로 담임교사가 사태를 조사하고 그 피해학생과 증인들의 증언 및 증거들을 확보하고, 가해자의 사실 여부를 조사한다. 그리고 피해자 부모와 가해자 부모의 면담을 통해 사건 해결을 위한 중재활동을 한다. 중재가 어려울 경우 학교폭력자치위원회를 개최하여 심의·결의한 다음 문제의 경중을 가려 학칙에 의해 조치한다. 그러나 이러한 학교폭력 문제는 학생부는 담임교사에게 담임교사는 학생부에 서로 떠넘기기 일쑤다. 이 같은 이유는 학생들의 인권과 맞물려 문제의 해결이 어렵다는 데 있다.

게다가 가해학생 부모들의 태도를 보면, 가해학생 못지않은 협박성 언어와 태도를 보여 학교가 감당하기 어렵다. 가해학생 부모들은 오히려 중재교사들의 말꼬투리를 잡아 교육청에 민원을 넣는 등의 방법으로 제2, 제3의 문제를 일으킨다. 또한 피해학생 부모들도 모든 책임을 학교에 돌리는 태도로 일관해 문제를 더 어렵게 하고 있다. 심지어는 학교폭력자치위원회의 전학 조치도 거부하는 사태에까지 이르고 있어 법적으로 강제전학은 권고에 불과하므로 안 가면 그걸로 끝이다. 의무교육기관인 초·중학교에서는 강제로 전학 조치를 취하지도 못한다.

현행 학교규정으로는 더 이상 폭력에 대한 뚜렷한 대책이 없다. 각급 학교 학칙에도 학생인권과 관련된 학생 벌칙인 강제적 규정은 모두 사라졌다. 그 결과 학부모는 학교를 원망하고 담임교사에게 책임을 씌우기 일쑤다. 어찌 보면 양심도 없고 더 이상 생각하고 싶지도 않은 일이다. 이제까지 정부가 다양한 학교폭력대책을 내놨지만 큰 효과는 없었다. 「학교폭력 예방 및 대책에 관한 법률」은 2004년 7월 제정됐고 이후 '학교폭력 예방 및 대책 5개년 기본계획'도 시행됐다. 그러나 학교폭력은 계속 발생 연령이 낮아졌고 건수는 늘어났으며 최근에는 정서적·언어적 폭력까지 증가하는 등 복잡화·다양화 추세다.

요즘 학생들이 기본적으로 교사를 대하는 태도도 과거와는 확연히 다르다. 과거에는 "이 녀석, 수업시간에 왜 졸아!" 하고 선생님이 호통치면 화들짝 놀란 학생이 "죄송합니다"하고 조아리는 모습이었지만, 요즘 학생들은 "일어나라"고 깨우면 반성보다 날 선 눈으로 "왜요?"라고 대들듯 반문하는 것이 다반사다. 한마디로 교사의 교권이 사라진 결과다. 교사에 대한 존경심과 교사 권위가 없어 학생지도력이 힘을 잃게 된 것이다. 요즘 교사들의 학생지도에 가장 큰 어려움 중 하나가 바로 교권 하락으로 인한 사기저하와 자존의 상처이다. 이젠 학생마저 교사의 말에 따르기는커녕 잘 듣지도 믿지도 않는다. 교사의 권위가 없어진 것이다. 이러한 현실을 보면, 무엇보다 교사의 교권이 회복되어야 학생지도력이 가능하다는 생각이다.

선진국의 예를 보면, 미국, 독일, 영국, 캐나다 등 학교폭력이 거의 없는 나라들은 '사소한 폭력도 절대 허용하지 않는다'는 '무관용 원칙(Zero tolerance policies)'을 적용하고 있다. 단 한 명의 물리적·언어적 폭력도 원천 차단하기 위해서다. 노르웨이의 경우 '놀리는 표정',

'1명을 소외시키기', '무례한 몸짓', '소문 내기'를 모두 폭력으로 규정한다. 학생이 이런 행동을 하면 교사는 즉시 부모에게 문제를 제기하고 가정교육을 권고한다. 폭력을 행사하는 학생은 일정기간 별도의 공간에서 수업을 받도록 하는 '타임 아웃제'도 실시하고 있다. 독일도 학교폭력 대처에 강경하다. '3진 아웃제'를 쓴다. 학교폭력이 발생하면 우선 담임교사가 부모를 불러 상담한다. 두 번째로 적발되면 옐로카드를 준다. 학부모 역시 불려가서 교장과 상담해야 한다. 세 번째는 레드카드다. 퇴학을 당하는 것으로 인근 학교로의 전학도 제한을 받는다. 100㎞ 밖으로 전학 가야 한다. 폭행 사건이 발생하면 절대 쉬쉬하지 않는다. 이제 우리의 학교폭력도 외국의 지도 사례들을 참조할 필요가 있다.

학교폭력의 원인은 여러 가지가 있으나 일반적으로 개인, 가정, 현행 경쟁적인 입시제도 그리고 사회적 요인으로 구분하고 있다.

먼저 개인적 요인 중 가해자에게 가장 많이 나타나는 인성적인 특성은 공격성이다. 이 외에 충동성, 타인에 대한 강한 지배욕, 피해자에 대한 낮은 공감 등이 있다. 가해학생은 폭력과 폭력적 수단을 사용하는 것에 대해 일반학생보다 더 적극적인 태도를 취하며 충동적인 성격으로 타인을 지배하려는 강한 욕구를 보이고 있다.

다음으로 가정적 요인은 가해학생의 상당수는 가정폭력 경험이 많은 것으로 분석되고 있다. 특히 가해학생은 자신이 경험한 가정폭력의 정도가 심각할수록 폭력적인 성향을 나타내게 된다. 가정경제 수준에 비추어볼 때는 절대적 기준에서의 빈곤 가정보다는 상대적 빈곤감을 느끼는 가정의 자녀들이 무력감, 열등감, 사회에 대한 반발, 반항심, 공격성, 폭력성 등을 초래하기 쉽다. 그러나 요즘 학교폭력

가해자 중에는 가정의 경제수준이 부유한 경우도 있기 때문에 단순한 기준으로 폭력과 경제수준을 연관 지을 수는 없다.

학교제도의 요인으로는 경쟁적인 입시교육이라고 할 수 있다. 우리 사회의 학교는 우월한 개인 능력을 가진 학생이 높은 점수를 받고, 일류학교 진학 여부에 따라 개인을 평가한다. 이것은 획일적·권위적·비인간적 학교교육 풍토를 만들고 여기서 탈락한 학생들은 좌절감, 패배감을 느끼게 되며 일부는 문제아로 낙인찍힌다. 입시 위주의 교육과 타율적인 학습환경 그리고 획일적인 평가방법은 학교의 인성교육 기능을 서서히 마비시키고 있다.

마지막으로 사회적 요인으로는 지나친 쾌락추구와 개방적인 성문화라 할 수 있다. 오늘날 우리 사회는 향락과 쾌락 중심의 사회 분위기를 형성하고 있고, 선정적이고 개방적인 성문화는 학생들을 유혹하며 비행과 폭력 그리고 탈선을 부추기고 있다.

학생 집단 따돌림이나 학교폭력에 대한 대책은 학교, 가정, 정부 등 다양한 역할이 연계해 지도하여야 하고 일회성이 아닌 지속적인 예방교육이 필요하다.

첫째는 인간존중과 책임의식을 가진 법적·제도적인 처벌이 필요하다. 지금까지는 학교폭력에 지나치게 관용적인 태도를 보인 것이 사실이다. '가해학생도 보호대상'이란 인식 속에 솜방망이 처벌이었다. 학교폭력은 학생들에게 올바른 자유와 책임의식을 심어줄 수 있는 강한 법적·제도적인 처벌이 이루어져야 근절될 수 있다는 생각이다. 이번 대구 중학생 자살의 가해자로 지목된 A군은 "친구야, 정말 미안해. 다신 아이들 괴롭히지 않을게. 난 장난으로 했는데, 죽을 만큼 힘들었는지는 몰랐다"고 했다. 이처럼 왕따를 시키는 행위가 얼마나 비겁하고 잔인한 짓인지 자각조차 없다는 얘기다.

둘째는 교사가 직접 지도할 수 있는 교권을 세우는 일이 필요하다. 집단 따돌림이나 학교폭력은 예방과 조기 발견이 가장 중요하다. 중간에서 제지하지 않으면 점점 심해지는 게 청소년의 특징이다. 주변 친구들과 선생님, 부모님이 폭력적인 성향을 잘 관찰해서 교육하고, 적절한 조치를 하는 것이 필요하다. 그러나 요즘 학교에서 교사들은 윤리부장이나 학생부장 보직을 가장 기피한다. 이 같은 이유는 더 이상 말하지 않아도 이해하겠지만, 가장 큰 원인은 학교폭력이 교권붕괴와 맞물려 있기 때문이다. 교사의 학생지도력 저하는 상대적으로 학생들의 무책임한 행동으로 나타난다. 그러므로 올바른 교육은 학생이나 학부모가 교사들의 교권을 인정하고 존중하여 교사의 교권이 확립될 때 가능하다.

셋째는 체험중심의 인성교육을 강화해야 한다. 학교는 학생들에게 지식교육뿐만 아니라 바람직한 인간으로 성장하기 위한 인성교육을 해야 한다. 학교의 인성교육은 인간생활에 필요한 기본적인 인격이나 생명존중, 예절, 질서를 중심으로 타인을 존중하고 배려하는 관용교육이다. 그러나 인성교육이 어려운 점은 인성이 매우 복합성을 지니고 장기간에 걸쳐 형성된다는 점이다. 학교폭력이 불거져 나올 때마다 인성교육이 강조되지만 학교교육만으로는 불가능한 것이다. 인성교육은 무엇보다 가정교육이 우선이다. 그 다음 학교교육, 사회교육 등과 연계해야 효과를 얻을 수 있다. 학교의 인성교육도 사실상 어려운 환경이다. 정규 교육과정에 포함된 인성교육은 고작 도덕 관련 교과와 창의적 체험활동 정도다. 그것도 지도교사나 담임의 의지에 따라 다르고, 더 큰 문제는 인성교육을 교과교육처럼 주입식으로 가르치기는 어렵다는 점이다. 인성교육을 위해서는 담임교사의 상담이 중요하다. 하루 1시간 정도를 상담과 생활지도에 할애하려면 생활지도와 인성교육을 교육과정에 포함시켜 수업시수로 인정해야 되는데 실상은 그렇지 못하다. 획기적인 학교 인성교육의 변화가 있어야 한다.

넷째는 확고한 학칙준수와 질서의식을 심어주어야 한다. 미국의 경우 학교폭력이 발생하면 학교가 어느 학생에게든 학칙이나 규정을 공정하게 적용해 운영한다는 특징을 갖고 있다. 누구에게나 공정한 학칙을 적용하는 것이 '세이프 스쿨(safe school)'의 본질이다. 중학교가 의무교육이라 퇴학이 불가능하다면 최소한 정학이라도 무제한으로 내릴 수 있게 하고, 그것으로 수업일수가 부족하게 되면 자동 유급이라도 되게 해야 한다. 또한 다른 학생에게 신체·재산상의 피해를 입혔을 경우에는 앞의 선진국 사례처럼 반드시 보호자인 부모가 책임을 져야 하는 법적인 강제규정을 두어야 한다. 이처럼 명확한 규정이나 법적 책임이 학교폭력을 줄일 수 있다.

다섯째는 학부모의 자녀교육에 대한 올바른 교육관이 필요하다. 미래사회는 더불어 사는 시대이다. 이러한 사회에서는 남을 존중하고 배려하며 서로 공존하지 않는 한 행복한 삶을 영위할 수 없다. 그러나 우리 부모들의 자녀관을 보면, 아직까지도 타인보다는 오로지 내 자식만 좋은 성적으로 좋은 대학 입학을 원하고 있다. 우리의 경쟁적인 교육열도 따지고 보면 학부모의 그릇된 교육의식에서 비롯된 것이다. 이러한 잘못된 교육열은 경쟁적인 사교육 열풍으로 타인보다는 나 중심의 이기적인 인간을 만든 결과, 지금과 같은 교육문제가 나타나고 있다고 생각한다. 미국에서는 친구를 놀리면 부모가 일주일 동안 교실 한구석에서 벌을 서다시피 해야 한다. 이렇게 학생들의 타인

배려 의식과 함께 자녀교육에 대한 학부모들의 확고한 책임의식이 필요하다.

학교폭력을 예방하고 해결하기 위해서는 범사회적이고 체계적인 대책이 마련되어야 한다. 이번에 정부가 내놓은 학교폭력 근절 대책을 보면, 신고체계는 '117'로 일원화하고 교장과 교사의 권한을 강화했으며, 학생생활규칙 제정, 또래문화 조성 등을 통해 학생 스스로 규칙을 준수하도록 하고 학부모 교육도 강화했다. 피해자는 경찰 동행 등으로 보호하고 가해자는 즉시 출석정지, 전학, 학부모 소환 등으로 제재할 수 있게 하였고, 일진 등 심각한 가해자는 경찰이 감독하는 등 형사사법 절차도 동원된다. 이를 통해 '학교폭력은 숨길 수 없고, 신고하면 반드시 해결된다'는 인식이 자리 잡게 한다는 구상이다.

아무튼 더 이상 학교폭력은 가해학생이나 학부모, 학교만의 책임은 아니다. 가정과 학교를 비롯한 지역사회 각 영역에서 학교폭력에 대해 관심을 가지고 이를 예방하고 해결하기 위해 우리 모두가 노력해야 할 것이다.

PART 03

학생 자살, 예방이 급하다

두 달 새 대전에서는 무려 3명의 여고생이 세상을 떠났다. 지난달 2일 D여고생이던 송 모 양이 친구들의 집단 따돌림을 견디다 못해 자신의 아파트 14층에서 뛰어내렸다. 당시 유족 측은 포털 게시판에 안타까운 죽음을 호소하며, 송 양이 투신하기 위해 오른 엘리베이터 동영상을 공개해 사회적 관심을 모았다. 이어 한 달 뒤 또 다른 여고생이 아파트에서 투신했다. A여고 3학년생이던 김 모 양은 자신의 삶을 비관하는 내용의 문자메시지를 친구들에게 보낸 뒤 아파트에서 스스로 목숨을 끊었다. 그리고 '왕따'로 힘들어하다 아파트에서 투신한 D여고 학생인 송 모 양에 이어 같은 반 반장인 박 모 양이 같은 방법으로 스스로 목숨을 끊은 것이다. 박 양은 친구를 지켜주지 못한 자책감에 힘들어하다 결국 죽음을 택했다. 주변의 관심과 교육계의 안전시스템만 잘 작동됐어도 막을 수 있던 사건이었기에 그 안타까움은 더욱 컸다.

요즘 연일 학생 자살이 끊이지 않고 있다. 초·중·고생을 가리지 않고 발생하고 있어 안타까움을 더한다. 자살의 원인이 개인에 있든 가정에 있든 간에 젊은 생명이 꿈을 펼치기도 전에 극단적인 행동을 하는 것은 어떻게 하든 막아야 한다. 감수성이 예민한 학생들의 죽음은 또 다른 모방 자살로 꼬리에 꼬리를 물고 있다.

최근 여성가족부의 '한국청소년상담원 상담통계'에 따르면 166개 한국청소년상담원과 청소년상담지원센터 등에서 자살, 학교폭력, 우울증 등의 문제로 상담하는 초·중·고생이 늘고 있으며, 자살문제로 상담한 초등학생이 3년 동안 2.6배 늘어 자살을 생각하는 연령이 갈수록 낮아지고 있는 것으로 나타났다. 또한 학교폭력과 우울증으로 상담을 실시한 초등학생도 지난 3년 동안 꾸준히 증가하고 있는 것으로 나타났다(학교폭력은 2008년 384명, 2009년 610명, 2010년 656명, 우울증은 2008년 249명, 2009년 327명, 2010년 580명). 그 원인으로는 '가정불화'가 277명(31.8%)으로 가장 많았고, 염세·비관(160명, 18.4%)이 그 뒤를 이었으며 성적을 비관해 목숨을 끊은 학생도 100명(11.5%)에 달한 것으로 나타났다(교육기술과학부 통계, 2010). 이처럼 학생 자살은 여러 가지 이유가 있겠지만 상당 부분은 학교 내부에서 일어나고 있는 집단 따돌림이나 학교폭력이 원인이다. 자살학생은 가해학생의 보복이 두려웠기 때문이라고 말할 수 있지만 한편으로는 교사와 사회에 대한 불신과 무관심이 한 원인이기도 하다.

한편, 학생 자살은 우리가 생각하는 가정불화, 성적하락, 염세 등 단순한 원인 때문만은 아니다. 그보다는 더 복합적이고 다양한 원인들로 더 이상 견딜 수 없을 때 극단적인 행동을 하기 때문에 이를 예방하기 위해서는 그들에 대한 자세한 관찰과 분석 그리고 체계적인 지도책이 마련되어야 할 것이다.

가정교육의 문제는 학교 차원에서 해결이 어려운 것이 사실이다. 요즘 부모들은 자녀를 과잉보호하거나 다른 한편으로는 해체가족이 늘어나면서 자녀에게 무관심하다. 과잉보호하는 부모는 교사를 무시하고, 무관심한 부모는 자식의 불량행동을 방관하고 있는 실정이다. 또한 요즘처럼 맞벌이와 저출산 현상이 늘면서 학생들과 평소 대화를 나눌 상대가 부족해진 경향도 무시할 수 없다.

지난달 순천의 한 고등학생의 자살을 보면, 이 학생은 학급에서 상위권 성적에 부모님 모두 교육자여서 집안 환경도 그리 나쁘지 않았다. 중학교 때는 정보영재에 뽑힐 정도로 컴퓨터와 IT 분야에서 두각을 나타낸 학생이었다. 고등학교에 입학한 지 1년도 되지 않아 학교교육에 염증을 내고 제도권 교육을 견디지 못하고 극단의 길을 선택한 사례는 정말 예측하기 어려운 안타까운 일이다.

학생 자살의 예방을 위해서는 학교가 보다 적극적으로 관심을 갖고 해결해야 한다. 실제로 초등학교를 제외하고 중·고등학교에는 상담실이 있지만 이용실태는 유명무실하다. 학교별로 전문상담 교사가 배치되고, 많은 교사들이 전문상담 자격이나 연수를 받았지만 상담활동은 적극적이지 못하다. 간혹 학생들과 상담하는 경우가 있으나 진학지도나 학교폭력 이외 다른 면은 매우 한정적으로 이루어지고 있다. 사실 교사의 하루 일과는 교과지도 외에도 담당업무 처리에 바쁘다 보니 급한 사안이 아니면 상담할 시간적 여유가 없는 실정이다.

학생 자살의 요인을 보완하기 위해서는 정책적인 개선이 필요하다. 교사의 인적 자원이 너무 한정된 것도 문제이다. 먼저 선진국은 교사의 정원이 충분히 확보되어 있어 교사를 교수활동 이외 학생지도에 다양하게 활용하고 있다. 그러나 우리의 경우는 사뭇 다르다. 현재 초등학교를 제외한 중등학교 교사는 법정 정원수에 못미쳐 맡은 교육과정 이수도 바쁜 실정이다. 그러므로 매일 꽉 짜인 교수활동 이외 학생들과 진솔하게 대화할 시간은 생각할 수도 없다. 이러다 보니 학생들도 문제가 심각해져야 겨우 상담실을 찾게 된다.

교육은 교수활동만이 아니다. 교사는 학생들의 요구와 마음을 읽고 그들에게 맞는 교육을 해야 한다. 그들이 가장 필요로 하는 활동을 돕는 것이 진정한 교육이다. 학생 개인의 문제는 물론 가정의 문제까지 함께 허심탄회하게 이야기하고 문제를 고민함으로써 사제의 정을 깊게 나눌 수 있어야 한다. 한마디로 학생의 삶의 멘토가 되어야 한다.

교육과학기술부가 제시한 학생 자살 예방 및 위기관리에 대한 프로그램을 보면 3가지로 구분하고 있다. 학생들의 자존감 증진 및 생명존중의식을 고취시키는 일반교육인 '예방활동', 우울 및 자살 생각을 갖고 있는 학생의 위험을 신속하게 인지하고 자살 시도로 이어지지 않도록 지원하는 '위기관리' 그리고 불행하게 자살사안이 발생했을 경우의 '사후대응'으로 구성된다. 학교와 교육(지원)청에서는 학생 자살 위기관리를 위한 위원회를 조직하고 학교 내외 전문기관과 연계하여 상황에 따라 신속하게 사전예방 및 사후관리를 추진하도록 되어 있다.

자살방지 프로그램은 너무 원론적이어서 구체적으로 자살의 근원을 막기는 역부족이다. 이미 앞에서도 지적했듯이 교육 선진국과 같이 학교별로 충분한 교사정원을 충원해주는 일이다. 학생상담실을 활성화하고, 전문상담교사와 학생 개개인의 심도 있는 상담이 학교급별로 연간 필수적으로 10시간 이상 체계적으로 이루어지고 그 내용을 누군가 기록하고 관리하는 작업이 필요하다. 그래서 심신이 건강한 성인으로 성장하도록 돕는 교육이 선행되어야 한다.

학생 자살을 예방하기 위해서는 지금까지 중단된 가정방문도 허용해야 한다. 학생들의 교육문제 해결은 학부모에게 있으므로 학부모와 학급담임이 충분히 상담하고 학생고민을 해결해주어야 한다. 이를 위해서는 적어도 연간 2회 이상 법적인 가정상담 활동이 이루어질 수 있도록 제도적인 개선이 필요하다.

자살 예방 전문가에 의하면 "자기 스스로 행복할 수 있도록 유도하는 방법을 인지하는 것이 가장 필요하다"며 "또한 스스로 해결이 안 될 때는 도움을 요청할 수 있는 주변 인적 자원 등에 대한 정보를 습득하는 게 중요하다"고 하였다. 학생들이 고민을 마음 놓고 이야기하고 문제를 해결해 줄 수 있는 청소년 쉼터나 다양한 상담센터가 학교 내외에 설립되어야 하겠다.

현재와 같은 경쟁적인 우리 사회의 모습도 학생 자살의 한 요인이 될 수 있다. 그러므로 학교의 역할은 학생들에게 행복한 삶을 가르치는 교육이 함께 이루어져야 한다. 물론 모든 교과내용에 행복한 삶이 녹아 있다고 하지만 독립된 교과 시간 확보가 필요하다. 인간의 진정한 행복이 무엇이며, 어떻게 미래의 삶을 설계할 것인가를 이해하고 스스로 삶에 대한 의지를 가지게 해야 한다. 이처럼 학교교육은 학생들이 행복한 삶을 배우는 한 과정으로 결과가 아님을 일깨워주는 교육이 되어야 한다.

초등학생이 무섭다

　서울시의 학생인권위원회가 "초등학생의 집회 및 시위보장을 폭넓게 허용해야 하며, 교장에게 학생들의 표현의 자유를 침해하는 사례가 재발하지 않도록 소속 교사들에게 교육 실시 권고를 했다"고 밝혔다.

　이와 관련, 학생의 보편적 인권가치만 지나치게 강조한 나머지 초등학생의 판단력, 지적발달 수준 및 학교 현실과 교육적 측면을 전혀 고려하지 않은 결정이라며 매우 유감스럽다는 교총의 보도 자료를 읽은 적이 있다. 정말 걱정스럽지 않을 수 없다. 그렇지 않아도 막가는 아이들의 행동에 날개를 달아주는 격이다.

　물론 초등학생도 엄연한 한 인간으로서 기본적인 권리와 자유가 보장되어야 함은 누구도 부인하지 않는다. 그러나 초등학생들은 아직 미성숙한 어린이들이다. 그래서 민법이나 형법 그리고 청소년기본법에 미성년으로서 보호자나 친권자로부터 보호를 받아야 한다고 규정하고 있다. 미성숙한 초등학생들은 자신의 일을 온전히 처리할 능력이 없는 것으로 보고 타인에 대한 감독권을 법적으로 위임받은, 즉 후견인을 부모나 친권자로 한다는 민법조항이 있음에도 이 같은 사실은 초등학생의 권리 남용이란 생각이 든다.

초등학생은 어린 미성숙자이므로 사회나 학교, 가정에서 보호받고 지도돼야 올바른 성인으로 성장할 수 있으며, 교사나 학부모로부터 교육되고 훈육되어야 올바른 가치관을 가진 인성이 형성될 수 있다. 어릴 때 형성된 인성은 성인이 되어도 잘 바뀌지 않는다는 점에서 초등학교에서의 올바른 지도가 필요하다.

필자가 2009년에 미국의 여러 초등학교를 방문한 적이 있다. 미국의 선생님들과 이야기하던 중 한국의 어린이들이 가장 부산하며 남을 배려하지 못하다는 말에 교장으로서 책임감과 부끄러움까지 느꼈다. 이젠 초등학생 생활지도도 정말 어렵다. 여교사들은 고학년 담임을 기피하는 현상까지 일어나고 있다. 초등학생들의 학교폭력과 집단 따돌림도 중등학생과 다를 바 없는 수위에 이르렀다. 인터넷으로 친구에 대한 욕을 다른 어린이들과 공유하면서 왕따를 조장하고, 정기적으로 돈을 요구하며 친구를 하인처럼 부리는 일진회 등 교사들이 생각할 수 없을 정도의 일이 학교 안에서 일어나고 있다는 사실이다.

지난해 초등학교 5학년 학급 학생 임원을 뽑는 선거 중에 휴대폰의 음악을 크게 틀어 놓고 선거를 방해한 학생의 휴대폰을 담임교사가 압수하자 입에 담기 힘든 욕설과 반말을 퍼부으며 의자로 담임의 팔과 옆구리, 가슴을 폭행한 사건이 일어났다. 또한 친구와 싸운 벌로 봉사활동을 하고 있던 6학년 학생을 불러 훈계하던 과정에서 담임교사의 얼굴을 주먹으로 때려 6주 가까이 정신과 치료를 받은 사실을 우리는 아직도 생생히 기억하고 있지 않은가. 이러한 사례는 지난 몇

년 전만 해도 상상이나 할 수 있었던 일인가. 그래서 요즘 초등학교 6학년은 교사들이 기피하는 학년으로 되었다.

최근 대구시 달서구 모 아파트 지하주차장에서 한 초등학생이 동급 학생 3명으로부터 집단폭행을 당하는 장면이 CCTV 동영상에 잡혀 충격을 주었다. 피해학생 B군은 평소에도 가해학생들에게 신체적·정신적 폭행을 당했으며, 이로 인해 B군은 심한 불안감을 호소하며 등교하기를 싫어했다고 한다. 또 B군의 어머니도 심한 스트레스로 정신과 치료를 받고 있다고 한다. 학교폭력 피해학생 수는 계속 늘어나고, 폭력 가해자의 연령도 낮아지고 있는데, 학교당국의 예방대책은 효과를 거두지 못하고 있다.

청소년폭력예방재단이 2011년 지난해 12월 1일부터 20일까지 전국 초등학교 4학년에서 중·고등학생 2,690명을 대상으로 '학교폭력' 실태조사를 실시한 결과, 전체 응답자의 16.8%인 453명이 '폭력 피해 경험'이 있는 것으로 조사됐다. 성별로는 남학생이 288명(10.7%), 여학생이 165명(6.1%)으로 여학생보다 남학생들에게 폭력현상이 더욱 빈번하게 발생했으며, 지역별로는 서울에서 158명(5.9%), 시·도에서 221명(8.2%), 군·읍에서 74명(2.8%)으로 시골지역보다 대도시에서 청소년폭력이 더 많이 일어나고 있는 것으로 나타났다. "청소년폭력을 학교급별로 분류했을 때 초등학교 20.5%와 중학교 18.8%가 폭력피해를 당했다"며 "이는 최근 초등학생의 폭력이 점차 증가하고 있으며, 학교폭력이 점차 저연령화되는 사회현상을 보이고 있다"고 말했다.

학교폭력예방중앙센터에 따르면, 전화상담 1,484건 가운데 초등학생인 것으로 나타난 것이 370건이고, 이 중 90건은 초등학교 3학년 이하 저학년에서 발생했다는 것이다. 티 없이 순수해야 할 초등학교

저학년이 이미 폭력에 물들고 동급생을 폭력으로 제압하는 데 자기 만족감을 느끼게 됐다는 것이다. 국가의 장래를 위해 걱정스럽지 않을 수 없다.

공부시간에도 선생님의 주의는 아랑곳하지 않고 난장판을 치며 옆 친구의 공부까지 방해하는 어린이, 외국 여행길에 기내에서 큰소리를 치며 고삐 풀린 망아지처럼 이리저리로 뛰어다니는 어린이, 모든 승객의 찌푸린 인상에도 아무렇지 않다는 무관심한 부모들, 정말 그 도를 넘어 한심스럽기까지 하다. 이들이 진정 대한민국의 자랑스러운 글로벌 인재가 될 수 있는가를 되묻고 싶다.

누가 이들을 교육할 것인가? 교사? 부모? 총체적인 난제다. 학생들을 올바르게 지도할 교사, 부모, 어른도 없다. 있어도 선뜻 나설 수 없다. 그것은 요즘 학생들이 그리 만만치 않기 때문이다. 교사가 학교규정이나 절차에 따라 해결함에도 무조건 대들고 항의하기 다반사다. 그래서 요즘 교사들은 흔히 "잘 가르쳐야 본전이다"라고 말한다. 스승의 보람은커녕 오히려 원망스러움과 정신적인 스트레스에 시달려야 하기 때문이다. 교육은 가르침을 통하여 보람을 느끼는 봉사직이다. 이러한 교직이 변해도 너무 변한 것 같아 서운할 때가 많다. 교사들은 요즘처럼 교육하기 힘든 때도 없을 것 같다고 불평 섞인 말을 자주 한다.

초등학생의 생활지도는 어디까지나 학생의 발달 특성에 입각하여 전인적인 성장을 하도록 도와주고 개개인이 긍정적인 자아개념을 형성하도록 하고 있다. 어릴 때부터 진로적성 검사, 인성검사, 사회성 검사 등 심리검사 결과도 참조하지만 더 중요한 것은 행동으로 나타나는 특성인 것이다. 겉으로 나타나는 문제행동은 대부분이 복합적인 요인을 갖고 있으므로 먼저 학생의 올바른 이해를 위해 객관적인 자료를 수집해야 하고, 문제행동이 다시 일어나지 않도록 학교와 가정 그리고 지역사회와 연계하여 지도하지만 그리 쉽지 않다.

과거처럼 가정에서 할아버지 할머니가 가정예절 교육을 담당하는 가정교육의 부활도 기대할 수 없다. 다만 이에 대한 교과부의 구체적인 제도나 정책이 개선되어야 한다. 이젠 내 자녀가 아닌 우리 자녀의 올바른 교육이라는 큰 틀에서 우리 모두가 이들의 보호자와 어른으로서 함께 새로운 관심으로 올바르게 성장할 수 있도록 지도해야 할 것이다.

PART 05

욕으로 얼룩진 아이들

학교는 늘 아이들의 소리로 가득하다. 이들의 재잘거리는 소리에서 교육의 희망과 미래가 커져간다. 그런데 요즘 이들의 이야기를 자세히 들어보면 절반 이상이 욕이다. 또한 목소리 크기도 보통이 아니다. 한참을 들으면 곧 고성이 오가고 싸움으로 번지기 일쑤다. 참으로 걱정스러운 일이다. 어린 학생들이 쓰는 언어에 욕설이 들어 있지 않는 것이 거의 없다시피 하다. 이러한 욕설은 교실이나 가정을 불문하고 자행되는 풍조라니 이들이 이대로 자라 성인이 된다면 우리나라의 장래는 희망이 없어 보인다.

지난해 모 방송국에서 초등학생 200명을 대상으로 한 설문조사 결과 아이들의 97%가 평소에 욕을 자주 하고, 그 아이들 중에서 72%는 원래의 말뜻도 모르고 그냥 욕을 한다고 대답했다. 그래서 욕을 안 하는 아이를 '천년기념물'로 불릴 정도이고, 그 내용도 차마 입에 담을 수 없을 정도로 심한 욕이다. 아이들의 언어습관은 학교에서뿐 아니라 학교 밖과 가정에서도 계속 이어지고 있다. 전화통화, 문자메시지, 메일 등에서도 동원되고, 심지어는 욕을 안 하고 말을 하면 대화가 이어지지 않을 정도로 심각한 아이들도 있다는 것이다. 문제는 이같은 아이들의 욕설에 대해서 문제를 지적하고 지도하는 사람이 없다는 데 심각성이 있다. 학교에서는 교사가 어느 정도 지도하지만 가정이나 교외에서는 거의 무방비한 상태다.

아이들이 욕을 하는 원인은 먼저 매스컴의 영향이라 할 수 있다. TV에서 방영되는 영화의 대화내용이 상당히 폭력적이며 욕으로 이어져 낯 뜨거움을 넘어 역겨울 정도이다. 아이들이 많이 보는 코미디 프로그램도 마찬가지다. 상대를 손으로 때리고 발로 차는 정도는 보통이다. 작은 소리로 전달할 내용도 악을 쓰고 큰 소리를 지른다. 유익한 정보를 전달해야 할 뉴스도 한 몫하고 있다. 국민을 대표하는 국회의원들도 국가 최고 의사결정기관인 국회에서 거르지 않고 폭언을 내뱉고 폭력을 행사하는 모습은 이젠 더 이상 낯설지 않은 장면이다. 이러한 비교육적 환경 노출은 아이들의 호기심은 물론 모방적인 행동으로 나타난다. 폭력적인 모방은 또래집단의 문화로 쉽게 자리 잡아 걷잡을 수 없을 속도로 전파되고 있다. 물론 아이들 중에는 나쁜 습관이라는 것을 알면서도 같은 또래에서는 어쩔 수 없이 입버릇처럼 사용하고 행동하는 경우도 있다.

또 다른 영향은 부모들이 맞벌이를 하면서 학생들에 대한 가정교육에 소홀한 탓도 없지 않다. 학생들이 밤늦게까지 부모와 떨어져 있고, 학교에서는 교사의 권위가 학생들에게 무시당하고 있어 학생들은 마치 고삐 풀린 망아지처럼 아무 제재가 없는 상태다. 거기다가 쉽게 접근할 수 있는 컴퓨터에서 아름답지 못한 언어를 습득할 수 있게 되고,

그 의미도 제대로 모르는 온갖 욕설을 쓰면서 어린 꿈나무들의 생활이 점점 어둡게 변하는 것이다.

언어는 시대에 따라 변하지만 욕설이 일상어가 되어서는 건전한 사회가 될 수는 없다. 욕설은 공격적인 언어로 상대방의 감정을 상하게 한다. 심하면 상대방에게 반감뿐 아니라 인격적 모멸감마저 느끼게 하여 자라나는 어린이들에겐 정서뿐 아니라 인격형성에도 악영향을 미친다. 우리 국민들의 급한 정서는 외국인들에게까지 이미 빨리빨리 문화로 인식되어 있다.

'어른은 아이의 거울이다.' 어른들의 잘못된 습관과 모습은 고스란히 우리의 자녀에게로 옮아진다는 점을 인식해야 한다. 그래서 요즘 우리 아이들도 모든 일에 오래 참지 못한다. 자신의 의사를 상대방에게 논리적으로 차분히 설득하지 않고 자기중심에서 일방적 전달하려고 한다. 자기의 의사전달이 제대로 되지 않을 땐 큰 소리를 내고 결국은 싸움으로 번지고 만다. 사실 학교교육에서 학생 간 소통을 위한 교육은 거의 하지 않고 있다. 물론 암묵적으로는 생활지도 과정에서 이루어진다고들 하지만 체계적인 지도와는 다른 것이다.

최근 직장생활에서 커뮤니케이션의 중요성이 어느 때보다 부각되고 있다. 상하는 물론 동료 간의 소통을 위한 경청이 새로운 화두로 대두되고 있다. 남의 의견은 듣지도 않고 자기의 의견을 전달하려고 하는 것은 소통이 아니라 일방적인 지시나 전달인 것이다. 이러한 한 방향의 수직적인 소통은 우리의 오랜 유교적인 문화의 탓도 없지 않다. 따라서 원활한 소통은 한 방향이 아니라 양 방향이 되어야 하고, 수직적인 지시나 전달이 아니라 수평적인 협의의 소통이 이루어져야 한다. 요즘 사회적 문제로 대두되는 많은 갈등은 대부분이 '나 아니면 안 된다'는 이분법적 주장이다. 이러한 논리로는 어떠한 문제도 그 실마리를 잡을 수 없다. 갈등 해결의 가장 좋은 방법은 협상이다. 서로 조금씩 양보하여 타협하는 일이다. 상대방의 좋은 점은 어느 정도 인정하고 내 주장도 조금은 양보할 줄 알아야 쌍방향의 대화가 이루어질 수 있다. 어른들의 극단적인 갈등상황이 우리 아이들의 가슴에 어떻게 투영될지 염려하지 않을 수 없다.

아이들이 살아갈 미래는 지금과는 전혀 다른 사회일 것이다. 큰 소리를 쳐야 이기는 사회가 아니라 나보다 남을 먼저 배려하는 조용하고 논리적인 설득문화가 필요한 사회일 것이다. 이러한 시대에 지금처럼 목소리를 높여야 설득되고 이해되는 의사전달은 오히려 새로운 갈등을 만들 것이다. 미래는 포용하고 설득하며 함께 사는 사회일 것이다. 사실 선진국의 국민들은 우리처럼 그리 부산하지 않다. 조용한 목소리로 호소력 있는 감성적인 대화로 소통하고 있다. 일방적인 대화가 아니라 쌍방소통을 통하여 충분한 시간을 갖고 여러 차례 대화를 통해 갈등을 해소한다. 이것이 바로 협상이다.

지난 월드컵에서 보여준 우리의 단합된 모습은 어디로 갔는가? 남녀노소를 불구하고 거리응원전에 '대한민국'을 외치는 모습은 바로 무언의 합의로 형성된 우리의 새로운 소통문화가 아니겠는가. 지난 선거와 같이 험담과 욕설 그리고 폭행, 그야말로 무법천지의 어른들의 모습이 이젠 더 이상 아이들의 눈에 비쳐져서는 안 된다.

성숙한 어른다운 모습을 보여야 아이들이 배운다. 각종 언론도 건전한 방송언어 사용으로 아이들의 미래를 생각하여 보도했으면 한다. 아이들은 어른들의 모습을 그대로 닮아간다. 말하는 소리와 모습 그리고 표정까지 그대로 따라 한다. 그래서 우리는 흔히 윗물이 맑아야 아랫물도 맑다고 하지 않았는가.

욕하는 아이들에 대한 지도는 교사뿐 아니라 우리 모두가 관심을 가져야 한다. 언어가 오염되면 마음까지 병들어간다. 우리 아이들을 언어의 오염에서 당장 구출해야 한다. 미국 아이들의 학교생활은 우리보다 더 엄격하다. 학교마다 조금씩 차이는 있지만 '행동지침서(Rules of Behavior)'를 명문화하고 있으며, 학급에도 학급규율이 정해져 있다. 이를 지키지 않는 학생이 있을 경우 교사는 교장에게 보고하고, 교장은 절차에 따라 부모를 학교로 소환하여 경고장을 발부하고 있다.

선진국인 스위스에서는 유치원 때 영어나 수학은 가르치지 않고, 오직 사람이 올바르게 살아가는 도리를 가르친다고 한다. 그리고 독일에서는 학교에서 인성교육을 시키고 대학도 정말 공부할 사람만 가는 제도가 정착되어 있다고 한다. 그래서 고등교육 이수 실직자가 양성되지 않는다고 한다. 일본의 대지진 때 세상을 놀라게 한 것은 남을 배려하는 태도, 남에게 폐를 끼치지 않는 일본의 국민성이었다. 이는 바로 학교와 가정에서 친절, 예의, 배려를 가르친 교육의 결과라고 말하고 있다.

우리의 교육, 아이들의 미래를 생각하면 답이 나온다. 지금의 혼란을 그대로 두어선 희망이 없다. 욕설은 인격을 낮출 뿐 아니라 부정적인 인간을 만들고 사회를 오염시킨다. 그러므로 교육적인 지도가 필요하다. 이들은 지금이 아닌 미래에 행복한 삶이 필요하기 때문이다.

PART 06

개념 없는 중학생들

　지난해 1월 18일 '개념 없는 중딩들'이란 제목으로 교실에서 중학생들이 여교사를 성희롱하는 모습이 담긴 동영상이 유포돼 논란이 일었다. 1분 37초 분량의 이 영상에선 남녀 학생들이 "선생님 애 낳아봤어요? 많이 아파요?", "첫 키스가 언제에요?"는 등 성희롱성 농담을 이어갔다. 여교사가 당황하는 모습을 보이자 이번에는 학생들이 단체로 "첫사랑", "첫 경험 언제에요? 고등학교 때죠?"라며 점점 더 농담 수위를 높여간다. 이에 여교사가 해당 학생들 앞으로 다가가 "쓸데없는 소리 하지 말고 수업하자"라며 주의를 주지만 이 남학생은 "가까이서 보니까 진짜 이쁘네!"라는 농담까지 하는 대담함을 보여 충격을 주고 있다. 특히 이 교실에선 여교사를 놀리는 학생을 제외한 나머지가 엎드린 채 자거나 잡담하는 모습이어서 무너진 교권을 적나라하게 보여줬다.

　이에 네티즌들은 "정말 개념 없는 중학생들. 이래서 체벌이 필요하다",

"교권이 이렇게까지 땅에 떨어지다니. 그저 놀랍다", "개념 없는 중딩들에게는 매가 보약일 듯. 정말 놀랍다는 말밖에 할 말이 없다", "요즘 중딩들 무섭다", "학생들이 기본적인 개념조차 없다", "선생님에 대한 예의와 기본이 전혀 없는 학생들" 등 충격과 비판적인 의견을 드러냈다.

여교사에 대한 성희롱은 이번만이 아니다. 지난해에 이미 서울 모 고등학교에서 한 남학생이 여교사의 어깨에 팔을 두르고 성희롱을 하는 장면이 담긴 동영상이 유포돼 논란이 되었다. 강원도 강릉의 한 중학교에서 수업에 늦은 학생이 자신을 꾸짖는 40대 여교사에게 폭언을 퍼붓고 폭행한 사건도 일어났다. 이러한 교사 폭행, 교사 성희롱은 이젠 도를 넘어 며칠 전에는 손자뻘 되는 초등학생이 담임 여교사를 폭행했다. 이를 바라보는 국민들 모두가 교육을 걱정하고 있다.

우리의 교육이 어찌하다 이 지경까지 왔나 정말 한심하다. 체벌하면 폭력교사, 야단치면 언어 폭력교사, 살짝 어깨만 토닥여도 성희롱 교사다. 옛 성현들의 말씀엔 '스승의 그림자도 밟지 않는다'고 했었는데 교사에 대한 기본적인 예의는커녕 스승을 갖고 놀다 못해 성희롱까지 하는 세상이다. 아무리 생각이 짧은 미성숙한 학생일지라도 '저렇게까지 생각 없는 행동을 할까'하는 생각이다. 정말 개념 없는 학생들의 발언에 교육에 대한 염려와 함께 일시에 무너져 버린 교단이 안타까울 뿐이다.

우리의 교육현실에 대해서는 교육자 모두 일차적인 책임이 있다. 그리고 철학이 없는 교육 관료들의 검증 없는 교육정책, 정치인, 학부모 등이 모두 다시 기본으로 돌아가 학생의 입장에서 보다 미래지향적인 관점에서 생각해야 한다. 학생들의 잘못된 행동은 이들의 교육을 계획하고 실천한 어른들에게 있음을 생각해야 한다. 그리고 교육은 정치적 중립을 지켜야 교육의 자주성을 유지할 수 있음에도 정치에 휘말려 교육의 본질을 망각한 현실도 안타깝다.

더구나 진보 교육감들의 학생인권에 대한 지나친 강조로 교권이 급격히 무너진 결과에서 비롯되지 않았나 하는 걱정도 없지 않지만 이렇게 막가파식 버릇없는 일부 학생들의 일탈행동이 이제 시작일지도 모른다는 생각이다. 잘못된 교육정책이면 빠르게 고쳐야 피해를 최소화할 수 있다. 학생의 인권만큼 교사의 교권도 중요시해야 바로 선 교육을 할 수 있다. 이처럼 학생이 교육현장에서 날뛰어도 교사의 손발은 더 이상 움직일 수 없는 현실이 안타깝다. 이제 교사는 더 이상의 교권과 교육적 권위도 없어 교단에 서도 힘이 빠진 상태이다.

교육은 교사에 대한 존경심 없이는 이루어질 수 없다. 늘 교육에 대하여 말이 많던 진보단체나 정치인들도 이번 사건에 대해서는 조용히 입을 다물고 있다. 누구 하나 책임진다는 사람이 없다. 그저 강 건너 불구경하듯 해서는 그 피해가 고스란히 학생들에게 돌아간다는 사실을 똑똑히 기억해야 할 것이다. 호기심이 많고 미성숙자인 학생은 항상 자율과 통제가 함께 따라야 바르게 성장할 수 있다. 그래서 때론 당근과 채찍으로 균형을 적절히 조절해주어야 자기 행동을 절제할 수 있고 그 행동에서 책임을 배운다. 이처럼 학생들은 자유와 자율도 중요하지만 교육을 통하여 절제와 통제도 배워야 한다.

어느 교사의 푸념처럼 "수업시간에도 쉬는 시간처럼 떠들고, 책상에 엎드려 잠을 자도, 담배를 피워도, 핸드폰으로 장난을 쳐도, 숙제를 안 해 와도 이젠 더 이상 학생을 통제할 수 없습니다. 그래서 교사의 자존심마저 상합니다."

우리의 교육, 정말 이래서는 안 된다. 교권이 무너져서 교사가 학생을 제대로 지도할 수 없게 된 것이다. 몇몇 문제학생들로 인하여 교실 통제가 어렵고 교사의 교수활동이 제대로 이루어지지 못한다면 가장 큰 피해는 선량한 다수의 학생들이다. 다수의 학생들을 위해서라도 교권을 바로잡아 정상적인 교육활동이 이루어지게 해야 한다. 무너진 교권을 바르게 세우기란 어려운 일이지만 반드시 회복해야 할 교육의 과제이다. 예절과 인권의 나라 영국에서도 학교체벌을 다시 허용한 이유를 우리는 다시 한 번 꼼꼼히 생각해봐야 한다. 지금처럼 교육현장에서 답답하고 안타까운 사태가 일어나지 않도록 현명한 교육대책을 세워야 한다.

휴대폰에 점령당한 교실

　요즘 초·중·고 교실이 학생 휴대폰에 점령당했을 정도로 교실이
붕괴되고 있다. 학생들이 수업 중에 일어난 일을 휴대전화로 촬영해
인터넷으로 생중계하는가 하면, 꾸짖는 교사에게 휴대전화를 들이대
며 "동영상을 찍어 신고하겠다"고 협박하기도 한다. 한마디로 교육현
장이 학생 휴대폰으로 몸살을 앓고 있다.

　그 원인이 어디에 있든 교육은 교육적 환경이 선행되어야 정상적
인 교육활동이 이루어진다. 물론 학생들의 휴대폰 사용이 모든 학교
현장에서 문제가 되는 것은 아니지만, 교사와 학생 간에 직접적으로
교육이 이루어지는 교실이 휴대폰으로 혼란을 겪고 있는 문제는 심
각하다. 이러한 교육현장에 대해서 교과부나 교육청의 강 건너 불구
경하는 식의 방관된 자세는 이젠 더 이상 있어서는 안 된다는 생각이
다. 그 이유는 해결이 늦을수록 선량한 다수의 학생들이 피해를 입기
때문이다.

모름지기 교육은 교사와 학생의 상호작용에서 이루어진다. 이러한 교육활동에 학생 휴대전화 사용이 교육에 방해가 된다면 교육당국이나 교육행정가는 그에 대한 책임 있는 교육정책을 수립하여 시행하여야 한다. 사실 「학생인권조례」 시행 후 일선 교사들은 학생 생활지도에 어려움을 호소하고 있다. 학생 휴대폰 사용의 경우도 「학생인권조례」 시행 전에는 대부분 학교에선 교실에 갖고 오는 것을 금지하거나 수업시간엔 모두 수거할 수 있었지만 이젠 그럴 수도 없는 상황이다.

최근 교실을 통제 불능 상태로 빠지게 만드는 주범 가운데 하나가 학생들의 무분별한 휴대전화 사용이라고 할 수 있다. 언론보도에 의하면, 얼마 전 같은 반 친구가 다른 반 학생에게서 빼앗아 넘겨준 휴대전화로 수업시간 중 화상통화를 한 학생을 교사가 꾸짖고 벌을 줬다가 징계처분을 받은 사례, 한 고등학교에서 지난 4월에 발생한 교사 폭행 사건도 수업 중 휴대전화를 사용하다 압수당한 학생이 일으킨 일이다.

지난해 12월, 한 초등학교 6학년 담임교사가 수업이 시작됐는데도 껌을 씹고 책상 사이를 왔다 갔다 하는 학생을 자로 손바닥을 한 대 때리자 학생들이 몰려들어 "야, 빨리 찍어. 찍어서 인터넷에 올리자"며 일제히 휴대전화를 꺼내든 사례가 지금 우리의 교실 실태다.

이처럼 교사에 대한 학생들의 휴대전화 횡포가 이젠 도를 넘었다. 인터넷엔 학생들이 촬영한 '선생님 놀리기'를 비롯하여 '선생님 몰래 춤추기' 등의 동영상이 난무하고 있다. 또한 학생들이 교사 몰래 수업시간에 장난을 치고, 교사를 놀리는 장면을 여과 없이 다른 교실, 다른 지역 학생들과 서로 주고받고 있다. 이젠 휴대전화에 의한 '수업시간 생중계'는 전국 중·고교 학생들에게 '신종 놀이'가 됐다. 사실이라고 믿기 어려울 정도로 교실환경이 변하고 있다.

한국교총이 2011년 3월 초·중·고 교사 460명을 대상으로 한 조사에 의하면, 교사의 65.6%가 학생들의 휴대전화 사용이 수업에 방해되었다고 답했으며, 88.6%가 휴대전화 때문에 학생들이 공부에 집중하지 못하고 있다고 하였다. 현 상황에서는 학생들의 수업 중 휴대전화 사용에 대한 규제를 학칙으로 정할 수도 없는 처지다. 다만 학생 스스로가 수업 중에 휴대전화 사용을 자제하는 수밖에 없지만 지금 상황에선 이를 기대하기란 더욱 어렵다. 그렇다고 그대로 하기엔 정상적인 교육활동이 어렵고 결과적으론 교사, 학생 모두가 피해를 입게 된다.

그렇다면 외국의 경우는 어떨까. 물론 외국의 경우도 우리와 유사하지만 이에 대한 정책적인 대안을 수립하여 시행하고 있다. 영국 정부는 2010년 7월, 수업에 방해된다면 교사가 학생들의 휴대전화를 압수할 수 있도록 하는 법안을 발표했고, 일본도 휴대전화를 이용한 이지메나 청소년 성매매가 급증해 학생들의 휴대전화 소지를 제한하는 정책을 펴고 있다. 특히 이시카와현 의회는 2009년 초·중학생의 휴대전화 소지를 규제하는 조례를 통과시켜 지난해부터 시행하고 있다. 같은 해 일본 문부과학성도 학생의 교내 휴대전화 소지를 원칙적으로 금지하는 지침을 교육위원회에 내려 보냈다.

미국 시카고의 배링턴시교육청은 지난해 11월 교사와 학생 간의 휴대전화 문자메시지를 포함한 소셜미디어 사용을 금지하는 조례안을 통과시켰다. 배링턴시는 교사의 권리뿐 아니라 학생의 사생활을 보호하고 교사와 학생 간의 적절한 경계를 설정하기 위해 조례안을 만들었다고 밝혔다. 한 예로 교사들이 학생의 개인 휴대폰으로 전화를 걸거나 문자메시지를 보내고자 할 경우에는 교장의 승인을 거쳐

부모로부터 사전 동의를 얻어야 한다.

이번에 세계보건기구(WHO)는 휴대폰 전자파의 유해로 암 유발 가능성을 경고했다. 그 위험도는 '2B' 등급으로 배기가스, 살충제, 납과 같은 수준으로 특히 어린이들에겐 위험하다고 주의를 했다. 이러한 상황에서 학생들의 건강을 위해서라도 휴대폰 사용을 그대로 방치해서는 교육자로서 교육적인 책임을 면하기 힘들다.

우리나라의 경우는 단위학교 차원이 아닌 교과부나 시·도교육청 차원에서 학생 휴대전화 사용과 규제에 대한 구체적인 교육정책 대안이 필요한 것이다. 물론 앞의 사례들이 모든 학교의 현재 상황은 아니지만 빠르게 확산되어가고 있고 그 파장 또한 심각할 정도로 후유증을 남기고 있다. 요즘 학생체벌금지 후 많은 교사들이 학생들의 잘못된 행동을 지도할 수 없으니 교사가 된 것을 후회하는 경우가 많아져 학교현장의 혼란은 가속화되고 있다.

미성숙한 학생을 성숙한 상태로 이끌어가는 것이 교육이라면 교사는 이미 학생들의 미성숙한 행동을 눈감지 말고 타일러 가르쳐야 할 사명을 부여받은 것이다. 그런데도 불구하고 교육현장에서는 교사들로 하여금 교사이기를 포기하게 만드는 상황이 벌어지고 있다. 수업시간에 학생들의 휴대폰 사용으로 정상적인 교육활동이 이루어질 수 없을 정도로 교실이 붕괴되고 있다면 당장 그에 대한 개선책이 나와야 한다. 이젠 더 이상 기다릴 시간도 없다. 시간을 지체하는 것은 교육의 방관이며 책임 회피의 행동인 것이다. 더 큰 교육문제, 사회문제로 확대되기 전에 교육당국이나 교육행정가들이 서로 머리를 맞대고 보다 큰 틀에서 진지하게 교육의 미래를 논의하여야 한다. 그래서 학생의 미래를 책임질 수 있는 현명한 교육정책이 나오길 바란다.

PART 08

교감 수난시대

　어떻게 학교에서 이런 일이 일어날 수 있는지 정말 황당하고 어이 없는 일이라 말문이 막힌다. 흔히들 스승을 군사부일체로 여겨 온 우리의 스승 존경 미덕이 온데간데없다. 도대체 우리 교육이 왜 이 지경까지 왔나 하는 생각에 암울하기만 하다.

　연일 학교현장에서 학생들이 교감을 폭행하는 사건이 끊이지 않고 있다. 학교 복도에서 담배를 빼앗은 교감의 머리를 주먹으로 수차례 때리는 대구의 모 중학생, 천안의 한 초등학교에서 영어수업 시간에 바르게 앉으라는 여자교감의 멱살과 머리채를 잡은 초등학생 사건을 보면 더 이상 말이 나오지 않는다.

　이제 학교폭력은 학생 간 폭행을 넘어 교사폭행에서 교감까지 당하고 있다. 사실 지금까지 언론에 공개된 교원 폭행사실은 빙산의 일각이다. 실제, 학교현장에서 일어나는 교사에 대한 폭행 사례는 예상보다 많다. 다만 외부에 알려지는 것이 교사는 물론 학교, 학생 모두에게 득이 없는 이유로 알려지지 않을 뿐이다. 이번에 폭행당한 교감역시 제자한테 폭행당했다는 사실에 정신적인 충격을 받고 있으면서도 오히려 제자의 피해를 걱정하고 있다.

이 같은 학교의 교원 폭행 사태는 비단 학생뿐만이 아니다. 학부모에 의한 교원 폭언·폭행 건도 날로 증가하고 있다. 그야말로 학교의 위기, 교원의 수난시대를 겪고 있다.

지금과 같은 상황에서는 초·중학교 교육은 의무교육이라서 가해한 학생들에겐 특별한 처분이 어렵다. 학교에서는 학교폭력위원회나 선도위원회, 고등학교는 징계위원회를 열어 타 학교로 전학이나 출석정지 그리고 교내외의 봉사활동이 고작이다. 이러한 대책은 학생들의 교원 폭행을 줄이기보다 오히려 학생들 간에는 영웅심으로 작용할 가능성도 없지 않다는 것이다.

학교 내외 학생폭력이나 교원 폭행에 대해서 교육학자나 정치권에서는 아무 말이나 논평도 하지 않고 있다. 또 이러한 상황에 대하여 책임지는 교육당국이나 교육행정가도 없다. 대안이나 대책이 없어서 하지 못하는 건지 책임지기 싫어서 안 하는 건지 모르는 일이다. 우리의 교육문제를 언제까지 남의 일처럼 바라보기만 할 것인가? 한마디로 교권이 바닥에 떨어져 학생들에게 짓밟히는 정도다. 이런 상황에 교육개혁과 혁신이 더 이상 무슨 의미가 있겠는가?

당장 시급한 교육문제가 무엇인지를 바르게 보고 이에 대한 대안을 찾는 것이 교육당국과 교육행정가의 일이며 책임이다. 폭력과 폭행이 난무하는 교육현장에 더 이상 무엇을 개혁하고 혁신하겠다는 것인지 정말 한심하다. 급한 불부터 꺼야 교육이 살지 않는가? 교육 본질을 제대로 이해하고 있는지 되묻고 싶다.

물론 그 원인은 우리 사회의 정서가 이렇게 만든 점도 무시할 수 없다. 그러나 지금은 그 원인을 따질 때가 아니다. 당장 교육이 바르게 이루어질 수 있게 하는 것이 시급한 과제이다. 교사가 학생을 무서워하고 두려워해서는 정상적인 교육을 기대할 수 없다.

학교폭행 사건은 이젠 교육의 총체적인 난맥상으로 나타나고 이러한 난맥은 학생의 규제나 처벌로만 치료하기엔 이미 그 도를 넘었다. 그러므로 그 근본적인 교육대안은 국가적인 차원에서 교육학자, 정치가, 학부모, 교원, 학생이 합의한 정책이 마련되어야 한다. 교원들이 활용할 수 있는 보다 상세한 학생지도 매뉴얼이 필요한 것이다. 정책적으로 뒷받침된 교육규범이나 규칙은 교원들에게 학생지도 어려움을 덜어주고 교원의 사기 진작과 지도력에 힘을 실어주는 것이다.

이처럼 교육문제는 우리 국민 모두가 가장 민감하게 생각하는 사안이다. 또한 교육은 학생 개인뿐 아니라 국가발전에 중요한 요인이므로 보다 구체적이고 올바른 정책적인 대안이 필요하다. 물론 이 같은 대안에 대해서는 기본적인 윤리나 원칙에 따라 적극 대처해 교원과 학생이 함께 발전할 수 있는 방안을 찾아야 할 것이다.

Step 2

다시 생각하는 교육

문제 학생엔 감성이 보약

요즘 우리 아이들은 부모의 지나친 관심과 기대를 받으며 자란다. 대부분 부모들은 아이가 원하는 것이라면 무엇이든 해주고, 분에 넘치는 욕구충족으로 어려움이나 불편을 모르고 자라서 참을성 없고 이기적인 아이로 성장한다. 뿐만 아니라 저출산으로 가정에서 형제자매가 없어 대인관계의 기술을 습득할 기회가 적다. 이로 인하여 인간관계에 대한 적응력이 떨어지게 된다. 아이들은 마음껏 친구들과 뛰어놀아야 할 시기에 여러 학원을 전전하며 부모가 원하는 목표에 자신을 맞추기 위해 어릴 때부터 학습 스트레스를 받고 있다.

학업 스트레스를 해소하려는 아이들은 게임이나 폭력적인 인터넷 등에 노출되어 폭력적이고 충동적인 성향이 강해져 요즘과 같은 무감각적인 학교폭력으로 분출되고 만다. 이러한 환경의 아이들은 정서적 불안으로 자기감정 조절과 표현이 어려워 점점 폭력적이고 거칠어지게 된다. 또한 성적 중심으로 가치를 평가받는 경쟁적인 학교 분위기는 아이들을 더욱 이기적이고 충동적인 인간으로 만든다. 학교폭력의 피해자들은 쉽게 지워지지 않는 마음의 상처를 입고 우울증과 자살충동에 시달린다. 자신의 고민을 누구에게도 털어놓지 못하고 다른 해결방법을 찾지 못한 채 결국 자살이라는 극단적인 방법까지 선택하게 된다.

교육문제를 해결하기 위해서는 무엇보다 자신과 타인에 대한 이해, 책임감, 배려심, 협동심, 의사소통 능력, 문제해결 능력, 대인관계 기술 등을 체계적으로 학습할 수 있는 교육이 필요하다. 이러한 능력들은 타인과 더불어 살아가는 사회성 교육과 감성교육을 효율적으로 사용할 때 키워진다.

감성이 우리 삶에 대부분을 차지하고 매우 중요함에도 불구하고 감성에 대해 구체적인 교육을 하지 않은 것이 사실이다. 감성은 지성과 대비되는 개념으로 어려운 상황을 견디면서 타인을 이해하고 협동하며 목표하는 바를 이루어가는 능력이라고 할 수 있다. 따라서 인간은 지성(intelligence)과 이성(rationality) 그리고 감성(sensitivity)에 의해 모든 생각과 행동을 지배받는다. 지성은 얼마나 똑똑한가를 말하는 것으로 어떤 정보를 이해하는 능력이라고 한다면, 이성은 그 지성을 통해 사물을 바르게 판단하는 힘으로 정보의 가치를 매기고 균형을 잡는 능력이며, 진실과 거짓, 선과 악을 식별하는 능력이다. 한편 감성은 어떤 현상을 감각적으로 받아들이는 성질로 타고난 본능에 가까운 능력이라고 할 수 있다.

감성능력은 자신의 감성과 정서를 잘 인식하고 적절하게 조절하며 드러낼 줄 아는 힘이며, 공감과 감정 이입을 통해 다른 사람의 정서를 잘 파악하고 조절할 줄 아는 힘이다. 감성지수가 높은 사람은 자기감정을 잘 인식하고 다스려 자기만의 목표를 세워 전진한다. 이와 함께 다른 사람의 감정을 이해하고 그를 통해 여러 사람과 원만하게 어울린다. 자신을 긍정적으로 바라보고 타인과 소통을 즐기며 자신이 무엇을 잘하는지 알고 차근차근 계획을 세워 실천하는 습관은 아이가 성장한 후 어떤 역경에 부딪쳐도 이겨낼 수 있는 힘이 되고 매사 합리적인 판단을 할 수 있는 기준이 된다. 무엇보다 감성과 이성의 균형을 조절할 줄 알고 자신의 능력과 인간관계를 다스리는 능력은 자아존중감과 주도적으로 학습하는 능력을 키워 미래의 성공에 큰 영향을 끼친다.

우리는 직장에서 만나는 사람들을 보면, 대게 지성 역량은 높지만 감성 역량이 떨어지는 사람과 지성 역량이 낮지만 감성 역량이 높은 두 가지 형의 사람으로 구분할 수 있다. 흔히들 전자를 세상을 잘 다스리는 치세형, 후자는 치세와는 상반된 세상이 어지럽고 혼돈한 난세형이라고 한다. 그러나 많은 학자들의 연구에 의하면 치세형 사람보다는 난세형 사람이 직무에 성공하는 인재로 커가는 확률이 높다는 것이다.

감성 역량이 높은 사람은 조직 내에서의 성공뿐 아니라 개인적으로 인생에서도 여유를 가지고 있기 때문에 가정생활 또한 성공적으로 영위하는 경우가 많다고 할 수 있다. 감성 역량이 높은 직원이 많은 직장은 직원들이 서로 이해하고 돌보아주고, 자신의 감정을 통제할 수 있게 되면서 강한 직장문화를 갖기 때문에 그렇지 않은 직장보다 우월한 전략적 지위를 확보할 가능성이 높다고 할 수 있다.

신규 교사들이 학교현장에서 가장 어려움을 겪고 있는 문제가 학생들의 교과지도보다는 생활지도와 학부모와의 원만한 인간관계다.

그 이유는 문제를 해결하기 위한 이성과 감성의 균형감각의 부족일 것이다. 학생의 문제행동은 대부분이 잘못된 인성에서 기인된다. 인성은 곧 사람됨을 말한다. '사람됨'은 한 개인의 성품, 인품, 인격, 인성, 성격, 성질로 사람이 가지는 다양한 심리적 특성을 총칭하는 말이다. 인성교육이 필요한 것은 어릴 때 형성된 인성은 오랫동안 반복해서 지속되기 때문이다. 그러므로 인성 변화를 위한 치료방법은 바로 문제학생의 '감정'을 자극하여 행동변화가 일어나게 하는 것이다. 감성 없는 말은 아무리 들어도 아무리 좋은 내용이라도 감동할 수 없는 것이 인간이다. 그래서 감정이 중요하고 감성교육이 필요하다. 또한 감성이 없는 교육은 살아 있는 교육이라고 할 수 없으며 제대로 된 교육이라고 말하기 어려울 것이다.

이러한 맥락에서 보면, 문제학생을 지도하기 위해서는 교사의 이성보다는 따뜻한 감성이 필요하다. 즉 학생들의 행동수정을 위한 지도방법으로는 부모와 같은 따뜻한 마음으로 보듬어줄 수 있는 감성보다 더 효과적인 치료방법은 없다. 교과교육과 관련된 지적교육은 이성적 판단이 절대적으로 요구되지만 교육에서 중요한 학생의 인성지도는 교사의 따뜻한 감성이 더 교육적 효과를 낼 수 있기 때문이다. 즉 수많은 이론으로 무장된 논리적 설득이나 상세한 설명이 아닌 학생들의 감성을 자극하는 이야기를 통해 공감을 끌어낼 수 있는 교사가 되어야 한다.

교육청과 학교경영자는 교원 개개인의 감성 역량을 파악하여 이들에게 학교조직 차원에서 이를 함양할 수 있는 적절한 교원의 감성교육 프로그램을 제공해야 한다. 구체적으로는 교사들의 감성 역량을 높이는 자율연수 프로그램을 마련할 필요가 있다고 본다. 물론 교사들 중 예체능교과 교사들은 높은 감성 능력을 갖추고 있지만 그렇지 못한 교사들을 대상으로 우수한 자체강사를 활용할 수도 있지만 직접 체험을 통한 연수가 효과적이라 할 수 있다.

이처럼 감성 역량을 함양하기 위해서는, 인지적 역량(Cognitive Competence), 기술적 역량(Technical Competence), 지적 역량(Knowledge Competence) 등을 기반으로 단위학교 차원의 자율연수가 효과적이다. 요즘 학생들이 핵가족에서 외동으로 자란데다 성공지상주의와 학벌경쟁 분위기에 떠밀려 공감하는 능력이 부족하다. 그 이유는 자아를 돌아보지 못하고 가족이나 친구들과의 정서적 교류가 부족하기 때문이다. 그러므로 학생들의 메마른 정서를 도와주고 사라진 우정을 따뜻한 사랑으로 나누어줄 수 있는 친구 같은 교사가 필요하다. 그러나 신세대 교사는 학생들과의 세대차는 좁힐 수 있지만 학교조직 차원에서 보면 개인주의 성향이 강하고, 동료교사와의 협력과 배려가 부족하여 기성교사와의 적잖은 갈등도 없지 않다. 물론 이들이 본 기성교사는 비이성적이고 비합리적이어서 우유부단한 교사로 비치지만 그래도 학교현장의 중요한 문제에 이들이 해결사인 것은 그만큼 노하우가 있기 때문임을 우리는 인정해야 할 것이다.

교육에는 이성만큼이나 감성이 중요함을 인식해야 한다. 흥분한 학부모의 마음을 달랠 수 것은 이성이 아니라 교사의 따뜻한 감성적인 말 한마디인 것이다. 따라서 이성과 감성을 적절히 조절하여 자기보다는 남을 배려할 줄 아는 인성이 풍부한 인간을 육성하는 것이 이 시대의 교육자가 나아갈 길이다.

우리는 지금까지 좋은 직장, 일류대학이라는 지성중시 풍조에 밀려 '똑똑하고 공부 잘하면 최고'라는 생각에 감성의 중요성을 간과해

왔던 게 사실이다. 그러나 인류역사를 감동시키고 우리의 뇌리에서 오래도록 기억되는 사람들은 테레사 수녀나 슈바이처 같은 지성을 넘어 감성적인 삶을 산 사람들일 것이다. 최근 증가하고 있는 청소년들의 폭력, 성문제, 가출, 약물남용, 유명 연예인을 모방한 자살 등 자기 파괴적 행동은 청소년들의 감성이 균형을 이루지 못하고 자기조절 능력을 상실했기 때문이다.

학생의 문제행동은 사전예방이 최선의 지도방법이고 교육원리이다. 그러나 대부분의 문제행동은 일어난 뒤에 원인을 분석하고 대책과 치료가 진행되며, 쌍방의 심리적 상처와 감정들을 따뜻하게 감싸주기 위해서는 교사들의 감성적 지도역량이 필요하다. 교사들의 풍부한 감성적 역량이야말로 요즘과 같이 교육현장에 제기되는 학생폭력, 자살, 가출, 이성문제 등을 원만히 풀 수 있는 보약이 아닌가 생각한다.

PART **02**

교권이 흔들리고 있다

　요즘 우리의 교육은 한마디로 수난의 시대를 겪고 있다. 중학생에게 머리채 잡힌 여교사 사건이며, 초등학교 학부모가 자녀지도에 불만을 품고 학교를 찾아가 난동을 부린 사건, 그리고 중학생이 담배를 압수한 교감을 폭행한 사실 등 교권침해를 넘어 교권붕괴 사건으로 교육계가 어수선하다. 더구나 일부 교사들까지 특정 정당과 특정인을 비방하고 편향된 이념을 학생들에게 강조하는 발언으로 연일 구설수에 오르고 있는 교육현실이 참담하기만 하다.

　현장에 학생 체벌이 금지되면서 상대적으로 교사의 권위가 약해졌다. 교사가 교육적 권위를 상실한다는 것은 학생지도력이 흔들려 정상적인 교육이 어렵다는 것이다. 학생들은 체벌을 가하는 교사를 휴대전화로 촬영하여 수사기관에 고소한다. 이미 수업시간은 학생들에 의해 교사가 통제할 수 있는 도를 넘었고, 학생 생활지도는 더더욱 어려운 상태다. 한마디로 학생인권에 교사의 손발이 묶인 것이다. 이러한 환경에서 진정한 교육을 기대할 수 있는가? 무엇을 어떻게 교육해야 무너진 교실을 바르게 세울 수 있는지 답답한 현실이다.

우리 교육에 대해선 세계가 부러워할 만큼 우수한 평가를 받고 있는데, 정작 우리 스스로는 불평과 불만으로 온갖 교육문제에 갈등을 겪고 있다. 교육의 새로운 개혁을 위해서는 어떠한 걸림돌이나 문제도 헤쳐 나가야 하지만 요즘처럼 교사가 학부모 앞에서 무릎을 꿇는 일이나, 학생이 교사를 짓밟고 폭행하는 일이 계속되는 한 옳은 교육, 바른 교육은 할 수 없는 세상이다.

최근 우리는 어느 때보다 다양한 사회적 갈등문제로 시끄럽다. 혹자는 민주주의는 국민들의 다양한 의견수렴을 위해 비판적 갈등이 존재하며 이러한 갈등 속에서 모순과 문제점을 찾고 고쳐 나가는 과정이라고 말한다. 그러나 지금처럼 국가 내외의 경제가 어려운 환경에서 이 같은 갈등과 대립은 국력 낭비는 물론 국가발전에도 별로 도움이 되지 않는다는 생각이다.

세계는 한국의 국가발전 중심에는 한국교육이 있다고 강조하고 있다. 이처럼 우리나라 교육의 역량에는 세계 어느 나라 국민에 못지않은 학부모의 높은 교육열이 있다. 또한 이러한 교육열만큼이나 학생교육을 위해 교사들의 희생과 헌신이 있었음을 무시해서는 안 된다. 그런데 요즘 교육을 보는 시선이 예전과는 분명히 다르다. 교권도 과거와는 다르게 실추되어 있고, 일반인까지도 교육을 보는 시선이 그리 곱지만은 않다. 이렇게 잘못된 인식의 원인으로는 입시교육이 중심에 있고, 학교의 인성교육 부재, 이기적인 학생과 학부모의 잘못된 교육관 등이 있지만 직접적으로는 일부 시도의 체벌금지와 무관하다고는 할 수 있다.

이젠 학생이 정상적인 교육을 받을 수 없을 정도로 학교도 흔들리고 교실도 혼란하다. 그 탓을 교사들에게 학생들에게 그리고 학부모들에게 돌리기엔 너무 늦었다는 생각이다. 이 지경까지 이르기 전에 체벌을 대신할 수 있는 교사의 지도 대책이 마련되지 않았기 때문이 아닌가 한다. 다시 말해서 교육정책의 부재이며 책임 있는 지도자도 없었다. 교육 지도자의 근시안적 정책이 아니라 국가의 미래를 생각하는 책임 있는 교육정책이 필요하다.

교육은 교사에 대한 존경심 없이는 바른 교육이 이루어질 수 없음에도 요즘 학생들은 선생님 대하기를 친구 이하이다. 교사의 이름보다는 별명으로 일관하고 대화는 모두 반말이다. 이러한 상황은 학부모 역시 마찬가지다. 일부이긴 하지만 좋은 학원 선생님은 찾아가 자녀교육을 부탁하지만 담임교사에 대해서는 비난과 불만의 존재로 인식하고 있다. 이러한 현실의 원인이 무엇인지 진지하게 다시 생각해봐야 한다.

이 같은 상황에서 이제 우리의 교육은 바르게 설 수도 없다. 더구나 최근 일부 교사들의 행동을 보면 더 이상 얼굴을 들 수가 없다. 모두가 학생들에 의해서 표면화된 일이지만 수업시간에 특정인이나 정치적인 발언을 한다는 것은 정말 있을 수 없는 일이다.

교사는 교육자의 양심에 따라 학생들에게 바르고 옳은 교육을 해야 한다. 또한 학교문제는 학교에서 자율적으로 해결할 수 있는 방안을 구상해야 한다. 그래서 교육의 자주성과 전문성 그리고 중립성을 헌법에서까지 명시하고 있다. 그만큼 교육은 자라나는 미래의 주인공인 학생들을 대상으로 하기 때문에 정치나 종교 면에서 중립성을 강조하고 있다. 특히 판단력이 미성숙한 학생들에게 편향된 교육은 학생의 장래는 말할 것도 없고 국가발전에도 악영향을 끼친다.

이번 사건들을 대할 때 정말 우리 교육의 총체적 위기라는 생각이 든다. 교육의 주체인 학생, 학부모, 교원 모두가 깊이 자성해야 할 일이다. 물론 우리의 교육정책을 입안하고 시행하는 중앙이나 지방 교육행정가들도 마찬가지로 무거운 책임감을 가지고 이에 대한 대안정책을 내놓아야 한다. 국가발전의 견지에서 학생교육에 시급한 정책이 무엇인지 보다 진지하게 생각하고 근시안이 아니라 장기적인 계획하에서 단계적으로 추진되어야 한다. 인기 위주의 설익은 교육정책은 당장은 달고 좋지만 머지않아 독이 된다는 것을 바르게 인식해야 한다. 우리의 미래와 학생의 장래에 죄가 되지 않는 진정한 교육정책이 필요하다.

훌륭한 교육지도자는 어른다움에 권위가 있으며, 책임 있는 행동에 존경을 받는다. 현재와 같은 교육위기를 바라보기만 하기보다는 객관적인 잣대와 거시적인 눈으로 옳고 바른 정책인지를 되돌아봐야 할 것이다. 잘못된 정책은 책임감을 갖고 당장 고쳐야 피해를 줄일 수 있고, 역사적으로 떳떳하고 당당한 교육자로 인정받을 수 있을 것이다.

새 학기를 앞두고 일선 학교에서 담임과 생활부장 교사를 기피하면서 학교인사가 갈등과 혼란을 겪고 있다. 학교폭력과 교권침해에서부터 각종 평가와 잡무 등에 이르기까지 교사가 감당하기 어려운 현실이지만, 그래도 교육의 보람과 교육자의 사명감으로 대부분 교사들은 학급담임을 선호했다. 그러나 교사가 투신자살한 중학생을 적절하게 조치하지 않은 혐의로 입건된 사건을 보면서 담임마저 기피하고 있다.

한 중학교에 담임교사 희망조사에서 과반수의 교사만이 담임을 지원했으며, 생활지도를 하는 학생부장 지원교사는 한 명도 없었다. 이같은 이유는 무엇보다 최근 학교폭력과 관련해 담임교사에 대한 책임이 강조되면서 다른 해보다 유난히 기피현상이 심화되고 있다. 학생들의 인권강화로 교사의 적극적인 학생생활지도가 어렵고, 학교폭력에 대한 담임교사의 책임 부담은 담임 기피를 더욱 심화시키는 요인으로 작용하고 있다.

학교폭력의 문제는 어제오늘의 일은 아니지만 학교와 교사에게만 책임을 묻는 것은 참으로 바람직하지 못한 일이다. 이번처럼 교사를 직무유기로 입건하는 것은 교사들의 적극적인 학생지도를 어렵게 하고, 사기저하로 교육활동마저 위축시키고 있다. 사실 학교체벌이 금지되고, 일부이긴 하지만 학생 생활지도는 물론 수업 분위기까지 도를 넘을 정도로 교사의 통제가 어려워졌다. 이러한 상황에서 이제 와서 학생지도의 책임을 교사에게만 전가하는 것은 참으로 온당치 못한 처사다.

오늘날 학교폭력 사태에 대해 물론 교사들에게 일말의 책임이 있음은 부인할 수 없지만 교사에게 학생을 지도할 수 있는 권한이 없는 상태에서는 학생들과의 갈등만 심화할 뿐 그 성과는 극히 제한되어 있다. 또한 학부모의 태도도 교사의 입건 이후로 많이 변하고 있다. 학생폭력에 민감한 피해자 학부모들이 학생지도에 대한 책임을 담임교사에게 묻는 고소가 봇물을 이룰 것으로 보인다. 이러한 현실에서 선뜻 담임을 하겠다는 교사가 얼마나 있겠는가. 초등학교는 '담임교사 중심제'라 피할 순 없지만 중등학교는 상황이 좀 다른 것이다. 대부분이 담임을 기피하고 있다. 이번에 '복수담임제'를 시행하려는 중등학교에서는 학급담임조차 채우기 어려운 상태에서 복수담임제 정책이 바르게 실행될지 의문이다.

새 학기가 시작되면 교사들에게 담당학년과 담당업무가 새로 주어지게 된다. 초등의 경우 고학년 담임을, 중등의 경우 학급담임이나 생활부장 그리고 생활 관련 업무담당을 기피할 것이 불을 보듯 뻔하다. 때문에 지금 학교 관리자들은 매우 큰 어려움에 봉착해 있다. 초등학교에서는 생활지도의 어려움과 학업성취도 평가 부담 등으로 고학년을 맡지 않으려는 교사들이 늘면서 대상 교사를 상대로 교감이나 교장이 부탁하거나 설득하지만 쉽게 수용되지 않아 신규교사나 전입교사에게 일방적으로 떠맡기는 경우가 많다. 중등학교도 마찬가지다. 실제로 담임교사를 하지 않으려고 동료교사들끼리 언성을 높이는 일까지 벌어지고 있어 학교 내에서는 비교적 젊거나 전입교사들이 울며 겨자 먹기로 맡고 있다.

요즘 초등학교 6학년 담임은 아이들의 지도가 힘들어 기피하고 있다. 고령교사나 여교사들이 고학년을 꺼려하는 것도 이런 이유에서다. 수업시수도 많은데다 어른만큼이나 덩치가 커버린 아이들은 교사와 맞먹기 일쑤고, 사춘기로 인하여 교사들의 훈계도 통하지 않는다. 중학교는 더 심각하다. 학교폭력과 교권침해가 가장 심각한 수준이라는 점에서 교사 대부분이 꺼리고 있다. 나이가 많은 교사의 수업시간에는 학생들이 대놓고 자거나 다른 공부를 하는 경우가 많으며 자는 학생을 교사가 깨우면 '왜요?'라며 말대꾸를 하거나 여교사에게 '완전 글래머예요'라고 말하기도 한다는 것이다. 이러한 학생들의 태도에 교권은 물론 교사의 자존심마저 상처를 입게 되어 담임을 꺼리는 가장 주된 이유들이다.

담임교사는 학급운영으로 인하여 학급업무가 증가되어 기피하고 있다. 담임으로서 학생 생활지도를 비롯하여 학생성적 기록 및 가정통신, 상급학교 진학, 학급행사 등으로 비담임교사보다 업무가 많아진다. 뿐만 아니라 학급업무 수행에 따른 예산처리나 학생안전사고 등에 책임감이 필요하다. 이러한 책임감과 부담감은 학급담임을 기피하는 요인이 된다.

담임교사의 또 다른 어려움은 학부모와의 인간관계다. 물론 대부분 학부모들은 학급 일에 매우 협조적이지만 그렇지 못한 일부 학부모들은 사사건건 시비와 민원으로 담임교사를 힘들게 한다. 이러한 이유는 여러 가지가 있겠으나 교권 추락이 가장 큰 원인일 것이다. 그래서 요즘 학부모는 학원 강사들은 '학원 선생님'이라 하고 학교 선생님들은 '교사'라 한다는 것이다. 그만큼 학교 교사에 대한 존경심과 교권이 추락한 것이다.

마지막으로 담임교사에 대한 처우개선과 유인책이 필요하다. 학급 담임수당 10년째 동결되어 있고, 학급당 학생 수는 줄지 않아 여전히 OECD 국가 중 최하위를 면치 못하고 있다. 처우나 유인책 없이 책임만 지는 담임교사 기피현상은 더 이상 강요할 수 없는 일이다. 아울러 교장, 교감과 담임교사, 교과교사 사이에서 학교교육행정과 학생교육의 중심적 역할을 하는 보직교사 회피현상도 심각하다는 점에서 보직교사에 대한 처우개선도 수반되어야 할 것이다.

담임교사는 학생들의 인생 항로에서 선장으로 그 역할이 매우 크다. 초등학교에서는 더할 나위 없지만, 중등학교에서도 학생의 생활이나 진로에 결정적인 구실을 한다. 따라서 담임교사에게 힘과 자긍심을 부여하는 것이야말로 교육역량을 제고하는 원천일 뿐만 아니라 학교폭력 근절에서도 가장 강력한 효과를 거둘 수 있는 일이다. 그러므로 교육당국은 담임교사가 보람과 긍지를 갖고 책임을 다할 수 있도록 생활지도권 확보, 담임수당 인상 등 인센티브 확대와 학급당 학생 수 감소 등 제도적인 교육환경 개선에 적극 나서야 할 것이다.

PART 04

급증하는 교원명퇴

요즘 급격히 학교를 떠나는 교사들이 많다. 서울을 비롯한 전국에서 골고루 교사들의 명퇴바람이 불고 있다. 그 이유야 여러 가지가 있지만 무엇보다 최근 교육환경의 변화와도 무관하지는 않다. 교원능력평가제와 영어교육 강화 그리고 최근에 교육문제로 불거지고 있는 학생들의 교사폭행, 학생 집단따돌림 등 학교폭력은 교원들을 정신적, 육체적으로 힘들게 한 것이다.

교직은 다른 직업과는 달리 비교적 환경의 영향을 많이 받지 않는 안정적인 직업이었으나 최근 들어 급격한 교육환경의 변화는 교원들이 감당하기 힘든 현실이다. 교권 추락으로 교원에 대한 존경심이 사라지고, 학생들은 교사들에게 대들고, 심지어 학부모가 교사를 구타하거나 고발하는 일이 비일비재하다. 정치인이나 부모들의 여론에 흔들리는 정책들은 우리 교육을 더욱 혼란으로 내몰고, 끝내 교원들의 사기는 물론 자존심에까지 상처를 준 것이다.

과거에는 비록 박봉에 시달렸어도 학생이나 사회인들로부터 존경받는 자랑스러운 스승이었다. 그래서 힘들고 어려운 교직생활을 오직 교사라는 자부심과 보람으로 버텨오면서 학생들을 교육했던 것이다. 그러나 지금은 상황이 다르다. 다르다 못해 변했다. 최근에는 학교폭력에 대한 미온적인 대응이 교사의 직무를 다하지 못했다는 직무유기로 내몰리기까지 한 것이다. 이젠 교직의 보람과 자부심은커녕 학생을 가르치는 것에 두려움까지 느낀다는 여교사들이 늘어나고 있다. 학생이 교사를 무서워하는 것이 아니라 오히려 교사가 학생을 무서워하는 세상이 된 것이다. 뿐만 아니라 나이 든 경력교사도 설 자리를 잃고 있다. 고령교사는 세대 차이로 싫어하여 새 학기가 되면 담임을 바꾸어 달라고 하고 있는 것이다.

사실 교사의 학생지도력에 영향을 주는 것은 외모나 성별, 나이가 아니라 교사의 학생에 대한 사랑과 열정이다. 지금까지 사명감 하나로 꿋꿋이 교단을 지켜온 교사들이 이젠 자긍심도 상실하여 무력감에 지쳐서 교단을 떠나는 것은 뭔가 단단히 잘못된 일이며 안타까운 현실이다. 이젠 학교에서 학생체벌이 사라지고 교실은 학생들에게 점령당하다시피 통제 불가능한 상태에 이르렀다. 이러한 상황에도 학교폭력을 방관했다는 이유로 교사를 입건하는 어처구니없는 행태는 교사를 범죄자로 취급하게 하는 단초가 되었다.

한 교원단체가 2011년 말 전국의 초·중·고등학교 교사 201명을 대상으로 실시한 조사에 따르면 최근 명예퇴직 신청이 증가한 원인으로는 '「학생인권조례」, 교육과정 개정 등 교육환경 변화에 따른 어려움'이 93.5%로 가장 많았다. 이 중에서도 '「학생인권조례」 추진 등으로 학생지도의 어려움과 교권 추락'이 80.6%로 절대적이었다.

일부 시도에서 학생들의 인권을 강화하면서 학생의 인권은 종전보다 보장됐지만, 상대적으로 교사의 권위는 떨어진 게 명예퇴직을 신청하는 주요인으로 꼽은 것이다. 또한 교육환경 변화로 학생들을 가르치는 일 외에도 제반업무가 크게 늘어나는 상황에서 학생들까지 대놓고 반항하거나 말을 듣지 않는 상황에 이르자 '교사로서의 보람을 느낄 수 없다'며 서둘러 퇴직을 결심하는 요인도 있다.

요즘 퇴직을 신청하는 교사들이 학생지도가 힘들어서 교단을 떠난다는 현실이 너무나 씁쓸하다. 교육에 대한 무력감과 교직에 염증을 느끼고 능력 있는 교사들이 교단을 떠나는 상황에서 교육이 제대로 이루어지기를 기대할 수는 없는 일이다. 명예퇴직 신청 교사가 봇물을 이룬 현실을 무엇으로 설명할 수 있는지 교육당국은 올바르게 인식해야 할 것이다.

당장 교사의 신뢰와 함께 교권 회복이 시급한 일이지만 교육당국은 아무 말도 대책도 없다. 교육에 많은 경험을 가진 교사들이 교단을 떠난다는 것은 우리의 우수한 교육자원이 사라지는 것이다. 이들이 세운 교육의 고귀한 공과를 아무 생각 없이 떠나보내는 우리 교육현실은 너무 가슴 아픈 일이다.

물론 교원 스스로도 노력해야 하지만 교권을 붕괴시키는 요인이 무엇인지 다시 한 번 되돌아봐야 한다. 그래서 잘못된 원인을 찾아 개선하여 경력교사가 교단에서 교육에 대한 사랑과 열정을 다시 쏟을 수 있도록 하는 것이 바람직한 정책이다. 우리는 지난 IMF 시절에 고경력 교사가 대거 교단을 떠나 우리 교육이 황폐화한 경험을 똑똑히 알고 있다.

이번 학교폭력만 해도 그렇다. 학교에서 폭력 사태가 생기면 교원들에게만 책임을 묻겠다는 식의 정책은 한마디로 행정의 원리를 모르는 것이다. 즉 권한 없이 책임만 있는 행정은 존재할 수 없는 것이다. 이번 기회에 교원들도 사명감을 더 견고하게 다질 필요가 있지만 교원의 사기와 교권 회복을 위한 교육정책이 뒷받침되어야 한다. 늘어나고 있는 '교원명퇴', 다시 생각해봐야 할 일이다.

학생 훈육 필요하다

최근 일선 학교에 간접 체벌을 허용하는 초·중등교육법 시행령이 발효되면서 전국 시도교육청의 체벌기준에 대한 관심이 집중되고 있다. 교과부안과 학교인권조례와의 명확한 교통정리가 되어 있지 않기 때문에 몇몇 시도의 일선학교는 더욱 고민에 빠져 있다.

교육의 목적이 학생 행동의 바람직한 변화에 있다고 볼 때, 교사는 학생들의 행동을 올바르게 지도해야 한다. 학생의 올바른 행동은 교육이 추구하는 목표이기 때문에 올바르지 못한 행동을 교육적인 지도로 바르게 교정해야 하는 것이다. 이처럼 잘못된 학생의 행동에 대해서 바로잡아주는 훈육은 교사의 중요한 역할이다.

훈육은 지식을 가르치는 것이 아니라, 덕을 기르는 교육으로 예의범절인 품성이나 도덕 따위를 가르쳐 기른다는 말이다. 훈육은 일종의 교육 방법이며, 대표적인 방법이 상과 벌이다. 문제가 되는 것이 바로 벌인 체벌이다. 체벌은 그런 훈육 종류 중의 하나다. 과거에는 교사가 학생들에게 지식과 예절 그리고 인품을 가르치는 과정에서 훈육이 이루어졌고, 또한 그런 인식 속에서 체벌을 일종의 훈육 종류라 생각하여 당연시하여 왔다. 하지만 현대에서는 일부 교사들의 개인감정이 개입되어 학생들에 대한 훈육이 아닌 신체적 폭력으로 확대되면서 학생인권 문제가 되고 있다.

학생인권은 학생신분의 최소한의 자유와 권리 보장이다. 이러한 학생인권은 학생들의 주된 생활의 장인 학교가 보장해주는 것이 필요하나 학생들의 잘못된 행동을 바르게 잡아주지 못하는 교육은 의미 없는 교육인 동시에 교사의 직무유기를 유발케 한다. 이와는 달리 영국 정부는 이번에 학교에서 질서를 유지하지 못하면 교사는 효과적으로 가르칠 수 없고, 학생들은 제대로 배울 수 없다면서, 교사들은 교실 붕괴를 야기하는 학생들을 퇴실, 퇴학시키고 필요에 따라 학생들의 소지품 검사를 할 수 있는 교육정책을 발표했다.

이번 교과부의 간접체벌 허용은 단위학교에서 학칙개정으로 가능하게 하였다. 학생지도는 학생, 학부모, 교사 등 학교 구성원의 합의로 학칙을 개정하여 학교별 생활지도가 가능하지만 일부 시·도교육청의 「학생인권조례」 발표로 일선학교는 이러지도 저러지도 못하고 있는 실정이다.

이러한 혼란은 중·고등학교뿐 아니라 초등학교에서도 어려움은 더하고 있다. 특히 「학생인권조례」으로 인해 학생들의 주요 관심사인 복장, 두발, 자율학습 등에 대한 규제나 질서가 한순간에 무너지고 말았다. 이에 반한 학생들의 태도는 한마디로 고삐 풀린 망아지처럼 학교현장을 혼란시키고 있다. 학생들의 행동은 갈수록 새로운 문제를 낳아 정상적인 교육활동을 불가능하게 하고 있으나 교육당국은 뚜렷한 정책대안을 마련하지 않고 있다.

아무리 좋은 정책도 그 시행에 불만과 반대가 있게 마련이다. 그래서 새로운 정책 시행은 사전에 충분한 여론이나 대안을 다각도로 검토한 다음 신중히 그리고 점진적으로 시행해야 그 충격을 줄일 수 있다. 학생인권과 관련된 문제들은 세계적인 교육의 흐름이며, 이미 학교현장에서도 서서히 변화되어가는 중이므로 굳이 새로운 교육정책으로 부각시킬 필요는 없는 것이다. 교육수장이 바뀌었다고 그에 따른 선심성 교육정책 남발은 오히려 기존정책과 단절을 초래하고 성급한 성과주의 정책들은 새로운 부작용으로 교육현장을 혼란하게 한다. 더구나 이번 정책은 일선학교 교사에 대한 충분한 연구나 의견 수렴도 없이 즉흥적으로 시행하여 교육 당사자인 학생들을 제외하곤 모두가 걱정하고 있는 일이다.

이러한 교육정책의 결과는 학교현장에서 예상한 대로 여러 가지 혼란이 야기되고 있으며 새로운 학교갈등을 일으키고 있다. 그러나 이러한 학교문제에 대해 교사가 직접 지도할 수 없는 처지에 이르렀다. 학생문제를 교사가 지도할 수 없는 교육정책이라면 다시 한 번 함께 생각해야 할 일이다. 그럼에도 불구하고 학교현장과는 달리 학원에서는 여전히 체벌이 이루어지고 있다는 데 문제가 있다. 모든 교육정책은 공교육이든 사교육이든 구분 없이 적용될 때 그 효과를 기대할 수 있다고 본다.

학원숙제를 학교수업시간에 하고, 학원공부의 피곤함 때문에 학교에서 잠자는 교육현장을 그대로 놓아두고 공교육 살리자는 것은 공염불에 지나지 않는다. 교육은 공교육인 학교교육이 있고, 이 학교교육을 보완하기 위해서 다양한 학원교육이 존재하는 것이다. 그런데 요즘 들어 학원교육이 학교교육을 앞서가는 것 같아 씁쓸한 느낌이 든다.

그러나 학생이나 학부모들이 사교육비를 많이 치르는 학원교육에 대한 불평이나 불만이 적은 것은 학원교육을 공교육보다 신뢰하고 있기 이유일 것이다.

교육은 교사의 교육적 사랑과 열정을 통해서 이루어지며, 학생 훈육은 교사의 권위에서 나온다. 그래서 우리 옛 스승의 훈육방식에서 회초리가 등장한 그림들이 많다. 스승은 제자의 잘못된 행동을 따끔한 벌로 올바름을 깨우쳐주어야 한다. 학생들의 문제행동을 보고 회피하거나 방관하는 것은 교사의 진정한 교육이 아니다. 그러므로 교사는 어떤 이유에서든 제자의 잘못된 행동을 깨닫게 지도해야 한다. 다시 말해서, 학생들의 잘못된 행동은 훈육을 통해 옳고 그름을 반드시 지도해야 한다.

요즘 들어 교육을 보는 인식이 과거와는 달리 좀 혼란해지면서 교사들의 교육에 대한 사랑과 열정이 점점 식어가고 있는 것도 사실이다. 교사들마다 '교육하기 힘들다'고 하소연하고 있다. 정말, 안타까운 현실이다. 이러한 상황에서도 대부분 교사들은 책임감과 의무감을 갖고 묵묵히 소임을 다하고 있다.

진정한 교육은 학생이 교사를 스승으로 생각할 때이며, 교사가 학생을 제자로 볼 때 가능하므로 적절한 훈육을 통하여 깨달음을 얻게 해야 한다. 훈육방법도 과거와는 많이 다르게 변화되어 교사의 일방적 훈육이 아니라 학생과 학부모의 합의에 의한 훈육이 많다. 이러한 훈육은 문제행동의 초점을 치유하는 행위이다. 다시 말해서 문제학생을 보듬어주고 감싸주는 따뜻한 교육애를 발휘하는 교육인 것이다.

이러한 훈육은 체벌이 아니라 자율적으로 자성할 수 있는 분위기를 만들어주고 점진적으로 깨달음에 이르게 하는 따뜻한 교육이다.

바람직한 교사의 훈육은 교육적 사랑이 담긴 지도다. 우리는 교사의 따끔한 말 한마디가 회초리보다 더 아픔을 기억한다. 그래서 학생들의 잘못된 버릇을 고치고, 교사의 칭찬 한마디에 동기를 얻어 성공한 삶을 사는 사람을 많이 보아왔다. 이처럼 교사의 훈육은 학생과의 새로운 인간관계를 형성하여 서로 얼어붙은 마음을 녹일 수 있는 따뜻한 사제의 정을 돈독히 하고, 또한 학생에게 새로운 인생의 방향을 결정짓는 중요한 계기가 될 수도 있다. 이러한 점에서 교사의 훈육은 학생들의 올바른 행동 변화의 가장 중요한 지도요소라고 생각된다.

교육은 학생들의 성적 향상보다는 바람직한 인간행동 변화에 있다. 지금과 같이 학부모들의 인식이 좋은 대학 입학에 따른 학력제일주의가 사라지지 않는 한 학교교육의 본질을 회복하기 어렵고, 창의와 인성을 지향하는 교육도 목표와 점점 멀어지게 될 것이다. 이러한 교육의 결과는 지금과 같은 학교문제의 해결을 어렵게 할 것이다.

교육은 인간다운 인간을 만드는 것이다. 어떤 이유에서든지 교사의 학생 훈육이 학생인권에 밀려서는 안 된다. 학생들의 바른 행동에는 칭찬과 용기를 주고, 잘못된 행동은 바르게 고치도록 지도하는 교사의 훈육이야말로 흔들리는 교육을 바르게 세우는 일이다.

PART

너무 정치화된 교육

　우리 헌법에는 교육의 정치적 중립성이 명시되어 있다. 이를 명시한 것은 교육이 어떠한 정파에 노출되어서는 올바른 교육이 이루어지기 어렵다는 뜻일 것이다. 그럼에도 불구하고 요즘 우리 교육은 정치에 휘말려 있다는 생각이 든다.

　물론 교육이 정치에서 완전히 벗어날 수는 없지만 중립적인 균형감각은 있어야 한다는 생각이다. 교육재정이 국가나 지방자치단체에 많은 영향을 받다 보니 이들의 입김으로 교육 본연의 정책이 훼손되고 있다. 특히 교육감 선거가 주민직선으로 바뀌고부터 교육이 정치판이란 착각이 들 정도다.

　교육청 행사장, 학교행사 등 교육 관련 장소엔 항상 정치인들이 누구보다 먼저 초대되어 소개되는데, 이유는 모든 학교시설이나 교육환경 개선에 이들이 힘을 썼다는 것이다. 그래서 이들에게 무엇을 하라는 이야기인가. 정치인들이 민의를 대변하고 지역발전을 위해 일하는 것은 당연한 의무일진대 이렇게까지 하는 것을 보면 내심 차기 선거를 염두에 둔 듯하다.

지난번에 치러진 일부 시도의 교육감 선거를 보면, 후보부터 보수와 진보로 나누어지면서 교육감 선거가 아니라 한 정당의 선거같이 교육이 온통 정치에 휘둘리고 있다는 생각에 내심 씁쓸하다. 교육은 정치적 중립을 유지해야 교육다운 교육을 할 수 있다. 교육수장이 주인 노릇을 못 하고, 안방을 정치인에게 내어준 것처럼 좌지우지되는 모습은 정말 안타까운 일이다.

교육의 정치화는 주민직선 교육감부터 시작되었다. 관선 임명제 때는 상상도 할 수 없는 일이다. 교육감을 선거로 선출하다 보니 진보·보수 후보 간에 정치인들이 가세하고 선거과정에서 각종 후보자들의 뒷거래는 선량한 교육자를 하루아침에 범죄자로 만들게 된다. 교육이 정치화되면서 교육 본래의 순수성을 잃고 온갖 비리와 부패도 쏟아져 나온다.

이젠 교육감 선거는 교육감만의 문제가 아니라 후보를 지지하는 교원들까지도 정치에 물들이고 있다. 특히 선거철이 되면 고위직을 꿈꾸는 교원들은 삼삼오오 모여 '누구를 지지할까' 설왕설래를 하고 있다. 교육 관료들의 줄서기 행태는 어제오늘의 일이 아니지만 하루아침에 교원들도 지지후보 중심으로 편 가르기가 시작된다. 이러한 교원들의 편 가르기는 새로운 교육 갈등과 혼란을 초래한다. 정치적 성향에 따라 편향된 교육정책은 기존 교육정책과의 단절을 가져와 일관성이 없어지고, 새로 등장한 교육정책은 교육현장을 혼란에 빠뜨려 교육을 발전시키기보다는 황폐화를 자초한다.

교육감 직선제의 드러난 문제점은 누구나 다 인정하고 있지만, 더 큰 문제는 선거제도에 법을 고치고 제정하는 정치인들이 이 제도를 반대하지 않고 있다는 점이다. 이유는 여러 가지가 있겠지만 정치적인 이득인 학부모의 표를 의식하고 있기 때문에 쉽게 포기하지 않을 것이다. 학부모들 역시도 학교에 대한 문제나 민원을 학교보다 교육청이나 국회의원에게 직접 요구할 때 쉽게 해결될 수 있다는 꼼수도 없지 않다.

교육은 정치적 중립성을 넘어 독립성, 자주성 등을 확보해야 교육본연의 일을 흔들리지 않고 독자적으로 할 수 있다. 정치에 휘둘려 교육 본질을 회복할 수 없는 이유는 인기영합이나 정치적 득실로는 교육 본연의 목표와 성과를 달성할 수 없기 때문이다. 그러므로 교육감 선거에 관한 공약도 정치권 중심이 아닌 순수한 교육 중심의 논의가 전제돼야 바람직하다.

중앙대 이성호 교수는 "서울시 교육감 사태의 핵심이자 근원은 교육의 지나친 정치화 현상이다"라고 했다. 그는 학교가 해야 할 중요한 일은 우선 공부를 잘 가르치는 것인데도 무상급식과 같은 지엽적 쟁점들로 교육의 본질보다는 정치적 득실에 더 큰 관심을 보이고 있다고 지적하고 있다.

물론 교육이 정치를 완전히 배제할 수는 없지만, 과도한 정치화는 교육의 본질을 훼손할 뿐 아니라 정책에 일관성이 없어진다. 또한 정치적인 득실로 인하여 인기 위주의 정책이 남발되어 교육을 혼란으로 몰고 있다. 이러한 갈등과 대립의 와중에서 정작 교육 본연의 기능은 큰 주목을 받지 못해 왔다. '학생들의 학습향상을 위해 무엇을 할 것인가' 혹은 '학교폭력을 어떻게 지도해야 하는가' 등에 대한 고민은 실종되고, 무상급식과 같은 지엽적 문제에만 관심이 모아지고 있다. 이러한 정쟁으로 시급하고 주요한 교육문제는 오히려 후순위로 밀려나 진정한 교육이 무엇인지를 의심하게 하고 있다.

사실 전면 무상급식은 교육문제가 아니라 복지문제이고 정치문제이다. 그런데도 일부 교육감들은 학생들의 학력 향상이나 인성교육보다 모든 학생에게 세금으로 점심을 먹이는 것이 교육의 최우선 목표인 양 몰아가고 있다. 이젠 여야를 막론하곤 이 같은 포퓰리즘에 합세하고 있다. 충분한 예산이 뒷받침되지 않은 무상교육의 강행으로 실제적인 교육문제나 학력을 위한 과제는 후순위로 밀리고, 학교시설이나 학생안전 등에 들어갈 예산은 상대적으로 줄어들었다.

교육이 겉으로는 정치적 중립을 표방했지만 사실상 정치권과 각종 이념단체들의 개입은 공공연하다. 교육정책이 사사건건 정치에 휘둘려서는 일관된 정책을 펼 수 없다. 국가정책이나 중앙정부 교육정책을 트집 잡고, 반대하는 모습은 교육자로서 바르지 못하다. 그리고 적지 않게 광역단체장과 교육감의 교육이념과 정책노선이 달라 교육수요자인 국민을 헷갈리게 하고 있다.

수백 년에 걸친 교육역량 상승과정과 검증과정을 거치면서 자리 잡아온 우리나라 교육을 미국 대통령까지 나서서 배우자고 하였다. 지금 세계는 우리의 교육성과에 놀라고 있다. 이러한 우리 교육을 이젠 정치에서 구출해내는 일이 급선무다. 교육은 특정 정파가 아닌 순수한 교육의 시각에서 국가발전과 학생들의 행복한 삶을 보고 생각해야 교육다운 교육을 할 수 있다.

PART 07

초등교장 직업만족도의 진실

　최근 한국고용정보원이 직업만족도 1위가 초등학교 교장이라고 밝혔다. 분석결과를 보면 초등학교 교장은 학교에서 제일 높은 직위로 존경도 받고 사회적 기여도나 정년도 62세까지이고 업무의 환경과 시간적 여유 등에서 21점 만점에 17.867의 높은 점수로 1위를 차지했다고 밝혔다(중앙일보, 2012.3.21). 현직 초등학교 교장으로서 한편으론 반갑지만 내심 씁쓸한 심정이다. 과연 초등학교 교장이 이렇게 '사회적 평판이 좋을까?' 다들 의아한 표정이다. '시간적 여유가 많다'는 의견은 더더욱 납득이 안 간다. '발전 가능성?' 초등교장에서 더 이상 무슨 발전이란 말인가? 생각할수록 은근히 화가 난다.

　물론 한국고용정보원은 본 자료를 2010년부터 2011년까지 우리나라 759개 직업 현직 종사자 2만6181명을 대상으로 실시한 재직자 조사 결과라고 밝혔다. 하지만 통계라는 것이 언제, 누구를 대상으로 어떤 문항으로 어떻게 하느냐에 따라 오류의 편차가 많음을 인식해야 한다. 하물며 같은 중·고등학교 교장(49위)보다 단연 으뜸이다. 그렇다면 과연 초등학교 교장이 선망의 직업으로 손꼽히는 의사(44위)와 변호사(57위)보다 좋을까 하는 생각이다.

그러나 본 조사에는 분명히 문제가 있다. 먼저 무엇보다 '만족도'에 대한 측정도구를 어느 정도 객관성이나 타당성을 갖춘 잣대로 측정하느냐다. 일반적으로 직업 만족도에 관한 설문내용은 어느 정도 표준화된 기준(수익성, 도덕성, 장래성과 발전성, 안정성, 자아성취, 명예 등)이 있다. 그러나 이번 직업 만족도 조사는 측정방법에서도 충분한 의문이 생긴다. 특히 직업인 당사자에게 묻고 답하는 것은 너무 주관적인 판단결과라는 점에서 직업만족의 신뢰차를 인정할 수 없다는 생각이다. 사람들은 대체로 자신에 대해서는 다소 호의적인 평가를 하지만 요즘처럼 사회적 이슈가 되거나 지탄의 대상이 된 직업군에 속한 사람들은 일시적으로 부정적인 인식이 당연히 높을 수밖에 없다.

다음으로는 직업에 대한 만족도를 ① 사회적 기여도, ② 직업 지속성, ③ 발전 가능성, ④ 업무환경과 시간적 여유 등을 종합적으로 고려해 현재 몸담고 있는 직업에 얼마나 만족하고 있는지를 해당 직업 종사자들이 주관적으로 평가한 개념이다. 인간은 개개인에 따라 가치관이나 태도가 다르기 때문에 각자가 느끼는 감정의 요인이나 요소가 다르다. 같은 직업이라도 개인에 따라 직업에 대한 만족도가 다른 것처럼 개개인의 직업 만족에 대한 차이를 측정하기 위한 동일한 기준은 여간 어렵지 않다는 것이다.

'사회적 기여도'면에서 보면 교육자는 헌신과 봉사하는 직업이라 어느 정도 인정은 하지만 요즘 같이 학교폭력으로 혼란한 시기에는 오히려 교원들이 죄인 취급을 받는 심정이다. 사실 교원들이 학교 안 팎에서 남모른 어려움과 고통을 많이 겪고 있다. 이 같이 어렵고 힘든 교원의 업무가 유독 초등학교 교장들에게만 가벼울 순 없는 일이다. 교장이기 때문에 더 어렵고 큰 책임을 갖는 것이다. 그리고 직업의 지속성은 공무원으로서 다른 직업보다는 비교적 안정된 것은 사실이다. 그러나 최근 들어 교직이 평생직장이라는 개념도 점점 흔들이고 있다. 급속한 교육환경의 변화로 학교폭력, 학생지도, 교원업무와 책무 증가 등은 교령교사를 명퇴로 내몰고 있는 점에서 정년까지 가기란 그리 쉽지 않은 일이 되었다. 또한 발전 가능성에 대해서도 교사들에 있어서 교장은 학교의 최상위 직위이다. 교장으로써 학교정책을 어느 정도 자율적으로 펼 수 있다는 점은 인정하지만, 최근에는 학교정책도 교원들의 동의 없이는 불가능한 일이 되었다. 이러한 점에서 중등학교 교장과 달리 초등학교 교장만이 발전할 가능성을 애기한다는 것은 사실상 오해인 것이다. 마지막으로 업무환경과 시간적 여유에 대해서도 과거에는 다른 직업 환경보다 학교의 근무환경이 우수했으나 요즘은 그 후진성을 면하기 어렵고 열악하기가 짝이 없을 정도다. 특히 대도시에 있는 학교와는 달리 농어촌이나 소규모 학교의 근무여건은 일반인들이 생각하는 것과는 거리가 멀다. 특히 학교환경이 가정환경을 미처 따라가지 못해 학생들이 학교생활에 불편은 물론 초등학교 학년 어린이들은 화장실 적응이 어렵다고 호소하고 있다. 뿐만 아니라 학교의 어려운 살림살이는 가정과 달리 마음 놓고 냉난방을 할 수 없는 어려운 실정이다. 그리고 시간적 여유도 겉보기와는 분명히 다르다. 초등학교 교장의 업무는 학생지도, 생활지도 교사의 장학지도, 학교행정, 시설관리, 급식관리, 학부모 및 지역사회 등으로 다양하고 복잡한 행정업무로 이루어져 있어 하루 종일 정신없이 보내기 일쑤다.

초등학교 교장들이 이러한 어려움과 힘든 직업임에도 높은 만족감을 갖고 있다는 점은 긍정적 인식에는 박수를 보내지만 일반인들이 인식하고 있는 선호 1위의 직업과는 분명히 아닌 것이다. 흔히 '직업에는 귀천이 없다'란 말이 있지만 요즘 100만의 청년실업을 겪고 있는 젊은이들에겐 맞지 않은 말이다. 이들은 직업이 없어서 취업하지 않는 것이 아니라 자기가 원하는 직업이 아니기 때문에 취업을 포기한다. 그래서 특별한 직업도 없고 교육이나 직업훈련을 통해 구직 활동을 아예 하지 않고 쉬는 이른바 니트족(NEET, Not in Education, Employment or Training)도 급증하고 있다는 것이다. 이처럼 직업에 대한 가치나 태도는 어디까지나 주관적 판단과 인식이 크므로 다른 직업과 비교하여 평가하고 그 순위를 결정한다는 것은 무의미한 것이다. 한마디로 비교와 순위는 객관적이고 타당성, 그리고 신뢰성 있는 척도나 기준이 있어야 한다는 생각이다.

이번 통계의 보도를 보면서 우리 국민들은 '초등학교 교장을 어떻게 생각할까?' 한편으로 궁금해진다. 학생문제로 학부모가 학교를 난장판으로 만들고, 학생들이 교사들을 폭행하는 학교 상황에서 '진정으로 교원들을 존경할까?'하는 생각이다. 또한 '교권추락을 진정으로 걱정하는 국민들은 과연 어느 정도일까?'하는 의문도 생긴다. 이 시점에서 초등학교 교장뿐 아니라 모든 학교 교원들에게 진정으로 만족하는 직업 1위로 인식시키는 계기가 되었으면 한다. 요즘처럼 힘들고 어려운 교직이 과거와 같이 존경받는 직업으로 재탄생되길 다시한 번 바랄뿐이다. 그렇게 된다면 모든 교원들이 힘들고 어려운 일도즐겁고 행복한 일로 만족할 수 있을 것이다.

예비교사를 보조교사로 활용

금년도 교원임용고사가 무사히 끝났다. 초등의 2차 논술시험에서 시험방법의 미숙으로 약간의 잡음은 있었지만 3차까지 치열한 전쟁을 치렀다. 각 시도에 따라 다르긴 해도 교원임용고사의 수준과 경쟁률은 국가고시 수준이다. 그래서 요즘은 '임용고사'를 '임용고시'로 부른다.

대학 졸업 후 취업하기가 하늘의 별따기 수준이고, 취업 이후에도 몇 년 앞을 내다보기 어려운 요즘 같은 시대에 일단 합격만 하면 공무원 신분에 미래도 보장되는 교사야말로 손에 꼽는 직업이다. 이러다 보니 고시 공부하듯이 몇 년씩 시험을 치르면서 임용고사 준비생들이 누적되고 있다.

서울시 교육청에 따르면, 2012학년도 중등교사 임용고사에서 가장 높은 경쟁률은 지리 교사로 4명을 뽑는 데 246명이 지원하여 61.5 대 1을 기록했다. 서울을 제외한 다른 지역의 경쟁률도 최고 30 대 1에 달한 것으로 나타났다. 그리고 초등교사 임용고사 경쟁률도 최근 들어 점점 높아지고 있다. 대학 입학 때부터 내신 1등급 수준의 높은 경쟁률이 졸업 후에도 이어지고 있는 것이다.

사실 이러한 경쟁률에도 양극화가 심하다. 소위 인기 과목인 국어, 영어, 수학은 그래도 위로가 되지만 비인기 과목의 경우는 몇 년째 교사를 아예 뽑지 않는 지역도 많다는 것이다. 부산, 인천, 대구 등 10개 광역시·도의 경우 최근 2년간 도덕과 윤리 교사를 1명도 뽑지 않았으며, 서울, 경기, 부산 등 12곳의 한문 교사도 2년 연속 '0명'이라는 것이다.

청년실업 120만 명에 예비교사들도 예외는 아닌 것 같다. 어렵게 교직을 선택하여 4년 동안 교직의 꿈을 일궈왔는데 그 꿈을 펼치지도 못하는 현실이 너무 안타깝다. 특히 교대나 사범대는 특수목적 대학으로서 당장 타 직종의 일을 찾고 이를 수행하기란 그리 쉽지 않다.

교육전문가들은 교원자격증만 남발하는 교사 양성 시스템 자체가 문제라고 지적하고 있지만 교원 수요를 제대로 예측하지 못한 교육정책 당국이 무거운 책임을 져야 한다. 또한 교원양성 대학들의 교원자격증만 주고 나몰라하는 무책임한 태도도 문제다. 4년 동안 비싼 등록금을 치르고 젊은 열정을 쏟았던 교직의 꿈을 하루아침에 접어야 하는 예비교사의 마음은 정말 아픈 청춘이기 전에 싸늘한 현실이 더 서러운 것이다.

일부에서는 저출산으로 학생 수가 급감하는 것이 비인기 교과교사의 입지를 좁히는 요인이라고 지적하지만 이런 이유로 이들의 마음을 달랠 수 없다. 젊은이들에게 당장 필요한 건 부모로부터 독립이다. 독립하려면 경제적 뒷받침인 직업이 있어야 하고, 그래야만 젊음의 꿈과 낭만도 펼칠 수 있다.

교육과학기술부는 뒤늦게야 "교대나 사범대 등 교원양성기관의 평가를 통해 정원을 점차 줄여 나가 임용 경쟁률을 낮추는 것이 최선의 방안"이라고 제시하고 있다. 그러나 이것은 차후의 일이며, 지금 당장 코앞에 있는 문제부터 해결해야 하는 것이다.

학교에서 교사의 주요 업무는 학생을 가르치는 교수활동 외에도 생활지도, 학급업무, 담당업무 등을 수행해야 한다. 뿐만 아니라 교사 1인당 담당수업 시간 수도 OECD국가들의 평균(주당 21.45시간)보다 많다(초등교사 주당 21.92시간). 여기에 교원 1인당 평균 14.8명이 많은 학생 수 그리고 행정업무 부담까지 감안하면 우리나라 교원의 근무조건은 매우 열악한 실정이다.

문제를 해결하기 위해서는 현재 중등교원의 법정 정원율을 89%에서 100% 수준으로 높이고 교원의 업무를 예비교사에게 맡기는 것이 지금처럼 높은 임용고사 경쟁률도 다소 줄일 수 있는 합리적인 방법이라 생각된다. 예비교사는 우리 교육의 훌륭한 교원 인적 자원이다. 이들을 학교현장에 적극 활용하면 청년실업도 줄이고 이들의 교수능력도 향상될 수 있다. 아울러 요즘 학교사회에 가장 문제시되는 학교폭력, 왕따문제도 이들의 아이디어와 도움으로 보다 슬기롭게 해결할 수 있을 것이다.

국가의 교육정책은 보다 거시적인 입장에서 예견하고 실천되어야 한다. 문제가 일어날 때마다 사후약방식의 대책은 그야말로 미봉책에 불과하다. 물론 교원정원 확보는 기획재정부를 비롯한 행정안전부 등 여러 부처와의 협력도 필요하지만 우수한 교원자원을 확보한다는 점에서 긍정적인 검토가 필요하다.

교원임용고사의 높은 경쟁률 때문에 예비교사가 재수를 위해 학원을 전전하는 일이 반복되어서는 안 된다. 우수 예비교원자원을 실업자로 만들어서는 더더욱 안 되는 일이다. 요즘처럼 우수한 예비교원자원을 헌신짝 취급해서는 우리 교육의 미래가 없다. 예비교사들에겐 교직의 희망을 주고 현장교육의 질을 개선하는 혁신적인 교육정책이 시행되길 기대해본다.

PART 09

요즘, 20대의 아픈 청춘

　요즘 젊은이들이 비싼 대학등록금에 항의하기 위해 촛불을 들고 도서관 대신 거리로 나서고 있다. 이처럼 우리나라 대학생들의 무거운 어깨는 단지 대학등록금만이 아니라 대학을 졸업해도 마땅히 취업할 자리가 없다는 것이 더 큰 고민이다. 물론 당장은 눈앞에 닥친 값비싼 등록금이 문제이지만 졸업 후에 빌린 등록금을 어떻게 갚아나가야 할지가 서민 자녀들에게 더 큰 고통으로 다가오고 있다. 이렇게 현실은 냉담하며 초라하기 그지없고 또 그 미래는 늘 불투명하며 불안하기만 하다.

　직장이 있어야 그 수입으로 빌린 등록금의 이자와 원금을 갚아나갈 수 있다. 자칫 청년 실업자가 모두 신용불량자로 몰릴 수도 있는 처지가 되었다. 대학을 졸업하고 좋은 직장에 취업해야 좋은 배우자와 결혼할 수 있다. 이 같은 시대와는 달리 요즘 대학생들은 냉혹한 현실을 체험하고 있다. 대학생 '알바'에 30대 취업 예비군까지 엉켜

알바에도 혈투가 벌어지고 있다. 청년실업 120만은 그 숫자만큼이나 고통 받는 이들의 아픔이 더 혹독하다. 다시 말해서 김난도 교수의 '아프니까 청춘이다'보다 너무 아픈 청춘이다.

과거 1970~1980년대는 고등학교만 졸업해도 일자리 찾기란 그리 어렵지 않았다. 웬만하면 이름 있는 중소기업이나 공무원으로 입사할 수 있었다. 직장생활 4~5년이면 내 집 마련의 꿈도 실현할 수 있고, 행복하고 단란한 가정도 꾸밀 수 있었다. 요즘 20대에게 그런 것은 꿈같은 현실이 되었다. 이미 공무원 경쟁률이 수백 대 일로 치닫고 대기업 들어가기는 상상할 수도 없거니와 대졸자의 직장 잡기는 그야말로 낙타가 바늘구멍 들어가기 정도로 어렵다.

세상은 요즘 젊은이들에게 너무나 잔인하다. 잔인하다 못해 젊음이 곧 실업이며 고통이다. 이런 고통의 시대를 겪고 있는 우리의 젊은이들을 보면 너무나 안타깝다. 세상을 희망이 아닌 절망으로 몰고 가는 우리의 현실이 그러하고, 돌파구가 될 교육이 그 해법을 주지 못하니 더 답답할 뿐이다. 요즘, 정말 답이 보이지 않는다. 학생들은 높은 학비와 학업과 취업 스트레스로 잇달아 목숨을 끊고 있다. 사회적 무관심과 냉대 속에서도 살아남기 위해 안간힘으로 벼랑 끝까지 밀려나 있는 가여운 청춘들이다. 그야말로 지금 20대의 처지는 바람 앞의 등불처럼 위태롭다.

아프니까 청춘이고, 젊어 고생은 사서도 한다. 하지만 이유 없는 아픔까지 줄 필요가 있을까. 청년실업 120만에 대통령까지 팔을 걷어붙였지만 당장 해결방법은 나오지 않는다.

"일하고 싶은데, 또 잘할 수 있는데, 제 이력서가 통과되는 곳이 없어요. 마치…… 세상은 나를 필요로 하지 않는, 내가 지금 사회에 맞지 않은 사람이 된 것 같아서 불안합니다. 28년째 방황 중입니다."

어느 취업 희망자의 절규다. 그동안 정부는 청년 일자리 마련에 최선을 다하겠다고 다짐해왔지만 현실은 정반대다. 청년실업자를 위한 인턴제를 도입하였지만 고작 6개월에서 1년 미만이면 끝나버리는 일들이다. 지속적으로 생계를 위한 직장이 될 수 없으니 젊은이들에겐 참으로 답답한 현실이다.

과거 20대 세대는 물질적 풍요와 문화적 풍요로움까지 함께 누린 세대다. 대학은 낭만이 있고 졸업과 동시에 원하는 직장에 들어갈 수 있었다. 때론 기성세대에 대한 반항을 하면서 사춘기를 뜨겁게 보냈지만 오늘날의 20대는 이들과 다르다. 이들은 어릴 때부터 경쟁에 매몰돼, 세상을 모두 경쟁의 대상으로 인식하고 있다. 그래서 개인주의는 더욱 심화되고 자기의 개성을 추구하지만 개인적인 고립에 가깝다고 할 수 있다.

이러한 이들에게 "젊음은 아름답고 희망적인 삶"이라고 아무리 설명해도 이들에게 바르게 들릴까 하는 생각이다. 지난해 헤럴드경제는 직장인 절반이 마지못해 회사를 다닌다는 기사를 실었다. 대학에 입학하자마자 취업전쟁 위기를 실감하고 비싼 졸업장을 따서 입성한 회사인데도 말이다.

정말 20대들의 아픈 현실의 타개책은 교육밖에 대안이 없다. 물론 근본적인 요인은 세계경제, 국내경제 등을 고려한 다양한 일자리 창출이 되어야겠지만 지금까지 문제를 키워온 것도 따지고 보면 교육도 그 책임을 피할 수 없다. 가장 큰 문제는 예견할 수 있는 문제임에도 대책을 세우지 않았다는 점이다. 다시 말해서 빠른 교육정책의 변화가 있어야 했었다.

미래의 교육환경을 예측하지 못하고 융통성 있게 대처하지 못한 관행적인 교육정책과 학생들의 다양한 진로교육 미비 그리고 장기적인 인적 자원 개발에 대한 깊은 반성을 해야 할 것이다. 인간은 교육을 통해서 미래의 행복한 삶을 기대할 수 있다. 이렇듯 교육은 국가의 부를 창출할 뿐 아니라 한 인간의 행복한 삶에 중대한 역할을 하기 때문에 그 책임 또한 막중하다.

요즘 20대를 보면 정말 가엾고 안쓰럽다. 이들의 아픈 청춘을 교육이 보다 시원하게 해결했으면 한다. 고통은 함께 나눌수록 작아진다는 말처럼 우리 모두가 이들의 아픔을 덜어주고 젊음의 향연을 아름답게 펼칠 수 있도록 격려해주고 후원해주는 선진화된 교육정책을 펼쳤으면 한다.

청년실업, 교육의 문제다

　요즘 우리나라 청년실업자가 116만 명에 이른다. 청년실업은 주로 15세에서 29세사이의 청년계층의 실업을 말한다. 한마디로 광역시 급 인구가 백수라는 말이다. 가장 혈기 왕성하게 일해야 할 인력이 청년실업으로 이렇게나 백수로 남아 있다는 것은 국가경제로 봐서도 크나큰 손실이다. 실제 청년실업 체감률은 통계보다 높은 23%로 네 명 중 한 명은 취업 문제로 고민을 하고 있다는 애기다. 물론 청년실업 문제가 지구촌 모두에게 심각한 문제로써 비단 우리만의 문제는 아니겠지만 특별한 자원이 없는 우리나라 입장에서 청년실업 문제는 더욱 심각하게 받아들여야 하는 문제일 것이다.

　그런데 우리나라 청년실업은 일자리가 없어서 못하는 것이 아니라 일자리가 있는데도 보다 나은 자리로 가기 위한 실업이 많다는 것이다. 중소기업은 일할 사람이 없어 전전긍긍하는데도 대기업이나 공기업에는 줄을 서면서 재도전하고 있는 것이다. 이러한 직장을 구하기 위해 고득점 외국어와 다양한 스펙을 쌓기 위한 자격증을 갖추기 위해 다시 학원을 다니는 고학력 청년 실업자들이 무지기수란 것이다. 그래서 최근에는 청년들이 연애, 결혼, 출산을 포기한 3포 세대라는 말의 신속어까지 등장하고 있다. 청년실업으로 인하여 이들에게 연애나 결혼이 먼 나라 이야기이며 출산은 비현실이라는 사실이 더 걱정스럽고 슬프게 드리며 기성세대로서 이들에게 미안한 마음과 책임감을 느낀다.

비정규직 600만 세대에 꾸준히 일해도 생활비도 못돼 매월 텅텅 빈 통장으로 어떻게 미래를 설계하며, 내일의 희망찬 삶을 살 수 있을지 걱정하지 않을 수 없다. 어려운 국가경제부도를 겪으면서 경제 극복책으로 만든 비정규직은 후세들에게 또 다른 고통을 주고 있는 것이다. 저임금 일자리의 근시안적인 청년 인턴제로 불안한 고용은 대책이 없어 더욱 안쓰러운 현실이다. 사실 이들도 10년 20년 후면 기성세대가 될 텐데 이러한 경제상황을 이들에게 어떻게 설명하며 누가 책임질 것인가 기성세대 모두가 곰곰이 생각해야 할 일이다.

이미 바늘구멍 취업난으로 인하여 취업을 포기하거나 단념한 NTTE(Not in Education, Employment or Training)족인 자발적 백수층이 200만을 이미 돌파했다는 보도다. 이러한 NTTE족은 우리만의 문제는 아니다. 일본에서도 1990년대부터 지금까지 침체된 경제상황으로 이들의 수가 점점 늘어가고 있으며, 미국은 청년실업 수치가 이미 18%를 넘어섰다. 그리고 최근 유럽의 경제파동은 우리보다 더 심각할 정도로 국가위기를 겪고 있다.

청년실업 대란의 원인은 여러 가지가 있지만 무엇보다 '노동시장의 수급 불균형'이 가장 큰 이유일 것이다. 우리나라처럼 대학 진학률이 82%

가 넘은 상황에서 이들이 원하는 좋은 일자리는 턱없이 부족한 것이 어쩌보면 당연할 지도 모른다. 특히 고학력, 고등록금, 고물가로 눈높이가 높아진 학생들에게 열악한 노동환경과 근무조건인 중소기업과는 기대치에 괴리가 없지 않다. 그래서 취업에 목을 매는 학생과 스스로 구직을 포기해 버린 자발적 실업자가 넘쳐나는 이상한 사회가 되었다.

지금 고졸 채용이 확대되고 있는 것도 어떤 면에서는 대졸자의 역차별이라는 문제의 소지가 있고, 청년실업에 대한 정부대책이 겨우 청년인턴이라는 비정규직 몇 자리만으로는 근본적인 해결은 어렵다. 청년실업자나 기업이 서로 조금씩 눈높이를 낮춰 양보하여 상생할 수 있는 정책이 무엇이지를 생각해야 할 것이다. 그러나 실업정책이 정부의 노력만으로는 그 해결의 한계가 있다. 근무환경과 복리후생 등 많은 부분에서 중소기업과 대기업의 차이는 좁히고 불안한 중소기업 일자리를 흡수하는 정부의 지원정책이 지속적으로 이루어질 때 다소 가능하다는 생각이다.

청년들이 노동시장 진입에 어려움을 겪는 또 다른 이유는 적정한 임금의 안정성 높은 일자리가 부족한 탓일 것이다. 청년들이 생애를 걸고 헌신할 수 있는 보람 있는 일자리가 필요한 것이다. 물론 국제 경제 상황의 탓도 있겠지만 지금으로선 여전히 청년층의 고용개선이 진척되지 않고 있다는 지적이다. 일부 사회에서는 일자리는 많은데 청년들이 쓸데없는 자존심과 편한 일만을 찾으려고 하기에 때문이라는 비판도 없지 않다. 그러나 사람은 누구나 위험한 일보다는 안전하고 편하며 쉬운 일을 찾는 것은 자연스런 본성이다.

경제상황이 악화되어 고용불안이 심화되고 있는 지금과 같은 상황의 청년실업 문제는 정부의 책임도 없지 않다. 이는 개인뿐 아니라 기업에서도 양극화가 심화되어 소비감소, 신규고용 창출의 실패 등으로 인하여 중소기업이 몰락의 위기를 겪게 되고, 소수 대기업 중심의 부의 편중은 더욱 심화되어 국민들의 불만이 높다. 이외에도 우리사회의 구조적문제가 결국 청년고용, 부동산거품으로 인한 경제 불황, 양극화, 신용파탄, 중산층 붕괴를 몰고 왔다.

그러나 이렇게 청년실업이 절망적인 상황만은 아니다. 고용노동부에 따르면 2015년 대학 졸업자 수는 50만2천명으로 정년 퇴직자수(57세 기준, 54만 1천 명)를 밑돌 것으로 추정하고 있다. 즉, 대졸자 수는 2014년까지 은퇴시기 도래자 보다 많다가 2015년부터 역전될 것으로 나타난다는 것이다. 그래서 향후 2~3년이 청년실업 문제 해결의 고비가 될 것으로 보고 있어 매우 고무적인 상황이다.

꿈을 가진 자에겐 새롭게 도전할 수 있는 용기가 있다. 이러한 용기는 바로 젊음의 무한한 가능성이 있기 때문이다. 새로운 콘텐츠 창업을 통해 자신의 호연지기를 마음껏 누리고 자신의 핵심가치를 창출하여 세계시장에 과감하게 도전할 수 있는 무한한 잠재력이 있는 것이다. 특히, 스마트폰과 소셜시대에 맞는 젊은이들의 능력을 마음껏 발휘할 수 있는 도전이 필요한 것이다. 정부와 정치권에서는 진정성을 가지고 국가 미래를 위해 근시안적인 실업대책이나 정책보다는 국가미래를 위해 청년들이 도절할 수 있는 벤처생태계를 만들어 주어야 하는 것이다.

대한민국의 희망, 청년이 행복해야 우리나라의 미래가 행복하다. 이들의 열정과 끈기, 그리고 노력이 국가의 발전은 물론 세계인의 삶을 바꿀 수 있는 환경을 제공해 주고 지원해 주는 것이 오늘의 기성세대가 함께 고민해야 할 과제인 것이다.

도전하는 청춘이 아름답다

사춘기는 누구에게나 반항과 고뇌의 시기이며 질풍노도의 시간이다. 하지만 이 시기는 학교 공부와 병행하면서 열병처럼 쉽게 지나간다. 혼자만이 겪는 혼란과 고통이 아니라 동년배 모두가 함께하는 청춘과업이기에 대부분이 슬기롭게 이겨내고 있다. 마치 대학만 가면 모든 문제가 해결하고 핑크빛 미래가 도래할 것이라고 꿈꾸면서 참아낸다. 하지만 요즘처럼 대학은 상상했던 것만큼 핑크빛의 아름다움이 아니라 고민과 방황, 그리고 좌절로 힘든 청춘의 아픔을 경험하는 시기로 변한 것이다. 그렇게 어렵게 대학을 졸업해도 장미 빛 이상과는 달리 자신의 희망과 미래가 보이지 않을 때 또 한 번의 아픈 시련을 겪는다.

사실 청년들에게 청춘은 젊은이만이 가지고 즐길 수 있는 특권이며 낭만이다. 그래서 김난도 교수는 '아프니까 청춘이다'란 책으로 갑자기 스타로 부상할 정도로 요즘 청년들의 고민이 크다. 이러한 청춘이 있기에 우리 사회는 진정한 용기와 정의가 살아 숨 쉰다. 누구에게도 삶의 목표가 있고 신념을 갖고 노력하지만 청년들만큼 당당함과 열정은 부족한 게 사실이다. 그러나 이 땅에 많은 청년들은 청춘 애찬보다 이상과 현실에서 겪는 실망과 아픔이 오히려 크다. 이렇게 많은 아픔을 겪으면서도 실망하지 않고 도전하는 것은 모두 긍정적인 청춘의 꿈이 있기 때문일 것이다.

노력하는 자에게 세상을 향한 도전은 반드시 성공할 것이라 확신하기 때문이다. 청춘이 있기에 세상은 그래도 한번쯤 살만한 가치가 있지 않은가? 청년들에겐 빛나고 열정적과 청춘이 있기에 아름답지 않은가? 그것만으로도 삶은 희망적이다. 이들의 피 끓은 청춘이 있기에 우리의 밝은 미래가 보이는 것이다.

오늘도 청년들은 오직 미래만 향해 도전하고 있다. 그러나 이들의 첫 번째 난관은 바로 취업의 문이다. 요즘 취업은 바늘구멍이다. 대기업의 입사 경쟁률은 이미 수백 대 일을 넘었다. 정부의 각종 일자리 대책에도 불구하고 4년제 대학교 졸업자 이상 학력자의 취업 무경험 실업자는 사상최대 증가율을 기록하고 있다. 이러한 취업난으로 직업에는 성 차별이 없어졌다. 그야말로 취업이 삶의 전쟁이 된 것이다.

젊음은 그 자체가 성스러운 일이며, 청년은 미래가 있다는 것만으로도 행복하다고 한다. '젊음의 절반은 전투'라는 영국 격언도 있다. 공장을 떠난 토플러는 경제잡지 포천의 기자로 일하면서 그때의 경험을 살려 전환기의 문명을 구석구석 살폈고, 오늘의 토플러가 됐다. 그 청년 시절은 도전하는 청춘의 한 모범이 될 수 있다.

대학을 졸업해도 취업이 보장되지 않는 우리 사회의 암울한 현실에서 새벽부터 밤늦게까지 열심히 일해도 돌아오는 보상은 밥 먹기 바쁘다. 오늘도 '별일 없이 산다', '그래도 희망은 있다'고 너스레를 떨며 큰 소리 치지만 오늘날 청춘의 현실은 오히려 냉혹하다. 그래서 요즘의 대학생은 신입생이 지나면 벌써 취업준비를 해야 하고, 각종 자격증에 도전하여 스펙을 쌓아야 한다. 젊음의 청춘이나 낭만 따위는 먼 나라 애기가 됐다.

청년실업난과 갈수록 힘들어지는 경제상황 속에서 고군분투 하는 청춘들의 이미지는 가난하고 춥고 배고프지만 그래도 도전할 수 있는 청년들은 든든해 보인다. 청년들의 도전을 새로운 혁신을 가져올 가능성이 크기 때문이다. 요즘 사회에서 성공하기 위해서는 '스펙(specs), 스킬(skill), 스토리(story)'가 필요하다. 먼저 이 중 하나만이라도 잘 해보라. 꿈을 이루고 싶다면 도전해보라. 스펙이 모자란다면 스토리를 키워보라. 자신이 원하는 것을 집중해서 하라. 그리고 좋아하고 즐거운 일에 청년들이 꼭 도전해야 할 과제다.

도전해서 성공할 확률보다 실패할 확률이 더 많다. 그러나 실패한 사람은 실패한 과정만큼 발전하는 것이다. 아무것도 안 한 사람보다 훨씬 나은 것이다. 수많은 실패가 존재하는 데도 계속해서 도전한다. 계속해서 꾸준히 도전하는 태도는 어떤 어려움도 이길 수 있다. 두려워하지 말고 끝까지 도전하는 것이 바로 젊음이고 청춘이기 때문이다. 그리고 모두가 가는 길을 가면 다른 사람들이나 먼저 간 사람이 뛰고 있으므로 1등할 가능성이 낮지만 내가 가야 할 새로운 길을 개척하면 이 분야만큼은 내가 1위가 되는 것이다.

나의 주체는 바로 나 자신이므로 나를 위한 삶이 되어야 한다. 그렇게 하기 위해서는 하고 싶은 일을 하여 그 분야에 최고가 되라고 권한다. 이렇게 최고라는 말을 영어로는 흔히 '베스트(best)'로 표현한다. 사실 베스트는 어디에서 언제나 존재할 수 있지만 나만의 최고는 아니다. 따라서 베스트보다는 이 세상에 단 하나밖에 없는 '유니크(unique)'한 존재가 되어야 한다. 새로운 블루오션(blue ocean)을 찾아 끝임 없는 가치 창출에 도전하는 것이 젊은이들이 해야 할 과제인 것이다.

젊은이들이 새로운 인류의 삶을 위해 꿈꾸고 도전할 때, 현재의 위기는 기회가 될 수 있고 우리의 미래는 밝고 희망적인 것이다. 우리에게는 언재나 희망보다 더 큰 시련과 고통이 있게 마련이다. 이러한 어려움과 위험에도 젊음이 있기에 도전할 수 있는 힘과 용기가 있는 것이다. 그래서 도전하는 청춘이 더 아름다운 것이다.

Step 3

행복한 삶을 위한 교육

PART

다시 생각해 보는 교육

다시 '교육이란 무엇인가?' 교육에 관심이 있는 사람이라면 한번쯤 이런 고민을 해보지 않은 사람은 없을 것이다. 요즘 우리의 교육을 보면 과연 교육이 바른 길로 가고 있는지 의문이 든다. 진정 무엇이 교육인가를 묻고 싶을 정도로 온 나라가 교육문제로 시끄럽다.

지금까지는 교육자가 주도적으로 학교교육을 계획하고 학생들을 지도해왔다. 그러나 언젠가부터 경제논리와 정치논리에 휘둘려 정치인이 교육수장이 되면서 교육이 제 역할을 수행하지 못하기 시작했다. 한마디로 정치인들의 목소리에 교육정책이 조석으로 뒤바뀌고 흔들려 교육 본질 훼손은 물론 교육 본연의 기능도 발휘하지 못하고 있다는 생각이 든다.

그렇다면 교육이란 과연 무엇인가? 답은 '사람을 사람답게 키우는 일'이다. 즉 교육은 사람이 살아가는 데 필요한 지식이나 기술 등을 가르치고 배우는 활동인 동시에 개인의 성장뿐 아니라 국가발전의 원동력이다. 이렇게 국가의 미래를 결정하는 중요한 교육을 '아무나 해도 되는가' 묻고 싶다. 우리 국민들은 어느 민족보다 교육에 대한 관심이 많다. 특히 우리나라 부모들은 자신이 못 이룬 꿈을 자식에게서 보상받기라도 하듯이 자식 공부를 위해선 어떠한 희생도 감내하고 헌신한다.

대부분 부모들은 자식의 보다 좋은 교육을 위해서 공교육에 만족하지 못하고 사교육에 많은 가계비를 지출하면서도 교육에 공을 들이고 있다. 그러나 학생들은 학생들 나름의 공부에 대한 어려움을 토로하고 있다. 학교공부에 사교육까지 더하여 학생들의 학습부담은 가중되고 하루 시간의 대부분을 공부에 시달려야 하는 현실이다. 이러한 사교육의 선행학습으로 학생들의 학습에 대한 동기나 호기심은 극도로 낮아지고 학습 피로감은 도를 넘어 만성적 스트레스 환자를 양산하고 있다. 그래서 우리나라 학생들이 OECD 국가들 중에서 학업 성취도는 높지만 학습동기는 최하를 기록하고 있는 점도 바로 이런 이유에서일 것이다.

'교육이란 무엇인가?' 우리의 잘못된 교육을 바로 세우기 위해서는 이 원론적인 질문에 대한 해답을 찾는 것이 우선이다. 이에 대한 정직한 대답은 교육자가 자신 있게 해야 한다. 그 이유는 교육전문가인 교육자만이 진정한 교육의 방향을 찾을 수 있다는 생각이 들기 때문이다. 사심 없이 학생의 미래 삶을 염두에 두고 냉정히 평가하면 그 해답이 나올 것 같다.

교육의 목적에 대해서는 수많은 교육전문가들이 밝히고 있지만, 앞에서 언급한 바와 같이 잘못된 정치인과 그릇된 교육수요자들에 의해 요즘 교육의 목적이 변질되고 있다. 학생의 행복한 삶을 위해 교사와 부모가 함께 머리를 맞대고 진지하게 생각하고 반성해볼 필요가 있다.

위 질문의 답은 한마디로 교육은 인간다운 사람을 키우는 일이다. 즉 인간을 인간답게 가르치는 것이 교육의 본래 목적이다. 그런데 우리 교육은 학생들의 학교성적을 높여 좋은 대학에 들어가게 하는 것에 목적을 둔 것 같아 안타깝다. 교육은 인간으로서의 도리를 이해하고 분별할 줄 아는 사람으로 키우는 일, 그것이 교육이 지향하는 목표이며 교육의 본질이다.

교육은 인간의 지혜를 가꾸는 일이다. 지혜란 '지식을 활용하는 능력이고 사물의 이치와 가치, 옳고 그름과 선악을 분별하는 능력'을 말한다. 이처럼 교육은 지식과 기술의 습득보다 지혜, 즉 '지식을 활용하는 능력과 사물의 이치와 가치, 옳고 그름과 선악을 분별하는 능력'을 기르는 지혜를 가르치는 일이라고 할 수 있다.

이렇게 교육의 본질적인 측면에서 보면, 우리의 교육목적과 방향이 보인다. 그리고 지금 교육이 얼마나 잘못된 것인지도 가늠할 수 있다. 교육의 위기는 학교가 해야 할 역할과 기능을 제대로 못 함으로써 나타나는 현상이다. 잘못된 교육을 바로잡기 위해서는 먼저 교육을 담당하고 있는 교육자들의 교육에 대한 근본적인 노력과 헌신이 앞서야 한다. 그리고 교육수요자인 학부모들의 교육에 대한 올바른 인식의 변화가 필요하다.

『예기(禮記)』에 스승은 학생에게 가르침으로써 성장하고 제자는 배움으로써 진보한다는 의미의 교학상장(敎學相長)이 있다. 즉 알고 있는 지식을 혼자 간직하지 않고 남과 나눔으로써 나의 지식도 더욱 커지는 기쁨을 맛볼 수 있는 것이다. 스승과 제자가 서로 성장할 수 있는 의미로 새겨보면 요즘 같은 시기에 딱 맞는 말이다. 가르치는 일이 곧 배우는 일이 되는 것이므로 교사가 열심히 가르치면서 더욱 역량을 키워 발전하게 되고, 그러한 교사들에게 학생들이 배울 때 개인 성장은 물론 국가발전에 교육적 역할을 다하리라 생각된다.

이제 우리들은 초연한 자세로 '현재 내가 가르치는 일이 학생들의 미래의 행복한 삶에 어떤 영향이 끼칠지'를 진지하게 생각하고 교육해야 한다. 많은 지식을 주입시켜 좋은 학교에 들어가게 하는 것이 우수한 교사, 우수한 교육이라고 착각하고 있지는 않은지 다시 한 번 진정한 의미의 교육을 생각해야 할 것이다.

행복한 삶을 위한 교육

동서고금을 막론하고 인간 삶의 가장 큰 바람은 행복일 것이다. 인간이 건강과 부를 바라는 것도 모두 행복을 얻기 위한 것이다. 이러한 행복에 대해서 대부분의 사람들은 막연하게 생각하다가 불행이라는 상황이 닥쳐왔을 때 행복한 과거의 일들을 생각하게 한다.

최근 한국심리학회가 한국인의 행복지수를 조사한 결과를 보면, 한국인의 행복지수는 평균 63.22점으로 세계 평균 행복지수(64.06)보다 낮고, 경제협력개발기구(OECD) 평균(71.25)보다는 상대적으로 행복하지 못한 셈이다. 다시 말해 한국인의 행복지수는 97개국 중 58위이며, 그중에서 40대 남성이 가장 낮고, 10대의 행복점수는 고교생이 67.3점으로 초·중·고·대학생 가운데 최저점인 것으로 나타났다.

이러한 학생들의 낮은 행복지수는 이들의 자살자 수에서 찾아볼 수 있다. 우리나라 학생 자살자는 2005년 135명, 2006년 108명, 2007년 142명, 2008년 137명 등 해마다 증가해 지난 2009년에는 200명을 넘어섰다. 학교급별로는 고등학생이 140명(69%)으로 가장 많았고 중학생이 56명(28%), 초등학생이 6명(3%)이었다. 자살 원인으로는 가정불화·가정문제 34%(69명), 우울증·비관 13%(27명), 성적비관 11%(23명), 이성관계 6%(12명), 신체결함·질병 3%(7명), 폭력·집단 괴롭힘 2%(4명) 등으로 파악됐다. 특히 자살 원인을 알 수 없는 경우도 29%(59명)에 달한 것으로 나타났다.

이 같은 결과는 우리 사회가 급격히 성장하면서 느끼는 심리적인 상대적 박탈감과 경쟁사회에서 겪는 열등감이 주요인이라 생각된다. 그중에서 학교교육에서 발생하는 성적비관은 한국사회의 과도한 입시경쟁교육에서 빚어지는 왜곡된 현실을 단적으로 보여주고 있다. 하지만 성적비관 자살에 대한 관심은 언론이나 사회도 늘 그렇듯이 그저 학생 개인의 나약함으로 치부하고 문제의 본질은 외면한 채 넘어가고 있다.

학생 자살자의 증가에 대해서 이젠 더 이상 방치해서는 안 되며, 교육을 통해서 새로운 대안을 모색해야 한다. 정상적인 학교교육을 통하여 이들의 교육에 대한 인식을 변화시키기 위해서는 어릴 때부터 인간의 행복한 삶에 대한 보다 체계적이고 다양한 교육이 필요하다. 한마디로 교육의 본질인 인간의 행복한 삶을 위한 교육을 추구하지 못하고 좋은 학교 입시교육에만 힘쓴 결과라고 생각된다.

인간은 교육을 통해서 행복한 삶을 영위할 수 있다. 또한 인간의 행복감 그 자체도 교육을 통해 학습된다. 교육은 인간의 보다 나은 미래의 삶에 목적을 두어야 하며 학교교육은 그 과정의 하나인 것이다. 그러나 우리의 교육에서는 공부 자체가 학생들의 삶에는 오히려 짐이 되어 스스로의 삶을 포기하게 하는 경우도 있다. 따라서 교육을 통해서 삶의 소중함, 생명의 존중감과 아울러 자신의 행복한 삶의 인식을 구체화시킴으로써 자신의 가치와 의미 있는 인생을 설계하고, 이러한 삶을 실현하기 위한 진정한 노력을 하게 해야 할 것이다.

인간의 행복은 삶을 통해서 실현되는 과정이므로 우리의 경우는 학교교육이 중요한 역할을 하고 있다. 어떤 학교를 졸업했느냐에 따라 삶의 선택권이 달라지기 때문에 모두가 교육에 목을 매고 있는 것이다. 행복은 다소 철학적인 얘기지만 반드시 즐겁고, 풍요롭고, 아름다운 것만이 행복을 가져오는 것은 아니다. 때론 슬픔도, 가난으로 인한 부족함도, 이별의 순간도 행복일 수 있다. 이러한 우리 현실의 순간들이 가장 행복한 찰나가 될 수 있는 것처럼 행복감이란 인간 개인이 어떻게 느끼느냐에 달려 있다고 할 수 있다. 그러므로 우리는 흔히들 '행복은 아는 만큼 느낀다'고 한다. 행복은 행복감을 알수록 작은 일, 소박한 것에서 더 진하고 잔잔한 감동으로 다가오는 것이다. 어쩌면 인간의 행복은 멀리서 오는 것이 아니라 자신이 지금 이 순간부터 느끼기 위해 준비하고 학습할 때 가능하다고 하겠다. 이처럼 행복은 짧은 시간에 기쁨과 슬픔, 반가움이나 섭섭함, 만남이나 헤어짐이 교차하는 순간의 짠한 느낌일 수도 있다. 가끔 우리는 힘든 일과 어려운 과정을 겪은 뒤에 오는 순간의 행복함이 가장 짜릿하게 전해오는 경험을 한다. 또한 다른 사람이 행복해하는 순간은 쉽게 느끼고 부러워하지만 오히려 자신의 행복함은 잘 느끼지 못하고 지나가기 일쑤다.

우리 주변에서 모두가 존경하고 부러워하는 유명 연예인이 갑작스럽게 자살하는 일이 심심치 않게 일어난다. 특히 청소년들은 이들의 죽음을 큰 충격으로 받아들인 나머지 때론 모방 자살로 이어지는 경우도 없지 않다. 이러한 사례에서 보듯이 행복은 다양한 가치에서 형성되는 것이므로 누구에게나 맞는 것은 아니다. 그리고 무엇이 인간에게 진정한 행복이고 올바른 삶의 가치인지를 우리는 교육을 통해서 이들을 교육하고 삶의 꿈과 희망을 주어야 한다.

교육의 큰 문제점은 우리나라의 유아교육, 초등교육, 중등교육이 '대학 입시를 위한 준비 교육'이 되고 있다는 것이다. 학교에서 미래의 행복한 삶의 밑그림을 그리며 보내야 할 시기에 학생들은 하루 종일 교실에서 움직임도 없이 공부하고 있다. 학교공부에 지치고 졸음에 힘겨운 몸으로 무기력하게 자리를 지키고 있다. 이들을 지도하는 교사나 관리하는 부모들도 나름대로 어려움을 겪고 있다. 학생들의 학교생활이 경쟁적이고 과다한 공부로 인하여 몸과 마음의 짐이 되고 고달픈 삶이 되는 것이다.

이러한 교육으로 인간의 진정한 행복한 삶에 대한 교육은 등한시한 것이 사실이다. 우리들 중에도 학창시절의 공부가 재미있고 하기 좋은 것이라고 생각하는 사람은 아마도 없을 것이다. 다만 부모님이 시켜서 당연히 해야 한다는 의무감에서 했을 뿐 자신의 희망과 의지와는 별로 상관이 없는 것이기에 더 힘들고 싫어하는 공부일지도 모른다.

독일 교육의 가장 큰 장점은 경쟁교육이 아니라 사회성이 풍부한 인간을 길러내는 전인교육이라는 것이다. 학교성적과 교육성과에 연연하지 않으니 교사는 다양하고 재미있는 수업을 구상할 수 있고, 학생들은 자연스럽게 스스로 공부하고 생각하고 말하는 법을 익히게 되는 것이다. 그래서 학교에서의 자전거 교육, 초등학생들의 성과 동성애 교육, 스타벅스(star bucks)로 배우는 경제교육, 절반이 비평문 쓰기인 미술교육, 영어는 선택, 체육은 필수가 되는 교육 등은 독일의 교육을 잘 나타내주는 독특한 교실 모습들이다. 이런 모습들을 통해 독일 교육을 경쟁 없는 인성교육으로 이끌고 있는 원동력을 발견할 수 있다.

우리나라 사람들은 대부분 공부는 학생시절에만 하는 것으로 생각한다. 학창시기가 끝나면 책과는 담을 쌓는 것도 어찌 보면 힘들고 짐이 된 공부, 지친 교육이란 왜곡된 인식 때문일 것이다. 교육은 인간의 행복한 삶을 준비하는 교육이 되어야 진정한 교육이다. 이젠 교육이 교육 그 자체인 본질로 되돌아가 인간의 기본권인 행복을 추구하기 위한 교육이 되어야 학생들이 학창시절의 공부가 힘들고 짜증나는 것이 아니라 행복한 미래를 만들어가는 하나의 과정임을 올바르게 인식할 것이다.

인간 삶에는 꼭 공부만이 행복을 만드는 열쇠는 아니다. 우리는 주변에서 특별히 돈이 많거나 남보다 많이 배운 것도 아닌데, 늘 얼굴에 미소를 머금고 사는 이들을 볼 수 있다. 이런 사람들의 특징은 바로 행복해질 줄 아는 마음의 습관을 가지고 있다는 것이다. 하찮은 일에도 정성을 쏟고 기쁨을 느낄 수 있는 것이 바로 행복이기 때문이다. 그래서 행복은 학습에서 습관으로 될 수 있다는 것이다. 다시 말해 행복한 생각이 행동을 바꾸고, 행동이 습관을, 습관이 인격을 만들어 결국 행복한 인생까지 바꾼다.

행복은 성적순이 아니다. 많은 사람들이 자신의 이력이나 스펙을 늘리기 위해 공부하지만 진정한 공부는 행복한 삶을 위한 교육이어야 한다. 이처럼 진정한 교육의 가치는 우리의 의미 있는 삶과 관련하여 긍정적인 영향을 주는 것이어야 한다. 미래사회에 더불어 살아갈 수 있는 창조적인 삶에 힘을 주는 희망적인 교육이 필요하다. 그래서 살맛나는 세상에서 나눔의 보람을 가질 수 있는 행복한 인간교육이 진정으로 교육이 나아갈 방향일 것이다.

행복한 삶을 가르치는 교육

    교육의 기능은 무엇보다 인간의 행복한 삶을 영위하는 일이다. 그래서 학생들은 미래의 행복한 삶을 동경하며, 어릴 때부터 올바른 삶의 방법을 준비하기 위하여 학교에서 열심히 공부한다. 그런데 우리는 가끔 학교에서 공부하는 이유와 목적을 잊어버릴 때가 많다. "왜 공부하느냐?"는 질문에 대부분 학생들은 '학생이니까 공부해야지요' 혹은 막연히 '성공하기 위하여 공부한다' 그리고 '돈을 많이 벌기 위해 공부한다' 등이다.

    학생들이 학교공부의 궁극적인 목적을 읽지 못하는 이유는 무얼까? 결론부터 말하면, 아무도 가르쳐주지 않았다는 것이다. 자기의 미래 꿈은 있지만 그 꿈을 실천하는 방법은 모두 학교공부 한 가지로만 생각하고 있지나 않을까 염려스럽다. 즉 공부만 잘하면 '행복한 사람', '성공한 사람', '돈을 많이 버는 사람'으로 생각하고 있지나 않을까 하는 생각이다.

이런 생각에 대한 해답으로, 1937년 하버드대 남학생 268명을 대상으로 72년간 추적한 인생사례의 연구결과가 시사월간지 '애틀랜틱먼슬리' 6월호에 공개됐다. 1967년부터 이 연구를 해온 하버드 의대 정신과의 조지 베일런트(George E. Vaillant, M. D) 교수는 그 결과를 한마디로 "삶에 가장 중요한 것은 인간관계이며, 행복은 결국 사랑"이라고 하였다(「조선일보」, 2009. 5. 14).

연구결과는 '47세 무렵까지 형성돼 있는 인간관계가 이후 인생을 결정하는 데 가장 중요한 변수'라는 것이다. 그리고 '평범해 보이는 사람이 가장 안정적인 성공을 이루었다'는 것이다. '연구 대상자의 3분의 1은 정신질환도 겪었다'는 것이다. 그래서 "하버드 엘리트라는 껍데기 아래엔 고통 받는 심장이 있었다"고 표현했다.

우리가 생각하는 공부는 행복, 성공이라는 함수관계가 아니라는 것을 구체적으로 설명해준 사례라고 하겠다. 그러나 본 사례가 우리에게 준 중요한 시사점은 공부보다는 '인간관계'라는 점에서 우리 교육의 새로운 방향을 제시하고 있다.

우리나라 교육에서 과열된 입시체제는 대학을 서열화하고도 모자라 고등학교마저 서열화·계층화시켜 명문고 입학을 위해 중학교는 물론 초등학교부터 입시교육과 사교육을 부추기고 있다. 이러한 성적 중심의 교육은 학생들을 한 줄로 세우는 비인간적인 교육이란 비판에도 불구하고 지금까지 이어지고 있다. 그 결과 학생들의 협동이나 우정은 찾아볼 수 없고, 이기심이나 개인주의는 최근 증가하고 있는 학교문제인 '학교폭력', '왕따' 등과 무관하다고는 하지 않을 것이다.

물론 학생시절에 공부는 매우 중요한 일이다. 그러나 학생의 삶에는 공부 외에도 다양한 발달시기가 있다. 그 발달시기에 학생들의 미래의 삶, 즉 행복에 필요한 요소인 '건강', '우정', '사랑', '결혼', '교육', '죽음' 등을 직간접적으로 체험할 수 있는 교육이 이루어져야 한다. 그러나 우리의 교육은 이러한 학생의 삶에 필요한 요소의 학습보다는 교과학습만 너무 강조하지 않았는가? 그리고 그 중요성은 인식하면서도 인성교육이란 이름하에 그저 생활지도 정도로만 취급하지 않았는가?

"행복은 성적순이 아니잖아요?" 그렇다. 학교공부만으로 행복해지진 않는다. 우리는 앞의 하버드대 사례에서 이미 경쟁적인 교육은 '행복'이 아니라 '정신적인 질병'을 낳는다는 것을 읽을 수 있다. 이젠 우리의 교육도 경쟁적인 지식교육보다 학생들의 행복한 삶을 위한 교육이 필요하다. 교육을 통해서 삶의 의미를 찾고 '행복'을 경험해야 '행복한 삶'을 영위하고 누릴 수 있다. 그러므로 현재와 같은 지식 위주의 교육, 경쟁적인 교육에서 자신의 삶의 보람을 찾는 교육, 행복을 꿈꾸고 느끼는 교육, 다른 사람과 더불어 살아가는 교육으로 전환해야 한다. 이렇게 할 때 우리 교육의 본질을 회복하고 지금의 사교육 열풍도 잠재울 수 있다.

우리의 교육은 형식에 너무 치우치고 있다는 생각이 든다. 그래서 세계교육시장에선 경쟁력이 없다. 그 이유에 대해서는 모두 알고 있다. 가장 큰 문제는 역시 입시 위주의 교육이다. 학생은 교사가 시키는 대로 공부만 하면 성공한다고 믿고 있다. 또한 학생의 희망과 의지와는 달리 부모의 기대로 행복을 기대하고 있다. 그리고 학생들 간의 인간관계는 물론 친구 사이의 우정까지도 멍들어가고 있다. 그러나 너무 이기적인 교육, 즉 친구들을 경쟁대상으로 생각하여 친구보다 나 자신만을 위한 교육은 안 된다. 그 이유는 행복은 혼자만이 아니라 다른 사람과 함께할 때 더욱 빛나기 때문이다.

하버드대 연구에서 행복하게 늙어가는 데 필요한 요소를 7가지로 제시했다. 첫째는 고통에 적응하는 '성숙한 자세'였고, 그 다음은 교육, 안정적 결혼, 금연, 금주, 운동, 적당한 체중이 필요하다고 하였다. 이와 같이 자신의 행복한 삶을 설계하고 실천하기 위해서는 라이프 사이클에 맞는 행복한 삶에 대한 구체적인 실천교육이 학교교육에서 이루어져야 한다.

우리의 교육, 정말 이대로는 안 된다. 다시 한 번 생각하고 모든 학생들의 삶이 행복한 교육을 해야 한다. 그리고 하버드대 연구결과에서 보인 '평범해 보이는 사람이 성공했다'는 것도 기억해야 할 것이다.

PART 04

학생들의 학교 삶의 질

학교교육의 목표는 궁극적으로 학생의 바람직한 행동의 변화다. 학교는 학생들의 전인적 성장을 위하여 지적·정의적 교육뿐 아니라 행동변화인 인성교육까지 이루어지고 있다. 이러한 학생교육의 올바른 교육성과를 얻기 위하여 교사들은 교수방법, 학습방법, 교육과정 등에 새로운 관심을 기울이며 고민 하고 있다.

일반적으로 학생들은 학교에서 하루 종일 생활한다. 학교교육은 학생들에게 지식, 정의, 체력교육뿐 아니라 인성교육까지 전인적인 성장을 돕고 있다. 최근에는 방과후교육, 특기적성교육, 돌봄교실 등 탁아기능까지도 하고 있어 학교교육의 역할과 기능이 점점 다양해지고 확대되고 있는 추세이다.

우리는 교육의 고객인 학생들의 공부 외 삶을 생각한 적이 있는가. 학생의 학교생활, 친구관계 그리고 학생들을 위한 학교시설이 되었는가. 또한 그들을 위한 교육서비스는 어느 정도일까. 학교교육과정과 교육 프로그램, 등·하교시간, 수업시간표, 방과 후 교육활동 등은 학생들이 의견을 얼마나 수렴하고 반영했는가? 또한 그들의 만족도는 어느 정도인가? 학교가 정말 즐겁고 재미있고 신나는 곳인가?

지금까지 우리의 교육은 전인적인 인간교육을 목표로 하면서도 학생들의 학교생활의 질보다는 학습지도와 학습내용에만 관심을 집중했다. 그 결과 최근 교육문제인 학교폭력, 학생 자살 등이 교육의 역기능으로 나타나고 있는 것이다. 요즘에야 우리 학교사회에서 학생들의 학교 삶과 관련하여 관심을 갖고 대두되는 문제가 학생인권이다. 학생이 인간으로서 존엄성을 보장받기 위해서는 학교생활에서도 학생다운 삶이 보장되어야 한다.

학교교육의 목적은 전인교육으로 학생의 잠재력을 찾고 배우며 미래의 행복한 삶을 사는 데 있다. 이와 같이 학생들은 학교에서 교사와 상당히 긴 기간 동안 생활하면서 인간의 삶을 배운다. 특히 학창시절은 인간의 인성이나 인격이 형성되는 중요한 시기이므로 학교의 물적·인적 환경은 이들의 삶에 직접적으로 영향을 미친다. 그렇다면 학생들의 학교 삶의 질은 무엇일까? 또한 학생들의 삶의 질을 결정하는 요인은 무엇일까. 여기에 대한 해답을 찾기 위해서 초등학생들의 학교 삶에 대한 논문을 준비하면서 우리나라 교육의 새로운 방향을 발견하게 되었다.

학생의 삶에 대한 최초 연구는 단국대 박삼철(2007) 교수의 "고등학교 학생들의 삶의 질을 결정하는 학교변인들의 효과" 연구라고 할 수 있다. 그는 학생들의 학교 삶의 질을 결정하는 하위요인은 ① 학교에 대한 긍정적 인식, ② 학교생활의 불안정성, ③ 선생님의 돌봄(caring), ④ 선생님의 수업지도 만족도, ⑤ 친근한 교우관계, ⑥ 학교

에서의 학업 및 일반적 성취감, ⑦ 학교교육과정에 대한 만족이라고
하였다. 이 6가지 요소들을 다시 정리하면 교장, 교사, 친구의 관계를
찾을 수 있다. 이 중에서도 무엇이 학생의 삶의 질을 결정하는, 가장
중요한 요소일까. 그에 대한 후속 연구로 초등학생의 학교 삶의 질을
조사 분석한 결과, 고등학교 학생들보다는 낮은 비중이었지만 친근한
친구관계를 제1순위로 꼽고 있었다.

학교생활에서 가장 중요한 요인은 친구라는 사실이다. 즉 학생들
의 행복한 학교생활을 결정짓는 제일 중요한 요인이 바로 친구이다.
이렇게 중요한 친구관계도 중·고등학교에선 내신, 초등학생들에겐
과외라는 과열교육에 막혀 우정에 금이 가고 그 신뢰마저 잃고 있다.
급기야는 친구를 왕따시키는 사례까지 나타나는 우리의 교육현실이
안타깝다. 이러한 상황에서는 어디서부터 어떻게 손을 써야 될지도
모른다.

우리의 교육, 과연 교육 본래의 모습을 회복할 수 있을까? 이젠 교
사의 지도나 지시가 학생에게 먹히지 않는다. 심지어는 교장의 말도
학부모의 목소리에 밀리는 상태다. 모두가 공교육이 무너졌다고 하
고, 교권은 무기력하다고 한다. 그래서 "우리의 교육을 바로 세워야
한다"고 교원단체를 중심으로 목소리를 높이고 있다.

우리나라 근대화의 동력은 바로 우리의 교육이었다. 그래서 원조
를 받는 나라에서 원조를 하는 세계 유일한 나라로 되었다. 세계경제
10대국으로 성장한 나라다. 경제의 크기만큼 교육도 선진국이 되어야
한다. 그래서 우리의 교육도 학생들의 학교 삶의 질을 높이는 교육에
관심을 가져야 한다. 그렇게 해야 진정한 선진국민이 되는 것이다.

실제로 학교교육은 교장의 리더십에 따라 교육의 질이 달라진다.

그 이유는 교장의 교육철학, 학교경영관이 리더십의 방향을 결정짓는 주요 요인이기 때문이다. 이제부터라도 우리의 교육이 입시교육에서 벗어나 학생들의 행복한 삶에 두는 교육이 되어야 한다. 지식교육뿐 아니라 친구들과의 건전한 우정 쌓기, 모두 똑같은 형태로 짜인 교육과정이 아니라 학생의 특성에 따라 선택하는 교육과정, 지겹고 힘든 공부가 아니라 즐겁고 재미있어 스스로 찾아서 공부하는 사람이 되어야 미래사회를 선도할 인간을 기를 수 있다.

교육은 인간다운 인간을 기르는 것이며 인간다운 인간은 행복한 삶을 사는 것이다. 학생도 인간으로서 학생다운 삶이 보장되고 실천할 때, 행복감을 배우고 행복한 삶을 영위할 수 있다.

PART 05

교사의 감성적 사랑

세상 참 빠르게 변하고 있다. 이에 뒤질세라 교육환경도 아날로그에서 디지털화되어가고 있다. 학교의 행정업무부터 교사의 교수자료에 이르기까지 온통 디지털로 바뀌었다.

아날로그 시대의 불편하던 수작업 교원업무도 전자시스템화로 직장이나 가정에서 결재자의 대면 없이도 신속하게 처리할 수 있다. 그야말로 차세대 포털시스템이다.

교사의 교수활동에도 많은 변화가 왔다. 우선 교사의 수업 변화다. 전자칠판과 전자교탁의 출현으로 백묵과 흑색칠판은 역사 속으로 사라지게 되었고, 반면에 교사의 교수활동은 역동적으로 바뀌었다. 수업시간에 빔 프로젝트(Beam project)에서 쏟아지는 감동적인 동영상을 시청할 수도 있고, 인터넷으로 전 세계 교육 관련 자료를 교실 안으로 생생히 끌어다볼 수 있게 된 것이다. 그야말로 교육방법의 혁신과 혁명을 가져왔다. 그 단초가 바로 디지털(digital)화인 것이다.

문제는 교수자료의 디지털화만큼이나 교육의 효과에도 나타나야 하지만 그 결과는 그렇지 못한 데 있다. 그렇다면 왜 많은 첨단자료와 비용을 투입함에도 교육적 효율성이 두드러지지 않을까. 물론 효과가 전혀 없다는 것은 아니지만 그 효율성이 경제적이지 못하다는 것이다.

이 같은 맥락에서 보면, 교육은 인간교육이기에 투입된 자원에 비해 그 효과가 매우 미미하다는 것이다. 교육의 효율성 측면에서 가장 높은 것은 교사의 학생에 대한 사랑일 것이다. 사랑의 크기는 눈으로는 확인할 수 없지만 교사와 학생 간에 공감하고 느끼는 교육적이고 인간적인 사랑은 진정한 교육의 효과로 나타난다는 점을 인식해야 할 것이다. 그래서 사랑은 인간의 존엄성을 소중히 여기는 마음의 원천이며, 가장 훌륭한 가르침은 사랑이 담긴 행위다. 이처럼 사랑은 잘못을 저질렀을 때에도 따뜻이 감싸주고 위로와 격려로 아껴 주기 때문에 학생의 행동을 변화시키는 것이다.

우리는 흔히 교사가 가르치는 만큼 학생들이 배울 것이라고 생각하고 교육한다. 다시 말해서 교사의 교수활동에 투입된 시간만큼 학생들의 실력이 향상될 것이라는 믿음이다. 그것은 우리가 가장 먼저 버려야 할 교육효과에 대한 착각이다. 그러므로 교육은 교사가 가르친 내용이 아니라 학생이 배운 내용이라고 할 수 있다.

교육의 효율성에는 교사의 사랑이라는 함수가 작용한다. 교사의 사랑과 정성이 교수·학습활동에 첨가될 때 학생들의 학습효과에 시너지(synergy)를 발휘할 수 있는 것이다. 즉 교사로부터 배운 것은 한계가 있지만 이를 바탕으로 스스로 무궁무진하게 터득할 수 있다. 이것이 교사의 사랑이다. 이처럼 교사의 사랑은 디지털의 냉철한 머리보다 아날로그(analogue)의 따뜻한 가슴으로 교육의 효과를 더할 수 있다. 아날로그의 역량인 사람의 감성이 학생과 일대일 소통하면 감동과 감화로 작용하기 때문이다.

인간은 매우 감성적인 동물이다. 특히 자라나는 어린이들에게는 더욱 그러하다. 학생들에게는 교사의 따뜻한 말 한마디가 인생에 절대적인 영향을 줄 수 있다. 그래서 좋은 스승은 평생을 두고 잊지 못할 삶의 지표가 되어 한 인생의 좌우명을 결정하는 계기가 되기도 한다. 그러므로 교사의 언행은 곧 학생들의 삶에 본보기가 된다는 것을 항상 기억해야 할 것이다.

요즘 우리의 교육은 형식적 교육에 많은 에너지를 쏟고 있다. 한마디로 교육의 본질보다는 대중을 의식한 전시 교육행정이다. 그래서 교육내용이나 방법보다는 교육환경이나 시설에 무게를 두고 있는 느낌이다. 교육행정당국이나 교육수요자 또한 이런 교육시설을 갖춘 학교를 곧 좋은 학교, 잘 가르치는 학교로 착각하여 인정하고 평가하는 것 같아 걱정스럽다. 물론 교육환경이 교육의 효과를 얻는 데 중요한 요인인 것은 인정하지만 투입만큼 그 교육효과를 기대하기란 어렵다는 것이다.

비록 교육환경이 최첨단은 아니더라도 교사의 정성 어린 목소리에도 귀 기울여 듣고 따스한 사랑으로 새로운 학생의 꿈이 영그는 교실이라면 디지털 시대에도 더욱 빛날 수 있다는 사실을 많이 보아 왔다. 중요한 것은 바로 교사의 사랑과 정성이 교육이기 때문이다.

한국교육개발원의 연구에 의하면, 헌신적 교사들은 좋은 학교 환경이나 높은 보수 등 외부적 요인보다는 사명감과 자긍심, 스스로 열심히 하려는 의지와 노력, 학생들의 긍정적인 반응과 평가, 수업에 대한 만족감과 성공감 등 내부요인이 자극과 동기가 되어 가르치는 일과 학생들에 대해 남다른 열정을 쏟는다고 하였다.

이처럼 많은 교육재원으로 첨단시설을 갖춘 학교를 좋은 학교라고 홍보하는 것보다는 학교여건과 특성을 고려하고 수요자의 의견을 수렴하여 교육공동체가 함께 학교의 비전을 향하여 변화를 추구하는 학교, 모든 교직원이 오순도순 머리를 맞대고 궁리하여 학생이 행복해하는 학교 그리고 모든 교육공동체가 사랑의 교육을 실천하는 학교가 진정으로 좋은 학교가 아닐까 생각한다.

진실한 사랑은 관심(Care)과 책임(Responsibility)이 함께해야 한다. 교사에게 주어진 여건을 최대한 활용하여 학생을 존중하며, 진정한 사랑으로 책임감을 갖고 교육한다면 교육수요자들에게 새로운 감동과 만족을 불러오리라 확신한다.

따뜻한 감성교육

요즘 신세대들이 듣고 싶어 하고 말하기를 좋아하는 '쿨(cool)'은 합리적 사고를 하며 자신만의 독특한 색깔을 가지고 있는 것을 가리킨다. 이들은 일상에 찌들지 않은 생기발랄함 그 자체인 것이다. 새로운 감성코드로 자리 잡고 있는 쿨을 선호하는 쿨(cool)한 소비자의 특성은 '뻔한 틀은 거부하고, 세련되고 심플함에 매료되며, 자신과 어울리는 새로운 소비에 적극적'이라는 것이다. 이러한 신세대들에게 자신의 취향과 특성을 반영하지 못하는 브랜드는 더 이상 어필하지 못한다.

최근 기업경영에서 주목받는 감성경영(Emotional Management)은 고객의 감성에 그들이 좋아하는 자극이나 정보를 전달함으로써 기업 및 제품에 대한 호의적인 반응을 일으키는 경영방식을 말한다. 이러한 감성경영의 도입 효과는 대외적으로는 '감성마케팅'을 통해 기업의 매출과 브랜드 가치의 상승이라는 효과를 도출하고 있다.

이처럼 감성시대의 새로운 패러다임 중 하나는 인간의 감성이 기업의 중요한 경영수단으로 등장되었고, 감성은 모든 산업분야까지 이미 빠르게 전파되어 기업은 고객의 감동을 자극할 수 있는 감성적인 제품개발에 초점을 두고 있다.

이젠 학교에서도 감성교육이 필요하다. 감성교육을 통해 학생들의 감성을 자극하여 이들의 원대한 꿈인 글로벌 인재로 성장하게 잠재적 감성을 마음껏 계발해주어야 한다. 또한 감성교육으로 학생들의 아픈 상처를 위로하고 용기를 주어야 한다. 이렇게 감성은 학생들의 상처를 보듬고 학생들에게 용기를 주는 보약인 것이다. 교사가 학생 입장에서 아픈 상처를 이해하고, 공감하는 감성적인 치료만이 그 흔적을 지울 수 있다.

감성교육을 위해서는 먼저 교사 자신부터 풍부한 감성적 역량을 함양하여야 한다. 감성은 인간에게 새로운 도전정신과 호기심 그리고 열정을 갖게 하며, 공감을 통해 긍정적인 인간을 만든다. 감성교육을 통해 더 풍요롭고 정이 가득한 인간다운 사람을 기를 수 있기 때문에 이성과 대립하는 개념으로서 감성은 현대사회에선 신성한 산소 역할을 하는 중요한 요소인 것이다.

21세기는 지적으로 똑똑한 사람보다는 나보다 남을 먼저 생각하고, 서로 배려하며 함께 사는 감성적인 인간을 필요로 한다. 이러한 세상에서 학생들이 행복한 삶을 마음껏 누릴 수 있도록 그들의 삶에 희망과 비전을 제시하는 교육을 해야 한다. 교육은 감성을 통하여 학생들의 요구를 충족시키고, 만족감을 느끼게 할 수 있도록 해야 한다. 감성적인 교육은 학생들에게 감회와 감동을 주어 자기가 하고 싶은 공부에 몰입하게 함으로써 자신의 잠재력을 발휘할 수 있게 한다.

학생들은 무한한 잠재적 감성을 갖고 있다. 이러한 감성을 어떻게 자극하고 계발하느냐가 관건이다. 감성능력은 바로 교육을 통하여 가능하다. 감성능력은 학업지능의 활동을 촉진하며 나아가 분노, 격정, 불안, 슬픔과 같은 지적 활동에 방해되는 부정적 정서를 적절히 조절해 두뇌의 지적 활동이 왕성하도록 도와주는 역할을 하게 될 것이다. 교사는 음악, 미술, 체육을 포함한 특성화 교육을 통하여 다양한 감성능력을 찾아 표현하게 함으로써 잠재적인 감성을 발굴해 주어야 한다. 이렇게 학생 개개인이 갖고 있는 특성과 능력에 대하여 교사가 칭찬하고 격려함으로써 스스로 인내와 끈기로 도전하게 해야 한다. 또한 교사가 학생들을 동료적인 입장에서 이해하고 배려하며, 인간적 유대감을 갖는다면 신바람 나는 감성교육을 할 수 있을 것이다.

다니엘 골먼(Daniel Goleman)은 성공적인 리더와 그렇지 못한 리더 간의 차이는 기술적 능력이나 지능지수(IQ)보다 감성지능(EI)에 의해 크게 좌우된다는 연구 결과를 발표한 바 있다. 약 80% 정도의 감성지능과 20% 정도의 지적 능력이 적절히 조화를 이룰 때, 리더는 효과적으로 리더십을 발휘할 수 있다는 것이다.

교사의 감성은 당장 계발할 수는 없으나 감성적인 학습이나 체계적인 훈련을 통해 길러질 수 있다. 2009년 3월 20일 개최한 257회 최고경영자 월례조찬회에서 정진홍 중앙일보 논설위원은 "디지털시대에 요구되는 리더의 덕목은 감성리더십"이라고 강조했다. 특히 "소걸음과 같은 느림의 지혜, 워낭소리가 울리듯 묵묵히 일하는 자세로 조직원을 감동시키는 감성의 리더십이 필요한 때"라고 강조했다. 그리고 감성리더십을 키우기 위한 7가지 전략으로 ① 느림을 확보하라, ② 상상력으로 승부하라, ③ 차이를 드러내라, ④ 느낌을 존중하라, ⑤ 낯선 것과의 마주침을 즐겨라, ⑥ 감각의 레퍼런스(reference)를 키워라, ⑦ 감각의 놀이터에서 변화와 놀라 등을 제시했다.

효율적인 감성교육은 학교뿐 아니라 가정과 사회의 협력체제를 형성하고, 개방적이고 융통성 있는 교육과정의 운영을 통해 극대화되어야 한다. 이를 위해 부모와 교사가 먼저 정서적으로 안정되고 건강한 심성의 소유자가 되어야 하며, 무엇보다 공부는 지식교육만을 위한 것이라고 생각하는 교육관에서 탈피해 공부는 감성교육을 통하여 확산적 사고로 연결된다는 인식전환이 필요하리라 생각한다. 그러므로 감성적인 교사의 능력이 교육의 신뢰성을 회복하고, 교육의 권위를 되살릴 수 있다. 아울러 교사의 감성리더십은 지적 능력이나 기술적 능력이 아니라 교사의 소프트한 차원의 감성지능(Emotional Intelligence)이다. 이러한 소프트한 감성 에너지가 넘치는 학교야말로 '꿈을 만드는 행복한 학교'가 아닌가.

교육은 학생과의 공감활동

요즘 '공감'이라는 말은 어디서나 참으로 많이 사용되는 용어이다. 교사와 학생 사이 교육활동에 있어 '공감'은 매우 강력한 힘을 가진다. 교사가 학생들에게 가져야 하는 공감(empathy)은 교육적 사랑의 단계로 교사의 인지적 상상력을 동원해 학생의 생각과 감정 상태를 이해하는 것이다.

공감의 사전적인 의미는 "상대방의 경험, 정서 상태, 생각 등을 상대방의 관점과 입장에서 이해하고 느끼는 감정적 공유상태"라고 정의하고 있다. 즉 공감은 상대자가 전달하고 있는 말의 내용과 감정을 정확하게 인식하여 그것을 부연한 형태로 바꾸어 나에게 다시 반영해주는 것이다.

교사의 학생에 대한 공감은 학생을 잘 이해하고 있다는 적극적인 표현을 함으로써 그 가치를 발휘할 수 있다. 또한 학생은 교사에 대한 믿음으로 공감에 반응할 수 있어야 하는 것이다. 다시 말해서 교사가 학생에 대한 공감을 통하여 학생이 원하는 바가 무엇인지를 이해하고 교육한다면 학생과 교사 사이에 진정한 교육 효과를 얻을 수 있다. 그러므로 교사가 학생의 생각이나 정보, 지식 그리고 이들의 감정에 대해 충분히 이해하고 눈높이를 같이할 때 교사와 학생의 좋은 인간관계 형성으로 공감을 촉진할 수 있다.

지금까지 우리의 교육활동은 교사가 교육의 중심에 서서 국가가 편성한 교육내용을 교사가 인지하고 있는 교수방법으로 지도해왔다. 그래서 학생들의 학습내용에 대한 이해 정도는 평가를 통하여 측정하고 그 결과는 학생 개인의 원인으로 돌렸다. 그러나 요즘 교육은 학생 중심 교육, 배움 교육 등으로 학생에 초점을 두고 있다. 이러한 학생 중심의 교육핵심에는 한 방향이 아닌 양방향의 커뮤니케이션인 공감활동이 이루어져야 진정한 교육활동이 이뤄진다고 할 수 있다.

학생의 눈높이에서 학습내용을 설명해주고 학생이 이를 이해한다는 것을 교사가 느낄 때 교사와 학생의 공감적인 교육활동이 이루어졌다고 할 수 있다. 그러나 교사는 열심히 가르쳤지만 학생이 이를 이해하지 못했을 때는 공감적인 교육이 아니라 교사 중심의 일방적인 교육활동이라고 할 수 있다.

교사의 효율적인 교수활동이 이루어지려면, 먼저 지도할 교육내용을 학생의 수준에서 생각해보고, 학생이 원하는 학습내용이 무엇인지와 교사의 지도내용을 얼마나 이해할 수 있는지를 파악해야 한다. 또한 학생 입장에서 보면, 교사의 지도내용에 대해 긍정적인 마음으로 집중함으로써 높은 학습의욕과 동기를 부여받을 수 있는 것이다.

교수-학습에서 공감활동은 교사는 가르친다는 수직적 관계보다는 함께 배운다는 수평적 관계에서 학생 스스로의 학습문제를 해결하도록 기다리며 교감하는 활동이다. 그러므로 교사는 학생의 생각에 주의 깊게 집중하여 이들의 생각과 마음을 함께 쏟을 수 있는 교수활동을 전개해야 한다.

이러한 교사와 학생 간의 공감은 교수－학습활동뿐 아니라 학생 상담활동에서 더욱 효과를 발휘할 수 있다. 특히 학생들의 공감적인 이해와 태도는 요즘과 같이 학교현장에서 많이 나타나는 학생문제의 해결을 용이하게 한다. 대부분 학생문제는 오해나 감정에서 촉발해서 갈등과 폭력으로 나타난다. 이러한 문제의 해결은 공감을 통해 오해나 감정을 풀어주는 일이 효과적인 것이다.

조엘 오스틴(Joel Osteen)은 '긍정의 힘'에서 "인생은 될 대로 되는 것이 아니라 생각대로 되는 것이다. 자신이 어떤 마음을 먹느냐에 따라 모든 것이 결정된다"고 하였다. 그러므로 교사는 먼저 학생에 대한 선입견을 버리고 이들의 이야기를 경청하고 그 속으로 들어가야 한다. 그리고 그들의 마음이 나에게 메아리가 되돌아오듯 하나가 된 느낌이 드는 긍정적인 공감을 해야 한다.

공감은 한마디로 상대방의 눈으로 보는 것처럼 보고, 귀로 듣는 것처럼 듣고, 코로 냄새 맡는 것처럼 냄새 맡는 것이다. 자신을 잠시 젖혀 놓고 상대방의 내면으로 들어가 마치 자신이 상대방인 것처럼 생각하고 느끼고 행동하는 것으로 교육활동에 반드시 필요한 활동이다.

학생들을 춤추게 하는 칭찬

칭찬은 고래도 춤추게 한다. 멋진 쇼를 하게 하는 고래의 훈련 비결은 긍정적인 관심과 칭찬 그리고 격려라고 말한다. 누구나 인간관계에서 긍정적 관심과 칭찬 그리고 격려가 중요하다고 생각한다. 그러나 실제로 우리 삶은 타인에 대한 무관심과 부정적 반응으로 둘러싸여 있다.

이처럼 칭찬은 사람들에게 긍정적인 힘을 가지고 있지만 우리는 남을 칭찬하기보다는 비난하는 내용을 매스컴에서 더 많이 접하고 있다. 그래서인지 요즘 학생들은 고운 말과 칭찬의 말보다는 상대를 흉보거나 욕하는 언어가 대부분이다. 심지어 몇몇 학생들은 욕을 하지 않으면 대화가 불가능할 정도로 입버릇이 되었다. 이러한 욕을 없애기 위해서는 상대를 존중하고 배려하는 칭찬문화가 필요하다.

사실 칭찬은 귀로 먹는 보약이고, 인간관계의 윤활유로 상처에 치료제를 발라주는 것과 같다고 하였다. 또한 칭찬을 하면 인간뿐 아니라 동물인 고래도 춤을 춘다는 것이다. 칭찬은 상대방의 좋은 점이나 착하고 훌륭한 일을 높이 평가하는 것으로 인간에게는 칭찬만큼 효과적인 리더십은 없다.

누구든 칭찬을 들으면 기분이 좋고 자신이 자랑스러워진다. 그런데도 생각만큼 많이 쓰이지 않는 이유는 무엇일까. 칭찬이 좋다는 것은 누구든지 알고 있지만 우리가 생활 속에서 칭찬하는 일에는 참 인색한 것이 사실이다. 그것은 아마도 칭찬의 효과가 가슴으로 느껴지는 감정적인 부분에 그치기 때문이라 생각된다.

칭찬의 효과에 대해서는 이미 알고 있는 바와 같이 부정적인 사람을 긍정적인 사람으로, 소극적인 사람을 적극적인 사람으로 바꾸는 힘을 가지고 있다. 학생들의 입장에서 칭찬을 살펴보면 다음과 같은 긍정적이고 구체적인 효과를 찾을 수 있다.

먼저 칭찬은 학생들의 긍정적인 행동을 강화한다. 흔히 칭찬은 일상생활에서 가장 쉬우면서도 무관심하게 되는 미덕이라고 할 수 있다. 대인관계 속에서 조금만 살펴도 상대의 장점을 발견하게 되고 이를 좋은 칭찬의 말 한마디로 서로 격려하는 우정을 나누면 더 좋은 교우관계를 형성할 수 있다. 또한 교사의 칭찬과 격려는 학생들로부터 새로운 열정을 불러일으켜 그들의 잠재능력을 최고의 가치로 계발하게 한다.

둘째, 칭찬은 학생 자신의 중요감을 갖게 한다. 자신의 중요감이란 위대해지고 싶은 욕망이며, 중요한 인물이 되고 싶은 욕구다. 다시 말해서 중요감은 자신이 중요하다는 것을 주위 사람들에게 알림으로써 자신이 중요하다는 걸 느끼고 싶은 욕망이라고 할 수 있다. 그렇기 때문에 요즘처럼 학생 자살이 많은 우리나라 사춘기 학생들에게는 이 중요감이 매우 중요한 요소이다. 어떻게 보면 사람들의 모든 행동은 자신의 중요감 때문에 보다 열심히 하는 행동일지도 모른다. 이러한 중요감은 바로 칭찬에 의해 형성된다는 것이다.

전문가에 의하면 사람들은 각박한 현실로부터 거부당해 자기 중요감을 상실했을 때 환상의 세계에서 만족을 얻으려고 실제로 미쳐 버리는 경우가 있다고 한다. 즉 현실세계에서 충족되지 않은 자기 중요감이 정신이상의 원인이 된다는 것이다.

셋째, 칭찬은 학생들의 향상심을 높인다. 향상심은 단어 그대로 향상하고자 하는 마음으로 학생들에게는 성공의 원동력인 것이다. 즉 향상심은 학생들이 지금보다 나은 현실을 꿈꾸고, 현실보다 나은 미래를 꿈꿀 수 있게 하는 자신의 꿈을 향한 추진력이 된다. 이러한 학생들의 향상심은 교사나 부모의 칭찬으로부터 싹트며 성실성과 함께 위대한 성공의 씨앗이 될 수 있는 것이다. 그 반면 윗사람으로부터 꾸지람을 듣거나 동료로부터 비난을 받는 것만큼 인간의 향상심을 해치는 것은 없다. 그래서 사람들은 될 수 있으면 칭찬하기 운동을 전개하고 결점을 들추어내는 것을 싫어하지만 보통 사람들은 어떤 일이 마음에 들지 않으면 칭찬보다는 잘못을 꾸지람으로 몰아세우기를 먼저한다.

미국의 사업가 록펠러(Rockefeller, John Davison) 1세가 사업동료 중의 한 사람인 에드워드 베드포드가 남미에서 물건을 잘못 구입하여 회사에 1백만 달러의 손해를 입혔음에도 그에게 비난보다는 "참 훌륭하네. 투자한 돈 가운데 60%를 회수하게 된 것은 큰 수완이야"라고 오히려 칭찬한 것은 주목할 만한 사례이다.

넷째, 학생들에게 칭찬은 자부심을 갖게 한다. 자부심은 말 그대로 자기 자신 또는 자기와 관련되어 있는 것에 대하여 스스로 그 가치나 능력을 믿고 당당히 여기는 마음으로 칭찬에 의해서 생긴다. 자부심은 자존감과 함께 학생들의 삶에 매우 중요한 요소이다. 비록 타인들이 비난할지라도 학생 자신이 가지고 있는 삶의 목표가 당당하고 꼭 이루어야 할 일이라면 그 목표를 향해가는 것이 용기 있는 행동이다. 진정한 인간의 삶에 대한 평가는 오직 자신만이 할 수 있으며 자신이 가장 소중한 존재이기 때문이다. 그러나 이러한 자부심이 너무 커지면 교만해질 수 있다는 점도 기억해야 할 것이다.

칭찬은 학생뿐만 아니라 모든 사람에게 중요한 요소이다. 그러나 얼굴을 맞대고 칭찬하면 상대는 아첨한다고 생각할 수도 있으며 때로는 진심에서 우러난 칭찬도 아첨으로 받아들일 수도 있으므로 칭찬의 방법을 고려해야 한다.

칭찬과 아첨의 차이는 칭찬은 진지하고 마음속으로부터 우러나오는 것이지만, 아첨은 무성의하고 마음 사이에서 새어나오는 이기적인 것이다. 그러므로 칭찬은 누구에게나 환영받지만 아첨은 그렇지 못하고 비난받게 된다.

그러므로 칭찬을 할 때는 다음과 같은 사실을 명심해야 한다.

첫째는, 칭찬의 동기가 진실해야 한다. 단지 상대의 인기를 얻기 위한 칭찬은 그 효과가 반감되므로 진정성과 진실한 마음에서 시작하여야 한다.

둘째는 칭찬은 상대의 수준에 적합해야 한다. 칭찬받을 만한 일이 아닌데 칭찬할 경우 특정 학생들만을 편애한다는 오해를 살 수 있고, 칭찬받는 학생도 모욕감을 느낄 수 있다. 작은 일이라도 칭찬받을 만한 이유를 강조하고 다른 학생들도 납득할 수 있는 범위에서 칭찬해야 한다.

셋째, 칭찬은 그 내용이 분명해야 한다. 무조건적인 칭찬은 아첨이나 모욕이 될 수 있으므로 칭찬의 내용을 분명히 제시하고 칭찬하여야 칭찬의 효과를 얻을 수 있다.

넷째, 칭찬은 행동이 일어난 즉시 해야 효과적이다. 조건반사설의 효과처럼 칭찬행동이 일어난 즉시 칭찬해야 그 행동에 강화를 얻을 수 있다.

칭찬은 상대방을 존중하고 배려하는 문화이다. 칭찬 한마디가 상대방 마음속에 깊이 간직되고 아끼며 평생을 두고 되풀이한다. 비록 당신이 그 말을 잊어버린 뒤에도 상대방이 그것을 두고두고 반복하는 것은 인간의 진정성 때문이다.

그러므로 칭찬은 일회성에 그치는 것이 아니라 습관으로 정착되고 그것이 하나의 문화로 발전해야 반복적으로 실천할 수 있다. 아울러 학생들의 진정한 칭찬문화는 솔직하고 진지한 마음에서 출발해야 한다. 먼저 교사나 부모가 솔선해서 실천해야 학생이 학생을 칭찬하는 학교의 칭찬문화가 형성될 수 있는 것이다.

PART 09

이젠, 공존교육이다

　요즘 교육의 치부가 온 나라를 뒤흔들고 있다. 급기야는 학교폭력에 대해 대통령까지 언급하고 나섰다. 학교폭력이 학교 스스로 감당하기 어려울 정도로 도를 넘은 것이다. 가장 신성해야 할 학교가 왜 이 지경에 이르렀는가에 대해서는 여러 가지 이유가 있지만 우리의 교육이 제대로 가르치지 못한 데 있다.

　교육의 목적은 무엇인가? 물론 학교급별로 제시된 교육법적인 목적도 있지만 일반적으로 교육은 인간으로 함께 살아가는 삶을 배우는 것이다. 인간은 사회적인 동물이기 때문에 혼자서는 살아갈 수 없다. 이러한 인간의 사회생활을 위한 교육은 반드시 인간의 삶은 경쟁이 아니라 협력과 배려를 통한 공존의 삶임을 알게 해야 한다.

　네트워크(network) 시대인 21세기는 공존을 잘 해야 다른 사람들과 소통하고, 그 소통을 통하여 성공적인 삶을 누릴 수 있다. 그것은 끊임없이 발전하고 새롭게 변하는 네트워크 시대에 우리는 다른 사람의 능력과 함께 결합해야 효과적인 생활을 할 수 있기 때문이다. 미래사회에 대비한 우리의 교육현실은 어떠한가? 공존을 위한 공부보다는 나만의 이기적인 공부, 경쟁에서 이기기 위한 공부, 오로지 일등만이 성공하는 삶을 꿈꾸는 교육을 하지 않았는가? 우리의 부모들도 그렇게 해왔고, 교사들도 그렇게 가르치지 않았는지 다시 한 번 생각해볼 문제다.

물론 교육이 현실적 가치를 떠나서는 존재할 수 없지만 그래도 가장 근본적인 교육목적은 이해해야 한다는 생각이다. 이러한 논의에 대해 최근에는 다양한 목소리들이 나오고 있다. 입시만을 바라본 고등학교 교육, 취업만을 바라보는 대학교육에 대한 비판의 목소리가 바로 그것이다. 어찌 보면 학교교육이 상급학교로 진학하기 위한 현실적인 과정이라고 볼 수도 있다. 그렇지만 그 과정에서 교육의 본질과 목적이 무엇인지, 제도권 교육이 해야 할 일은 무엇인지, 어떤 인재가 지금 시대에 필요한 인재인지, 수요자가 원하는 교육이 무엇인지는 알고 실천해야 한다.

요즘 교육계를 휩쓸고 있는 학교폭력, 왕따문제는 분명히 잘못된 교육결과임에는 틀림없다. 경쟁적인 교육은 지식의 순위만 결정할 뿐 지식을 통한 창의력은 발휘할 수 없다. 그러나 미래사회에서 요구되는 공존교육은 배려나 나눔 그리고 협력을 통해 행복한 삶을 창조하는 것이다.

사실 학교폭력과 왕따문제는 오늘만의 문제는 아니지만 가장 큰 원인은 우리의 교육이 지금까지 인성교육보다는 지식교육을 너무 경쟁적으로 강조한 데 있다고 할 수 있다. 앞을 다투어 많은 지식을 가진 자를 우수한 인간으로 평가하고 칭찬한 학교교육의 과오다. 조금

뒤떨어지고 뒤처진 학생들을 뒤돌아보지 않은 교육이 준 재앙이다. 이와 같이 미래사회에 잘 적응하는 인간은 지식이 많은 냉철한 사람보다는 가슴이 따뜻한 인간적인 사람일 것이다.

이젠 나만의 교육이 아니라 더불어 사는 교육이 필요하다. 우리는 지난해 일본 대지진 재앙 때 일본인들이 대처하는 모습에서 많은 것을 배웠다. 그중 하나는 그렇게 엄청난 비극을 당하고도 침착하게 대응하는 질서 있는 일본인의 모습이었고, 또 하나는 일본인들의 타인을 배려하는 태도였다. 이러한 일본인의 모습은 바로 어릴 때부터 배운 예절교육의 결과이다. 이처럼 우리도 미래 지향적이고 행복한 삶을 위한 사랑과 공존 그리고 평화 등의 가치를 존중하고, 각자 개성을 한껏 발휘할 수 있게 만드는 교육이 필요하다.

공존의 교육은 새로운 교육이 아니다. 나의 소중함만큼 남을 생각하고 배려하는 교육이다. 공존은 사람들과의 관계를 얼마나 잘 운영할 수 있는가 하는 능력이며, 공존지수(Network Quotient)가 높을수록 다른 사람과의 소통능력이 좋고 구성원과 잘 어울리고 배려를 통해 다양한 많은 사람들이 주변에 머물게 된다. 즉 미래사회에는 NQ(Network Quotient)가 높은 사람, 기업, 나라가 살아남게 된다.

공존교육이 이뤄지기 위해서는 좀 더 근본적으로 지금 교육을 변화시키려는 적극적인 노력이 필요하다. 미움과 질시와 탐욕이 아닌 사랑과 나눔과 배려를 가르치는 교육, 경쟁을 넘어서 협력의 소중함과 민주주의의 가치를 진정으로 깨닫게 하는 것이 공존교육이다. 그러므로 이러한 교육을 위해서는 교육구성원의 동의와 의식의 변화 그리고 교육정책이 뒷받침되어야 가능하므로 장기적인 대책이 필요하다.

지난 2년간 서울대 행복연구센터에서 성인 600명을 대상으로 조사한 '행복한 한국인은 뭐가 다를까?'란 설문의 결과를 보면, 타인을 신뢰하고 우열관계를 거부하는 사람인 것으로 나타났다. 다시 말해서 행복한 한국인은 타인을 신뢰하고, 개인·집단 간 우열관계를 거부하기 때문에 자신을 남과 비교하지 않으며 우월감보다는 행복한 동행을 추구하고 보수적이거나 권위적이지 않다는 것이다.

미래사회가 필요로 하는 행복한 인간의 조건은 경쟁적인 사람이 아니라 서로 공존할 수 있는 가슴 따뜻한 믿음이 있는 인간일 것이다. 다른 사람들과 더불어서 잘 살도록 하려면, 먼저 나 자신이 타인으로부터 호감을 끌어낼 수 있어야 하고 상대방의 장점을 찾아 칭찬하고 감사할 수 있어야 한다. 그리고 어떤 일이든 타인을 짓누르고 자신만 앞서 성취하려는 경쟁적인 태도보다는 타인과 함께 공동의 성공을 창출하려는 노력이 필요하다.

지금까지 우리의 경쟁적 입시교육은 학생들의 공동체 의식을 약화시키고, 어릴 때부터 삶의 패배감을 맛보게 하여, 학교생활에 부적응을 낳게 했다. 이러한 학교 부적응은 학생을 학교 밖으로 내몰아 또 다른 사회문제로 대두된다. 학교는 어떤 이유에서든 낙오된 학생들을 학교로 끌어들여 이들을 보호하고 재교육해야 극단적인 행동을 막을 수 있다. 무슨 수를 써서라도 학교에서의 따돌림과 폭력의 사슬을 끊는 교육을 해야 한다.

오늘의 한국교육은 내일 한국의 모습이다. 오늘의 교육을 살리는 길만이 내일의 건강하고 행복한 시민을 키워내는 길이다. 건강하고 행복한 교육, 경쟁의 삶이 아닌 상생과 공존, 함께 사는 행복한 삶을 영위할 수 있도록 교육이 그 역할을 수행해야 할 것이다.

Step 4

미래를 위한 교육

PART 01

미래를 생각하는 교육

우리의 교육이 세계 여러 나라에서 우수한 것으로 주목을 받고 있지만 우리 내부에서는 자성의 목소리가 높다. 최근의 학교현장에서 일어나고 있는 일들을 보면 정상적인 교육이 아님을 짐작하게 한다. 오히려 학교교육의 순기능보다 역기능의 상처가 크다.

궁극적인 교육의 목표는 인간의 행동변화다. 이 변화는 바람직한 인간으로서의 변화이다. 인간의 도리를 깨닫고 타인과 더불어 살아갈 수 있는 행복한 삶을 배우는 것이어야 한다. 그럼에도 불구하고 학교에서 일어나고 있는 행동의 변화는 이와는 거리가 먼 자기중심적, 이기적, 타인에 대한 배타심, 집단 따돌림 등 비교육적인 행동들로 가득하다.

이러한 결과는 따지고 보면 우리나라 교육의 참모습과는 거리가 멀고 오히려 왜곡된 교육이다. 이러한 현상은 두말할 것도 없이 입시중심의 교육이 가져온 결과라고 할 수 있다. 초등학생부터 사교육을 해야 하고, 외고나 과학고를 가야 좋은 대학을 들어갈 수 있고, 좋은 대학을 나와야 좋은 직장을 얻을 수 있으며 행복한 삶을 살 수 있다는 것이 우리 부모들의 교육관이다.

학력에 의한 사회 불균형 문제가 오늘의 문제만은 아니지만 입시 성적에 의한 대학 간 불평등은 또 다른 일류대 경쟁을 불러일으키고 있다. 한마디로 우리나라 교육은 일등주의 엘리트 중심 경쟁교육으로 일관하고 있다. 다수 학생들이 열등감으로 외면당하고 있는 현재와 같은 교육시스템은 학생들을 성적으로 인생의 성패를 결정짓는 무기력하고 책임감 없는 사람으로 만들고 있다.

한 줄로 세우는 입시교육은 사교육을 과열시켜 한국교육의 고질적인 교육문제로 이어오고 있다. 지금까지 이러한 교육문제의 해결을 위한 대안들은 무수히 쏟아졌지만 어느 하나 제대로 정착된 정책은 없다. 늘 문제가 터질 때마다 나오는 임기응변식 땜질 교육정책들은 근본적인 문제를 해결하지 못하고 학생들에게만 그 피해를 주고 있다.

요즘 세상은 많이 달라졌다. 그리고 그 변화 크기도 글로벌화되었다. 우리의 교육도 우리나라를 벗어나 세계교육과 경쟁해야 하는 시대다. 이러한 지구촌 교육의 변화를 인지하고 있으면서도 아직까지도 우리나라 교육은 주입식의 암기식 교육을 버리지 못하는 유일한 나라다. 남보다 더 많이 빠르게 외워야 선다형의 문항을 잘 고를 수 있다. 그래서 세계에서 가장 잠을 적게 자고 공부하며, 서너 개의 학원을 다녀야 착하고 성실한 학생으로 인정받을 수 있다.

이 같은 주입식 교육의 개선은 대학입시인 수능시험 방법의 개선 없이는 불가능하다. 물론 평가의 객관성과 신뢰성 그리고 타당성 때문에 객관식 중심의 문항 출제라고 말하지만 교육선진국의 사례를 우리 입시에도 과감히 받아들여야 한다. 일방적인 교육은 학생들의 학습의욕과 능률을 저하시킬 뿐 아니라 비판적 사고력, 의사표현 능력, 창의력 및 문제를 해결하는 능력의 발달을 저해하는 요인이 된다.

지금과 같은 입시하에서는 학생들의 논리적인 생각과 창의력 그리고 고등 사고능력을 기를 수 없다. 심지어는 수학문제도 공식만 외워 답을 찾도록 가르치며, 많은 독서를 요구하는 국어에도 단시간에 습득하기 위하여 이미 정답으로 정해진 등장인물의 생각을 미리 가르쳐주고 외우는 EBS의 수능과외를 보면 한심한 생각이 든다. 또한 공교육을 오히려 국가가 망친다는 생각이다. 이러한 교육에서 무슨 창의력과 사고력을 기를 수 있단 말인가?

요즘 선진국들의 교육현장은 정답이 없는 교육을 하고 있다. 수많은 책들을 읽고 논리적으로 자기의 생각을 발표하고 토론하며 상대방과 협상하여 수집된 자료로 새로운 사실을 분석해내는 폭넓은 21세기의 미래형 인간을 기르는 교육을 하고 있다. 새로운 생각으로 찾아내고 발견하는 과제로 학생의 호기심을 자극하여 스스로 공부하는 교육을 하고 있다. 반면 우리는 나온 결과물을 남보다 더 많이 기억해야 하는 재미없는 지루한 공부만 하고 있다.

이젠 우리 교육도 새롭게 혁신해야 한다. 그러기 위해서는 총체적인 점검이 필요하다. 학교는 교육하는 곳이지 시험을 준비하는 곳이 아니다. 학교가 교육을 제대로 하기 위해서는 입시교육을 철폐해야 하고 입시교육을 철폐하기 위해서는 대학을 학문하는 곳으로 바꿔야 한다. 대학이 좋은 인재를 선발하는 데만 힘을 쏟을 것이 아니라 책임감을 갖고 학생들의 특성과 능력을 고려해 국가사회가 필요로 하는 우수한 인재를 교육하는 대학이 되어야 한다. 지금처럼 우수학생을 뽑아 고시나 공무원 시험 준비를 시키는 대학이 있는 한 학교가 교육을 제대로 하기를 기대해서는 안 된다. 우수한 대학은 우수한 학생을 우수한 인재로 기르는 것보다는 우수하지 못한 학생을 우수한 인재로 길러내는 대학이다.

이렇게 잘 가르치는 대학이 되면, 초·중등 학생들이 입시지옥에서 벗어나 스스로 하고 싶은 공부를 찾아 노력할 수 있는 즐겁고 행복한 학교를 만들 수 있다. 또한 교육 본질을 회복하여 학교가 교육 수요자로부터 신뢰받을 수 있는 것이다.

진정한 교육은 나라의 미래를 짊어질 학생들에게 바르게 생각할 수 있는 힘을 길러 자기 꿈을 실현하도록 하는 것이며, 건강하고 건전한 생각을 가지고 미래사회를 바르게 예지할 수 있는 사고력과 판단력을 기르는 것이다.

생각하는 힘을 키우자

우리의 교육이 비판받고 있는 것 중 하나가 학생 중심이 아닌 교사 중심의 교수방법이다. 이러한 교사 중심의 교육은 우리의 입시 중심 교육과 무관하지 않다. 빠른 시간에 많은 양의 학습내용을 가르치기 위해서는 교사가 중심이 되어 일방적으로 '집어넣는 교육'을 해야 했다. 이러다 보니 학생들은 교사가 가르쳐주는 내용을 보다 많이 기억하여 빠르게 답하면 되었다. 이러한 교육환경에서 자란 학생들이 기존과는 다른 학습문제를 접하면 그 해결방안을 찾지 못하고 당황하게 된다.

교육의 진정한 가치는 교사로부터 학습된 내용을 학생의 새로운 가치로 재생산하는 것이다. 새로운 가치로 재생산은 학생 자신의 문제해결력을 기르는 역량이라고 할 수 있다. 이런 의미에서 본다면 우리나라 교육은 실제 학생들이 생각하여 문제를 해결할 수 있는 살아 있는 교육에 초점을 두지 않은 것이 사실이다.

교사는 학생들보다 많은 경험과 지식을 갖고 있다. 이러한 교사의 선지식을 토대로 학생 자신이 스스로 문제를 해결할 수 있는 생각의 힘을 키워주어야 미래 환경에 능동적으로 적응할 수 있다. 그렇다면 생각하는 힘이 점점 강조되는 이유는 무엇인가.

첫째, 생각하는 힘은 창의적 아이디어가 활발히 창출되도록 한다. 글로벌 경쟁 시대에서 새로운 교육성과를 창출하기 위해서는 남들이 생각하지 못한 창의적인 아이디어가 필요하다. 그런데 창의성은 어느 날 문득 나타나는 것이 아니라 한 가지 생각을 오랜 시간을 두고 깊이 고민하고 생각해야만 나타난다.

『그룹 지니어스(Group Genius)』의 저자인 키스 소여(Keith Sawyer)는 "창의성은 천재적인 개인에 의해 나타나는 것이 아니라 개인들이 서로의 생각을 나누는 협력을 통해 나타난다"고 말한 바 있다. 그러므로 창의성은 개인보다는 집단의 생각이 모일 때 더 잘 발휘된다고 할 수 있다.

둘째, 생각하는 힘은 불확실성이 높고 급변하는 환경에 효과적으로 대처할 수 있도록 만들어준다. 환경이 급변하면서 지식의 변화 속도가 점점 빨라지고 있다. 과거에는 지식과 경험이 교육의 중요한 원천이었다. 그래서 다양한 경험과 깊은 지식을 가진 사람이 교육의 리더가 되었으나 이제는 지식의 진부화가 가속되면서 그 가치가 퇴색되어가고 있다. 또한 지식이나 정보를 누구나 인터넷을 통해 쉽게 습득할 수 있는 세상이 되었다.

셋째, 생각의 힘은 주인의식을 강화시킨다. 주인의식은 남의 생각을 그대로 답습하는 것이 아니라 자신의 생각으로 재생산하기 때문에 자부심과 의지를 더한다. 그러므로 주어진 과제나 학습문제에 대하여 더 집중할 수 있으며 자기가 한 일에 대하여 책임감도 갖는다.

그러나 요즘 우리 학생들은 자기 자신이 스스로 생각하는 힘이 약하다는 말을 많이 한다.

그 첫째 이유는 학교의 교수-학습 방법에서 찾아볼 수 있다. 지금까지 우리의 교육은 '집어넣는 교육'에 급급한 나머지 '끄집어내는 교육'을 하지 않았다. 다시 말해서 학생들이 생각하는 방법을 체계적으로 교육하거나 깊이 있는 생각을 해본 경험이 그다지 많지 않기 때문이다.

학교수업에서 자신의 생각을 말하는 토론식 수업보다는 주로 교사의 강의를 듣는 주입식 교육에 치중하여 교과서를 외우는 암기에 익숙한 수업을 받아왔기 때문이다. 그래서 대다수 학생들은 일방적으로 주어진 지식 습득에는 익숙하지만, '왜 그럴까?', '어떻게 하면 될까?'에 대해 고민해본 경험이 적기 때문에 생각 능력이 부족하게 되는 것이다.

둘째 이유는 학교나 학급 그리고 학습 내에 학생들의 생각을 자유롭게 표출할 수 있는 환경이 조성되어 있지 않기 때문이다. 즉 학생과 교사의 원활한 커뮤니케이션 부족이라고 할 수 있다. 학생이 자기 생각을 표현했을 때 교사가 칭찬하기보다는 '너는 그것밖에 생각을 못 해?'라고 말한다면 학생은 자신에 대한 부정적 평가 등에 대한 두려움 때문에 자신의 생각을 더 이상 표출하지 않게 된다.

그러면 학생들에게 생각하는 힘을 키워주는 학습방법은 어떻게 지도해야 할 것인가? 이를 위해 교사는 다음 2가지를 실천해볼 필요가 있다.

첫째는 '끊임없이 질문하기'이다. 우선 교사는 학생들의 생각을 자극해야 한다. 일방적으로 교수하여 학습결과를 제시하기에 앞서 학생들에게 생각할 문제를 던져줘야 한다. 그리고 학생들의 생각을 촉진시키고 발전시키기 위해 '왜'에 초점을 맞춰 커뮤니케이션을 수행해야 한다. 혹여 학생들이 잘못된 생각을 하더라도 '그것은 아니야'라고 단번에 결론을 내리기보다 '왜 그럴까?', '이렇게 되면 어떻게 될까?', '이런 경우에는 어떻게 해야 하지?'라는 식으로 학생들의 생각을 유도해서 스스로 올바른 생각으로 정리할 수 있도록 도와줘야 한다.

둘째는 '생각하는 시간을 주고 기다리기'이다. 교사는 학생들이 충분히 생각할 수 있는 시간적 여유를 제공할 필요가 있다. 교사는 단답형의 학습과제보다는 학생들이 깊이 생각하고 고민하여 해결할 수 있는 학습과제를 제시하고 이들이 깊이 생각하고 고민할 수 있는 충분한 시간을 주어야 한다. 이렇게 할 때 학생들은 자기의 생각을 정리하여 논리적으로 말할 수 있는 힘을 기르게 된다.

데카르트(Ren Descartes)가 '나는 생각한다. 고로 존재한다'고 말한 바와 같이 바람직한 학생의 학습결과는 미래사회에 나타나는 문제를 스스로 해결할 수 있는 능력일 것이다. 이러한 학생의 '생각의 힘'은 자기 주도적인 학습능력은 물론 창의력을 높이는 원천이 된다. 그러므로 학생들의 새로운 생각의 힘은 개인은 물론 국가의 미래를 좌우할 만큼 중요한 요인이기도 하다.

왜, 창의·인성교육인가?

교육의 근본적인 목적은 미래를 살아갈 수 있는 힘을 키우는 것이다. 미래사회는 다양한 학문과 기술들이 융합되어 새로운 지식을 창출하는 것으로 전망하고 있다. 이처럼 다원화되고 세계화된 사회에서 살아갈 학생들에게 '어떠한 교육을 제공하느냐' 하는 것이 많은 교육자들의 공통적인 과제이다.

2010년부터 교과부는 '창의·인성교육 기본방안'을 발표하며 시범 지역 교육청을 통해 2011년 초·중학교에 도입되는 '창의적 체험활동'과 '교과활동에서의 창의인성교육'을 시범 운영한다고 밝혔다.

우리의 교육은 그간 과도한 입시 중심의 교육으로 정상적인 교육보다는 사교육에 의존한 나머지 사교육비가 선진국에 비해 최고 10배에 이르고, 가계 소비 비중의 10% 가까이 차지하는 고비용을 사교육비로 쓰고 있다. 이러한 과대한 사교육비를 줄이기 위해 교과부가 수능과 EBS 강의 연계율을 높이고 대학 입학사정관제 면접 시 학생의 자기주도 학습능력을 중점적으로 평가하는 등 대책을 내놓고 있다.

그간 우리나라 교육은 정권이 바뀔 때마다 대학입시 개혁이라는 미명 아래 새로운 제도를 수없이 실천해 왔지만 지금까지도 근본적인 문제는 해결되지 않고 있다. 먼저 우리의 교육이 안고 있는 가장 큰 문제는 초등학교부터의 세분화된 교과목과 과도한 학습량 그리고 획일적인 교육내용을 주입식으로 교육하는 데 있다.

이러한 교육내용과 방식은 앞에서 언급한 바와 같이 현재와 같은 대학입시하에서는 객관식 위주의 평가방식을 넘지 못하는 데 있다고 할 수 있다. 게다가 점수 위주의 대학서열화와 간판 위주의 취업 연결고리가 해체되지 않는 한 문제를 풀긴 어렵다고 생각한다.

국제학업성취도평가(PISA) 결과를 보면, 우리나라 학생들의 수학과 과학성적은 매년 상위를 지키고 있다. 이러한 결과는 국제적인 부러움의 대상이 되고 우리나라 교육을 벤치마킹하려는 외국의 관심을 받기도 한다. 하지만 화려한 성취 결과의 이면에는 우려할 만한 요인이 공존하고 있다.

우선 우리나라 학생들의 수학 학습시간당 점수는 57개 참여국 중 48위로 최하위권이다. 즉 점수는 높지만 이 점수를 받기 위해 학생들이 기나긴 시간을 공부에 투자하는 비효율성을 나타내고 있다. 또한 학업에 대한 흥미나 즐거움은 그야말로 바닥 수준이다. 다시 말해 우리나라 학생들의 수학과 과학 성취도는 높지만 성취를 위한 동기와 흥미, 교과에 대한 자신감과 학습수행에 대한 즐거움이 낮아 교과가치에 부정적이라는 것이다. 이런 모순의 원인은 바로 특목고와 대학입시의 과도한 사교육으로, 학생들이 과도한 학습으로 지치고 이로 인하여 교과에 대한 흥미를 잃고 끝내 학습동기의 저하로 학교수업이 파행에 이르게 된다.

이번 '2009 개정 교육과정'은 '독창과 배려의 조화를 통한 창의적 인재양성'이라는 개편 배경처럼 학기당 이수 교과목의 축소를 통하여 학습의 효율성을 제고하고, 창의적 체험활동 도입을 통한 배려와 나눔을 실천하는 창의인재를 육성하며, 그리고 교육과정 자율화를 통하여 학교의 다양화를 유도한다고 하였다.

교육과정의 개정취지를 살리기 위해서는 학생의 학습부담을 줄이고, 학습에 대한 흥미를 유발하도록 하여 단편적인 지식의 이해보다는 자기 주도적인 학습능력을 기르도록 해야 한다. 특히 이번 개정 교육과정은 특별활동과 창의적 재량활동을 통합하여 '창의적 체험활동'으로 운영하고, 창의적 체험활동을 통하여 배려와 나눔을 실천하는 창의·인재 양성 교육을 강조하고 있다.

우리나라 교육은 국가 주도적인 교육과정으로 초·중등학교 모두가 같은 교육과정을 운영해왔다. 그래서 학교의 자율성과 다양성을 기대할 수 없었다. 즉 획일적인 교과과정에서는 한마디로 차별화된 교육을 운영할 수 없다. 지역적 차별교육과 학교의 특성화는 새로운 교육과 교육의 다양성을 찾아 학생들의 개성에 맞는 교육을 할 수 있다.

애플 컴퓨터를 창립한 스티브 잡스처럼 남과 다른 독창적인 발상을 하고 문제를 해결하는 능력이 바로 이 시대가 요구하는 뛰어난 창의적 인재가 아닌가? 깊이 생각하지 않고 선택하는 사지선다형 문제나 단순 암기식 수업내용은 이미 국제경쟁력을 상실한 교육이다. 클릭 한 번으로 온갖 정보가 쏟아져 나오는 세상이다 보니 지식의 유효기간도 갈수록 짧아지고 있어 이러한 교육은 더 이상 설 자리가 없다.

지금까지 우리나라 교육은 '끄집어내는 창의성 교육'이 아니라 '집어넣는 주입식 교육'에만 매달려왔다. 그래서 고등사고력을 기르는 창의성과는 거리가 멀었다. 미래는 학생들의 잠재력과 바람직한 가치관을 찾고 키워주는 교육의 핵심인 창의와 인성교육이 요구된다.

지난 몇십 년 동안은 주입식의 암기교육을 통해서 남보다 빠른 모방제품을 생산하여도 세계시장 공략이 가능하였다. 그러나 이젠 사고의 트렌드를 바꿔야 한다. 새로움, 참신한 아이디어 없이는 미래의 경제시장에는 발을 붙일 수 없다. 바로 창의성이 세계를 선도할 수 있는 시대가 눈앞에 온 것이다. 요즘 선풍적인 인기를 몰고 다니는 '스마트폰'이 바로 그것이다.

창의와 인성교육은 새로운 가치를 창출하고 동시에 더불어 살 줄 아는 인재를 양성하는 것이 미래교육의 본질이자 궁극적인 우리의 교육목표다. 이러한 창의와 인성교육은 유아단계부터 대학교육에 이르기까지 모든 교육활동에 집중되어야 타인을 배려하고 더불어 살아가는 행복한 한국인을 만들 수 있다.

창의성이 교육의 핵심역량

교육의 핵심역량이 창의성 계발이란 것은 누구도 부인하지 못한다. 교사는 교육이란 방법을 통하여 학생들의 무한한 잠재적인 창의성을 일깨워주고 계발시켜주는 것이다. 우리는 흔히 우리나라의 미래를 이야기할 때 인적 자원이 유일한 자원임을 내세운다. 이 같은 우리의 인적 자원은 바로 창의성을 가진 인적 자원을 의미하며, 이는 교육을 통하여 길러지는 것이다.

앞으로는 '창의성 경제(creativity economy)' 시대가 올 것이라고들 한다. 이에 대비하여 세계는 미래 인류의 부와 삶의 질을 높이는 창의성 교육에 앞 다투어 경쟁하고 있다. 학교교육을 통하여 변화를 바르게 보고 읽는 통찰력, 기존의 틀을 깨는 발상의 전환, 상상력 등을 위한 기초적인 창의성 교육에 열을 올리고 있다.

세계 창의성 교육과는 달리 우리의 교육은 아직도 대학 입시교육에만 관심을 둘 뿐 창의성 교육을 강조하면서도 실제적인 창의성을 교육할 시간이나 제대로 된 교육 프로그램 하나 없는 상태이다. 고작 해야 초·중학교의 창의성 관련 시범학교 운영 장학자료에 불과하다. 이러한 우리의 교육환경에서 글로벌 인재육성에 차질을 겪게 될 것은 불 보듯 뻔하다.

교육 선진국들은 모두가 창의력을 기반으로 한 고등사고력을 기르는 교육방법과 내용에 힘을 쏟고 있다. 그 하나의 예가 바로 토의와 토론수업, 체험중심 교육, 문제해결 학습이며, 자기의 주장을 논리적으로 쓸 수 있는 에세이(essay) 교육이라고 할 수 있다. 이러한 선진국의 교육과는 달리 언젠가부터 우리나라 교육에서 글쓰기 교육은 슬그머니 사라지고 있는 분위기가 되고 있다. 물론 교사에 의한 수동적인 칠판쓰기 교육을 의미하는 것은 아니지만 컴퓨터에 의한 학습방법이 많이 도입되면서부터 학생들이 공책에 쓰는 교육이 적어지고 있어 안타까움을 더하고 있다.

미래는 무한한 경쟁사회이다. 창의성을 바탕으로 남들이 생각지 못한 차별적 가치를 창출할 수 있는 교육만이 글로벌 경쟁에서 살아남을 수 있다. 창의성은 바로 이런 인간을 기르는 교육이다. 따라서 창의성을 극대화하기 위해서는 학교교육을 통하여 학생 개개인이 생각하는 아이디어와 상상력을 최대한 이끌어낼 수 있어야 한다.

창의성 교육은 사회적인 분위기도 필요하지만 지금의 상황에서 교장이나 교사의 지속적이고 헌신적인 노력 없이는 이루어질 수 없다. 미래를 예견하는 교육자의 소명의식 없이는 근시안적인 입시교육에만 관심을 두기 쉽다. 우리의 아이들이 글로벌 인재로 세계를 누비며 당당하게 살아갈 수 있게 하기 위해서는 학부모나 교사의 교육관이 바뀌어야 한다.

그러면 창의성을 기르는 교육방법을 몇 가지 소개하고자 한다.

첫째는 학생들이 깊이 생각할 수 있는 학습과제를 부여해야 한다. 학생들이 창의적인 생각을 많이 하게 하기 위해서는 우선 단순하고 반복적인 학습과제보다는 과제를 수행하는 과정에 있어, 깊이 생각하고 기록할 수 있는 일을 많이 부여해야 한다.

둘째는 학생들이 생각할 수 있는 시간을 많이 제공해야 한다. 우리는 지금까지 빠르게 정답을 찾는 교육만을 해왔다. 그래서 학생들은 국가수준의 교육과정에 의해 제한된 시간 내에 교과목의 교육내용을 공부해왔고, 자유롭게 생각할 여유와 시간을 갖게 하는 교육이 이루어지지 못했다.

셋째는 건설적인 위기를 조성해야 한다. 발상의 전환을 촉진하기 위한 또 하나의 포인트는 구성원이 위기의식을 갖게 하는 것이다. 기존의 방법으로 대응하기 어려운 위기상황에 직면하여 치열하게 해법을 고민할 때, 발상의 전환이 이루어질 수 있다.

넷째, 학생들에게 토론과 대화를 유도하는 수업을 해야 한다. 학생 개인의 생각을 표출하게 하는 커뮤니케이션의 핵심수단은 치열한 토론과 대화이다. 토론과 대화는 학생들이 자신의 생각을 말하게 하는 커뮤니케이션의 장이자, 각 개인의 다양한 생각들이 충돌하고 융합되어 보다 혁신적인 아이디어가 창출되는 상호작용의 과정이기도 하다.

다섯째, 학생들의 질문과 경청을 교육해야 한다. 학생들의 토론과 개방된 대화가 이루어지려면, 교사가 학생들에게 지시하거나 자기 생각을 말하기보다는 질문을 많이 던지는 자세를 가져야 한다. 일방적인 지시나 훈계는 학생들의 손발을 움직이게 할 수 있으나, 머리를 쓰게 하지는 못한다. 다소 엉뚱한 이야기, 교사의 생각과 다른 이야기를 하더라도 들어주는 인내심이 필요하다. 그래야 학생들이 적극적으로 말하고, 토론이 이루어질 수 있다.

여섯째, 실험과 체험학습 중심의 교육방법이 되어야 한다. 학생들로 하여금 떠오르는 아이디어들을 과감히 실험해보게 하는 것도 중요한 창의성 촉진요인이다. 혁신적인 아이디어일수록 리스크가 있고, 불확실하기 마련이다. 따라서 직접 실험해보고 배우면서 발전시켜나가는, 소위 '실험에 의한 학습(learning by experiment)'을 장려하는 것이 필요하다.

일곱째, 창의적 실패의 수용과 격려가 필요하다. 아이디어를 직접 실험해보고 발전시켜가도록 하려면, 그에 필요한 시간과 노력 등 물질적 지원이 중요하다. 그러나 이보다 더욱 중요한 것은 실패를 두려워하지 않도록 하는 것이다. 이때 효과적인 방법 중 하나는, 과거 실패 경험이 있는 사람들에게 재도전의 기회를 주는 것이다.

이상에서 논의한 몇 가지 교육방법만으로 창의성 교육을 대변할 수는 없다. 창의성 교육은 모든 학생에게 잠재되어 있는 재능을 찾아 계발하는 교육이다. 그러므로 우리의 교육은 지금의 대학입시 교육에서 벗어나 교육의 본질을 회복하는 교육이 선행되어야 진정한 창의성 교육이 가능할 것이다.

PART

질문과 토론이 필요하다

우리의 초·중등교육이 학생들의 미래의 행복한 삶보다는 당장 좋은 대학에 들어가는 입시교육을 더 우선시하는 것이 사실이다. 물론 교육수요자인 학부모의 요구에 의한 것이라 할지라도 우리나라 교육이 지향하고 있는 학교교육 목표는 반드시 정상적인 교육과정으로 실천되어야 한다.

학교교육은 인간의 행복한 삶의 추구를 위한 활동이어야 한다. 그러나 우리의 교육은 모두 대학입시에 몰입하고 있다. 대학의 입시정책이 바뀌면 고등학교 교육은 물론 초등학교 교육방법까지 바뀌고 있는 현실을 보면 우리나라 교육에 있어서 대학입시 교육의 비중을 짐작할 수 있다.

최근 영국의 경제 주간 이코노미스트는 최근호 "한국의 입시, 한방으로 결판나는 사회(Exam in South Korea: The one-shot society)"라는 제목의 특집 기사에서 한국교육의 성과를 분석한 뒤 현행 교육제도의 문제점을 집중적으로 비판했다.

이 잡지는 먼저 수험생을 위해 모든 것이 멈춰버리는 수능시험 당일의 기괴한 현상을 거론하며 "학생들이 치르는 다지선다형 시험은 그들의 미래를 결정한다"고 꼬집었다. 이 시험에서 좋은 점수를 받은 학생들은 공무원 또는 재벌기업 간부로서 평생 직업을 보장하는 일류대학에 들어갈 수 있지만 그렇지 않은 학생들은 수준이 낮은 대학에 가거나 아예 대학에 진학하지 못한다는 것이다. 이코노미스트는 "단 한방에, 그것도 아직 10대 어린 나이에 단 한 번의 시험에 의해 인생의 성패가 결정되는 사회에서 한국인들은 잠재력을 십분 발휘할 수 없다"면서 "한국이 기적의 나라로 남아 있으려면 긴장을 풀고 성공으로 가는 수많은 길을 열어야 한다"고 끝맺었다.

정말 부끄러운 우리나라 교육의 모습을 평가한 기사이다. 물론 우리의 교육이 국가발전의 원동력임은 부인할 수 없지만, 진정한 인간의 삶의 질 향상에 얼마나 그 역할을 했는가를 다시 한 번 생각해봐야 할 문제다. 단적으로 교육은 한 개인의 행복한 삶을 위한 준비과정이지 인생의 성패를 평가하기 위한 것은 아니라는 사실이다.

그러나 우리나라 학교교육은 학생의 학교생활 과정이기보다는 한 개인의 삶을 결정짓는 중요한 시기이다. 이러한 점에서 본다면 학교의 학습평가 결과는 현재보다 미래의 삶을 결정짓는 중요한 잣대이므로 학생 간 협력보다는 서로를 경쟁의 대상으로 봐야 하고 반드시 이겨야 행복한 삶을 얻을 수 있는 것이다. 그러므로 학창시절 한두 번의 성적은 한평생을 아픈 상처로 살아가야 하는 안타까운 우리의 교육현실이기도 하다.

우리의 교육현실은 냉정하기보다는 냉혹하다는 말이 맞을지도 모른다. 학교가 모든 학생을 따뜻하게 품어주기보다는 학교성적으로 순위를 매기고 낮은 성적을 얻은 학생은 오히려 학교로부터 내몰리고 있다. 학교수업을 따라가지 못하면 부적응 학생으로 낙인찍혀 친구들로부터 왕따당하기가 일쑤다. 그래서 학교를 떠나는 중도 탈락자 수가 점점 증가하고 이렇게 학교를 그만둔 중도 탈락자들은 또 다른 청소년 문제로 나타나며 급기야는 자살에까지 이르게 된다.

사실 학창기의 성적은 한 인간의 삶에서 아주 작은 한 과정에 불과하다. 하지만 이 과정에서 잘못 형성된 자아정체감이나 자존감은 삶을 송두리째 훼손한다. 다시 말해서 학창기의 학교성적보다는 이 시기에 형성된 인성이 인생을 좌우할 만큼 크게 영향을 끼치는 것이다. 그런데도 우리의 교육은 아직까지도 미래의 쓸모없는 지식교육에 목을 매고 있다.

미래의 주인공인 학생을 위한 교육은 변화에 대응하여 새로운 생각으로 적응해나가는 사람이 되게 해야 한다. 이러한 능동적인 사람은 지금처럼 암기력이 우수한 학생이 아니라 자기만의 새로운 생각을 할 수 있는 창의력을 가진 사람인 것이다. 풍부한 사고력과 창의력은 많은 독서를 기반으로 한 토론교육이 이루어질 때 가능하다.

노벨 과학상 수상자들을 분석해보면 약 30%가 유대인이다. 지구상에 유대인은 1,500만 명 정도로 전체 인구 70억 명의 약 0.22%에 해당한다. 그러면 어떻게 하여 0.22%의 민족이 30%의 노벨상을 받는 것일까. 그 이유는 한마디로 가정교육이다. 어려서부터 질문을 많이 하고 자기주장을 명확히 말하는 토론교육이 가정에서 이루어진다. 유대인 부모들은 학교에서도 선생님에게 질문을 많이 하라고 격려한다. 이것이 유대인 교육의 교본인 탈무드다.

교육이란 학생 개개인에 잠재되어 있는 재능을 발굴하여 계발하는 일이다. 타고난 것만 바라보는 것이 아니라 의도적인 노력으로 능력을 계발하는 것이다. 유대인처럼 질문을 많이 하고 토론하는 학습활동을 하면 고등사고력이 길러지며, 이를 칭찬을 통해 반복하면 습관이 되고 새롭게 생각하는 창의성이 늘어나는 것이다.

　학창시절에 얻은 시험점수는 성인이 될 쯤엔 보면 아주 쓸모없는 지식이 된다. 반면, 질문을 하고 남다른 생각을 할 수 있는 창의적인 학생은 개인의 성공은 물론 국가발전과 인류의 삶을 바꿀 수 있는 제2의 스티브 잡스 같은 인재로 기대할 수 있는 것이다.

토론수업 어떻게 하나

금년부터 교과부가 토론식 수업방법을 새로운 과제로 제시하고 있다. 주입식 교육은 글로벌 인재 육성에 한계를 드러내고 있기 때문에 더 이상 간과해서는 우리나라 교육이 국제경쟁력을 잃게 된다는 것을 이제야 인식한 것 같다.

미국에서 토론식 교육을 가장 효율적으로 운영하는 학교로 알려진 필립스 엑시터(Phillips Exeter Academy)의 '토론교육 현장'을 보면 보통 대학 상급 학년이나 대학원에서 하는 수업을 여기서는 9학년 때부터 훈련받고 11학년이 되면 능숙하게 토론하며 자유자재로 질문하고 답하는 분위기가 이뤄진다고 한다. 교사가 다수의 학생들을 앞에 두고 일방적으로 가르치는 우리의 교육현실과는 달리 교사와 10여 명의 학생들이 하크네스 테이블(Harkness Table)을 중심으로 둘러앉아 교사와 학생, 학생과 학생들 간의 대화를 통해 모든 수업이 진행된다.

45개의 하크네스 테이블이 교실에 처음 등장한 지 80여 년이 흐른 현재도 하크네스 테이블은 모든 교실 중앙에 자리 잡고 있다. 인문계 뿐만 아니라 수학, 과학, 음악 등 모든 과목에서 하크네스 교육이 이루어지고 있다. 많은 학교들이 토론식 수업을 시도하고 자랑하지만 필립스 엑시터처럼 하크네스 이념이 매일 모든 수업에서 실현되는 곳은 없다. '하크네스(Harkness)'란 타원형의 테이블이나 수업의 형태만을 뜻하는 것이 아닌 더 큰 개념의 필립스 엑시터만의 언어다.

숙제로 읽은 교과서의 한 부분을 이해 못 한 친구의 질문에 그 자리에서 내용을 요약해서 발표하고 관련 실험을 하는 생물 수업, 바하의 음악을 분석하다 질문과 답이 꼬리에 꼬리를 물고 난해한 현대음악까지 파고들다가 '무엇이 음악인가?'라는 토론까지 이어지는 수업이다.

8~12명의 학생 모두 질문이건 답이건 적어도 한마디씩은 해야 하기 때문에 꼼꼼한 수업 준비는 필수다. 쑥스럽거나 토론 준비가 안 되어 있어 숨으려고 해도 숨을 곳은 없다. 하크네스 테이블은 모두 서로의 얼굴을 볼 수 있도록 디자인됐기 때문이다. 모르면서 아는 척하는 학생은 친구들에게 폐를 끼칠 뿐이다. 차라리 모른다거나 준비를 못 했다고 시인하고 도움이 되는 질문을 던지는 것이 낫다. 물론 모든 학생이 많은 말을 하는 것이 좋은 하크네스 수업은 아니다. 대부분의 신입생들이 "필립스 엑시터의 토론수업이 좋아서 지원했다"고 하지만 많은 9학년생은 '하크네스=떠들기'로 받아들이는 경우도 있다. 하크네스의 가장 중요한 포인트는 말하기보다 듣기에 있다. 서로의 발표를 제대로 듣고 이해해야 질문에 답이 있고 개념의 발전이 있다.

좋은 토론수업은 꼼꼼히 분석적으로 듣는 것에서 시작해 통찰력 있는 질문을 던지는 것으로 이어진다. 질문은 뒤떨어지는 학생만이 하는 것이라는 선입견을 버려야 한다. 자유롭고 신중한 생각을 통해 질문할 때 하크네스의 빛이 발한다(1781년 존 필립스 박사 부부가 설립한 필립스 엑시터는 미국에서 가장 오래된 기숙학교(보딩스쿨) 중의 하나. 그동안 이 학교는 제14대 프랭클린 피어스 대통령을 비롯하여 정치, 예술문화, 언론, 교육 등 다방면에서 걸출한 인재들을 배출했다).

이와는 달리 우리의 주입식이나 일제식 교육은 비판력이나 창의적 사고능력이 떨어진다는 것은 누구도 부인하지 않는다. 그러나 최근에는 이러한 수업을 없애기 위하여 교단선진화란 명목하에 많은 교육 자료를 교실에 투입했다. 그 결과 수업방법의 변화는 인정하지만 학생들의 사고력과 비판력의 향상에는 의문이 든다. 문제는 학생들의 고등사고력 향상을 교수활동 보조 자료가 대신할 수 없다는 것이다.

토론수업은 학생들이 타인으로부터 새로운 정보를 획득하고 배우는 기회가 되고 학생 상호 간의 문제해결 기능 및 태도를 배울 수 있는 장이 된다. 또한 학생들은 토론수업 중에 집단 속에서 적극적인 구성원 의식과 집단에 대한 긍정적인 태도를 가짐으로써 자아를 각성시키고 집단 속에서의 자아분화를 성취하는 계기를 마련하게 된다. 그러므로 미래사회가 필요로 하는 글로벌 인재는 현장교사들의 교수방법 변화 없이는 기대하기 어렵다.

우리나라 수업 시간은 매우 조용하다. 조용히 잘 들어야 주의집중이 잘 되고, 학생들의 학습능력이 높아진다고 믿고 있다. 교사는 국가수준의 교육과정 진도를 나가기 바빠 쉴 새 없이 학습 내용을 강의한다. 학생들은 입을 다문 채 교사를 바라보고 간혹 교사의 질문에 몇

몇 학생들만 대답하거나 학습지나 학습장에 요점을 적기도 한다. 40분 단위수업 시간을 쪼개 학생들에게 비판력을 키울 수 있는 토론수업을 할 수 있는 교사는 찾아보기 힘들다. 그래도 초등학교에서는 서서히 토론수업에 대한 관심이 높아지고 일부 수업으로 진행되고 있지만 중·고등학교는 심각한 수준이다. 다양한 수준의 학생, 짧은 수업 시간, 꽉 짜인 교육과정 진도가 토론수업을 막고 있다.

요즘, 우리나라 교육의 화두 중 하나는 이제는 '집어넣는 교육'이 아니라 자기의 의사를 논리적으로 잘 표현하는 '끄집어내는 교육'이 필요하다. 대표적인 하나가 글쓰기 교육, 즉 '에세이' 쓰기다. 글쓰기는 자신의 경험을 바탕으로 생각을 잘 정리해야 하기 때문에 체험교육이 아닌 교사중심 교육으로는 그 한계를 드러낸다. 미국의 교사들은 '왜(Why)', '어떻게(How)'를 물을 줄 모르는 한국식 교육을 평면적 교육이라고 비판한다. 순종을 미덕으로 삼았던 우리의 유교문화에다 주입식교육은 '비판적 사고(Critical Thinking)'에 익숙지 않은 결과를 낳았다. 학생이 질문하면 '쓸데없이 따지고 든다'고 하는 한국 교사를 미국 교사들은 이해하지 못한다. 교사가 '객관적으로 틀린 사실을 말할 경우가 있는데, 학생들은 잘못된 줄 알면서도 지적하거나 묻지 않는다'는 태도를 '교사에 대한 존경의 표시'로 여겼다. 그러나 '상대방을 존중하느라 아예 질문하지 않는 건 곤란하다'는 것이 미국의 교사들의 생각이다.

"아이가 우유를 쏟으면 한국 부모들은 야단치지만 미국 엄마들은 이를 지도로 만들어 놀자고 한다"고 한다. 어떤 상황이 닥쳐도 미국 학부모들은 자녀들의 창의성을 길러주려고 한다. 한국 학생들의 경우 주입식 교육으로 인해 '왜(Why)', '어떻게(How)'를 생각해내는 훈련이 부족해 독창적인 아이디어를 내는 데 서투르다. 주입식 교육의 폐해로 한국 학생들은 어떤 과목이든 분석적이고 비판적인 시각이 필요한 에세이를 쓸 때 가장 많이 힘들어한다. 또 수학, 과학과 같은 이과 과목의 학습과정에서 적지 않은 부작용이 나타난다. 보통 때는 큰 차이가 없지만 수학경시대회 등에 출전해 문제를 해결해야 할 경우 미국 학생들은 독창적인 방법으로 풀어내는 데 반해 응용력과 창의성이 부족한 한국 학생들은 쩔쩔맨다는 사실이다.

우리나라 학생들 가운데는 학교와 학원과 집만 왔다 갔다 할 뿐 다양한 경험을 하지 못한 아이들이 많다. 이런 한정된 생활 경험으로는 창의적이고 깊이 있는 사고가 길러질 수 없다. 그러므로 학생들에게 보다 다양한 분야에서 폭넓은 체험을 할 수 있는 기회를 많이 마련해 주어야 한다.

우리의 학부모들은 자녀들이 일정한 규정이나 규칙에서 벗어나면 무조건 걱정부터 한다. 보통 학생들과 조금 다른 생각을 갖더라도 이를 수용하고 격려해주는 태도가 필요하다. 더불어 특정 주제를 놓고 토론하는 습관을 기르도록 돕는 게 좋다. 주입식 교육에 길들여진 우리나라 학생들은 대학생이 되어도 토론에 약하기 때문에 유학생으로서 적응하기 힘든 실정이다. 이 같은 토론수업은 우리나라의 경우는 초등학교부터 시작을 해야 한다.

우리의 학교 현실을 보면, 전국 초·중·고교 모두가 국가가 정한 국민공통 교육과정을 반드시 가르쳐야 한다. 국어, 영어, 수학 등 교과목과 단위수업 시간도 붕어빵처럼 똑같다. 특히 입시일정에 맞춰 진도를 나가기 때문에 시간이 많이 걸리는 토론수업을 할 수 없는 현실이다. 학급당 학생 수도 경제협력개발기구(OECD)의 두 배 가까이 된다.

글로벌 미래인재는 남과 다른 창의력이 중요한 경쟁력의 포인트이므로 비판력과 상상력을 기를 수 있도록 교육 패러다임으로 바꿔야한다. 토론수업은 학생들의 창의력과 논리력을 키워주는 출발점이며 초등학교부터 표현력을 키워줘야 대학생이 되면 영어로도 비판적 토론을 할 수 있다. 또한 글로벌 인재를 키우려면 창의력과 비판적 사고능력이 필수이므로 수업시간을 탄력적으로 운용할 수 있어야 한다. 초등학교의 경우 40분으로 정해져 있는 교육과정 교과시간 안에 30여 명이 토론하고, 교과진도가 나가기 어렵다.

최근에 우리의 관심을 끌고 있는 교수법의 하나가 '블록타임제(block time system)'1)와 '집중이수제(集中履修制)'2)라고 할 수 있다. 블록타임제는 1, 2교시 또는 3, 4교시를 묶어 특정교과를 집중 공부하는 것으로 미국 등지에서는 일반화되고 있는 제도다. 수업단위 시간이 40분이상 늘어나기 때문에 활발한 토론수업이 가능하다. 그래서 교과의특성을 살려 교사의 일방적인 강의식에서 벗어나 사회현안에 대한찬반논쟁과 패널토론도 할 수 있다. 국어수업도 토론이나 쓰기 등 교사와 학생 간 양방향 소통 토론방식의 학습이 가능하다. 집중이수제는 1년간 주당 1~2시간으로 배정되어 있는 과목을 한 학기에 몰아주 2~4시간으로 늘려 가르치는 것이다. 초등학교의 경우 도덕, 실과

---

1) 블록타임제란 교과목의 특성에 따라 수업시간을 탄력적으로 운영하는 것을 말한다. 학교에서 기존의 45분 혹은 50분 단위수업을 두 배 이상 늘린다든지, 필요에 따라 70분, 80분, 90분 등 여러 형태로 수업시간을 탄력적으로 운영하는 방식이다. 수업시수를 종전보다 늘려 교과목의 흐름이 끊기지 않고 연속으로 수업할 수 있다는 특징이 있다. 수업방식의 개선으로 집중의 효과는 있으나 일부 학생에게 있어서는 더 많은 인내심이 요구되기도 한다.

2) 수업의 집중도를 높이기 위해 특정 한 과목의 수업을 각 초·중·고 학기 중 특정 학기나 학년에 집중적으로 학습하는 제도다. 각 학교가 사회군(사회·도덕), 과학군(과학·기술·가정), 예술군(미술·음악)과 같이 유사한 과목끼리 교과군을 묶어 각 과목별 수업시간만 충족시키면 수업 시점은 자율적으로 편성할 수 있도록 허용하는 것이 핵심이다. 가령 사회과목 수업을 3년 가운데 1학년 때로 몰아서 할지, 아니면 3년간 매학기 균등하게 나눠서 편성할지 학교별로 재량껏 결정할 수 있다.

등의 교과시간을 단위학기로 시간을 모아 토론식 수업을 할 수 있다.

그렇다면 우리의 교육을 어떻게 바꿔야 하나? 먼저 교과내용을 '주제 중심', '쟁점 중심' 등 토론수업이 가능하도록 교육과정을 재구성하고, 수행평가에 토론수업 참여도를 교과 성적에 반영하여야 하며, 교과교실제 등 토론수업이 가능한 교실환경을 구축해야 한다. 아울러 토론식 수업모형을 개발하는 교사들 모임을 활성화하여 교사들의 자율적인 토론수업문화가 정착하도록 시범 및 연수활동이 이뤄져야 할 것이다.

PART 07

즐기는 공부를 하자

    세상에 공부하는 것을 좋아하는 사람은 별로 없을 것이다. 더욱이 각종 유혹에 노출되어 있는, 호기심 많은 청소년들에게 공부는 재미 없고 지루하며 지겨운 대상일 수밖에 없다. 공부하기에는 정말 싫은 데 학생의 신분이니 어쩔 수 없이 해야 하는 학생들이 대부분이다. 이러한 공부로 인하여 학교를 중도에 하차하는 학생들도 점차 늘어 나고 있는 실정이다. 그래서 요즘 학교의 고민은 이러한 중도 탈락의 학생을 어떻게 하면 다시 학교로 돌아오게 하여 학교생활을 마칠 수 있게 할까 하는 것이다. 그 답은 한마디로 학교가 학생들이 좋아하고 즐거운 학교가 되는 것이다.

    학생들은 하루의 생활을 학교에서 보낸다. 이들의 학교 삶에서 대 부분은 주어진 교과활동을 열심히 하는 일이다. 이러한 학교공부는 과정보다 결과에 주어지는 보상이 기대보다 클 때는 내적 학습동기 가 일어나 스스로 노력하지만 그렇지 않을 때는 실망과 패배감으로 학습에 대한 의욕이 사라지게 되는 것이다. 때문에 학습의 결과는 학생 개개인의 학업성취요인에 따라 성취감, 만족감이 다르므로 새로운 학습동기도 다르게 나타나고 있다.

공부는 성취욕이 강하고 뚜렷한 인생 목표를 갖고 있는 학생에게는 좋은 인식을 갖고 즐거운 활동이 된다. 그러나 그렇지 못한 학생들에게는 일과 짐이 되어 쉽게 피로하고 지겨움과 더불어 정신적인 고통을 주는 스트레스의 원인이 되기도 한다.

우리나라 학생들은 치열한 입시경쟁으로 교과 공부에 대한 심리적 압박감을 많이 받고 있다. 이러한 부정적인 인식은 공부에 대한 스트레스로 전해지면서 일부 학생은 이겨내지 못하고 극단적 선택을 하는 등 교육의 부작용으로 나타나고 있다.

교육과학기술부에 따르면 지난해 학생 자살자는 총 146명으로 그 원인을 보면, 가정불화(31.5%), 염세·비관(19.2%), 성적비관(12.3%), 이성문제(6.8%), 가정형편(3.4%) 등으로 나타났다.

사실 공부를 잘하는 학생들은 타고난 재능의 기질도 있지만 보다 중요한 요인은 스트레스를 받지 않고 지속적으로 노력하는 성실한 태도라고 할 수 있다. 이러한 노력이 천재성을 능가하는 결과를 얻는 것도 바로 공부를 일이 아닌 즐거움으로 여기는 태도인 것이다. 즐기는 마음으로 공부하는 학생은 잘 안 풀리는 문제가 나오면 짜증을 내거나 불안해하기보다는 '쉽게 풀리면 재미없지', '모르는 부분을 알게 돼 기쁘다'는 식으로 긍정적으로 생각한다. 또한 내가 모르는 것이 무엇인지 깨닫는 과정, 내가 모르는 것을 알려고 하는 과정, 내가 알게 된 것을 익숙하게 만드는 과정 등 공부를 하는 과정 자체를 즐기는 것이다.

우리나라 학생들이나 학부모들은 많은 부분에서 학습의 과정보다 결과에 관심이 크다. 즉 당장 어떤 방법이든 높은 점수를 얻어야 하고, 그래서 좋은 대학에 들어가고 좋은 직장을 얻는 것을 교육의 목적으로 두고 있다. 그러나 장기적인 입장에서 본다면, 학습은 이러한 외적 동기보다는 학생들의 내적 동기인 호기심과 궁금함이 없으면 절대로 잘 할 수가 없다.

모르는 것을 이해하는 과정도 학생 스스로 해결해야 더 큰 성취감과 기쁨을 얻을 수 있기 때문에 교사가 직접 도와주면 그 효과가 반감한다. 설사 혼자 해결하기 어렵더라도 교사는 인내심 있게 기다려야 한다. 그래서 학생이 최선을 다해 목표에 도달했을 때 성취감을 느끼게 해야 다음 과제를 즐기게 된다. 그러나 우리나라 교사들은 오래 참지 못하고 답을 가르쳐준다. 그래서 학생들도 참지 못하고 조금 어려운 문제는 쉽게 포기하고 만다.

학생들이 알게 된 지식은 그냥 시험문제만 풀고 끝나서는 안 된다. 해결한 문제를 발표하거나 다른 학생들과 토론함으로써 새롭게 응용할 수 있는 기회를 주어야 한다. 이와 같이 학생들이 직접 체험하고 해결한 지식은 결과물이나 부산물이 아닌 공부하는 과정 자체에 학생들이 관심을 갖고 즐기도록 유도하지 않으면 학생들은 공부를 싫어하고 학교성적을 얻기 위한 공부로만 인식하게 된다.

학생들이 무엇에 관심을 가지도록 만들고, 스스로 자기 생각을 발표하게 만들며, 공부하는 방법을 혼자서 터득하게 하면 처음 결과는 시원치 않지만 점차 가속도가 붙게 되고, 혼자서 무언가를 알아내도록 노력하고 세상일에 호기심을 갖게 된다. 그리고 학생들이 하는 이야기에 관심을 가져주고, 문답형식을 통해서 서로의 생각을 교환하는 일을 자꾸 하면 학생들은 공부하는 과정 자체를 즐겁게 생각하게 된다. 그것이 공부를 잘 할 수 있도록 동기를 주는 최선의 방법이라고 생각한다.

이처럼 공부에는 왕도가 없다. 먼저 공부에 대한 학생들의 생각을 바꿔야 한다. 첫째, 하고자 하는 공부의 가치와 중요성을 인식하고, 둘째, 공부를 통해 성공할 수 있다는 긍정적인 자신감을 갖게 하고, 셋째, 공부를 통해 자신의 목표에 도달하는 성취감을 얻게 해야 한다. 그리고 공부를 일이나 의무가 아니라 미래의 삶을 성공으로 이끄는 과정으로 받아들여야 할 것이다.

학습방법의 학습

우리나라 초·중·고등학교 학생들은 아침부터 밤늦게까지 학교와 학원에서 하루 시간의 대부분을 보낸다. 그래서 우리나라 학생들은 세계에서 공부하는 시간이 가장 많은 반면 잠은 가장 적게 자는 것으로 나타났다.

2009년 일본청소년연구소가 발표한 한국, 일본, 중국, 미국 4개국 중·고생을 대상으로 실시한 학교, 학원, 숙제 등을 모두 포함한 하루 평균 공부시간을 보면 중국(중학생: 14시간, 고교생: 12.9시간)이 가장 많았고, 그 다음이 우리나라(중학생: 9.8시간, 고교생: 11시간), 일본(중학생: 8시간, 고교생: 7.6시간), 미국 순으로 나타났다. 반면에 우리나라 중·고생들의 평균 수면시간은 약 6시간 정도로 독일 8시간, 스페인 7시간 등에 비해 비교적 짧은 수면을 취하는 것으로 나타났다. 또 4시간 이하로 매우 짧게 자는 학생의 비율도 10.3%나 되었으며, 잠자는 시간은 여학생, 고등학생일수록 더 짧은 것으로 나타났다.

또한 한국청소년정책연구원이 2011년 2학기 서울지역 초·중·고생 1천745명을 조사한 결과에 따르면 초등학생의 평일 평균 여가는 195.6분으로 고등학교 평균(195.2분)과 사실상 같았다. 초등학생은 고등학생보다 정규수업 시간이 적지만 그만큼 학원, 방과후학습 등 과외활동이 많아 대학입시 준비생만큼 바쁜 일상을 보내고 있는 셈이다. 중학생의 평일 평균 여가는 241.2분으로 초등학생보다 오히려 45분가량 많아 초·중·고등학교를 통틀어 자유시간이 가장 많은 것으로 나타났다. 휴일 평균 여가는 중학생이 487.3분, 초등학생 442.5분, 고등학생 405.1분 순이다. 대부분의 여가는 학급을 불문하고 운동이나 취미활동이 아닌 공부를 위해 재투자되고 있다는 점이다. 초등학생들은 하루 평균 208.1분의 여가를 공부를 위해 사용한다고 답했다. 고등학생과 중학생의 여가 중 공부시간도 각각 평균 196분, 193분으로 집계됐다. 이처럼 서울지역 초등학생들이 바쁜 일상에 쫓기는 데에는 조기학습에 대한 부모들의 과도한 열망이 자리 잡고 있다는 것이 전문가들의 지적이다. 맞벌이 가정이 크게 늘면서 가정의 돌봄을 받지 못하는 아이들이 학원을 전전하며 생긴 결과라는 분석도 나온다.

우리나라 학생들은 하루 중 대부분의 시간을 공부하는 데 투입하고 있다. 물론 많은 공부 시간이 높은 성적으로 이어질 수도 있지만 그 효율성에서 반드시 모든 학생이 그렇지 않다는 것이다. 학생들의 학업성취도 향상 요인에는 개인적 특성, 환경적 특성, 학습내용 등 다양한 요인이 존재한다. 이 중에서 공부하는 시간은 환경적 요인 중의 하나이다.

사실, 학생들이 공부하는 방법에는 이러한 특성을 고려하여 자기 자신에게 맞는 학습전략이 필요하다. 무턱대고 공부하는 시간의 양으로 학습의 결과를 기대하기보다는 이젠 공부의 효과성과 효율성에 대해서 진지한 고민이 필요하다. 교육전문가들은 초등학생의 경우는 뛰어노는 것만으로 충분히 '앎'의 과정을 이행할 수 있는 나이라는 것이다. 그러므로 교사는 학생 개개인에게 맞는 학습의 방법을 찾아 지도해야 효과적인 학습을 할 수 있다.

예를 들면, 교과별 효과적인 공부방법으로 국어는 논지를 파악하고 각 절을 요약하며, 사전을 사용하여 어휘력을 높이고, 표현법, 수사법을 선생님 설명과 비교해보기, 교양서적 등 다양한 독서하기, 고전은 어휘, 문법, 한문 등을 집중 공부하기, 그리고 평소에 독서나 글쓰는 일에 관심을 기울이고, 작품을 읽을 때는 '자기 느낌'을 메모하여 감상하기 등이다. 수학은 단원의 원리공식 등을 정확히 이해하고, 정의와 정리의 증명 등을 정리하여야 하며, 수업내용과 풀이 요령 등 정·오답 노트 활용, 수업 1주일 전과 전날 두세 번 예습하기, 당일 배운 내용을 다시 풀고 복습하기 등이 필요하다. 그리고 영어는 사전 찾는 버릇을 들이고 쉬운 원서를 다독하며 단어장을 만들어 매일 단어와 숙어를 외운다. 일기와 편지를 영어로 쓰는 습관을 들이고, 매일 교과서를 큰소리로 읽는다. 이와 같은 교과별 학습방법의 학습은 매 학기 초에 교사와 학생이 함께 지도되어야 효과적인 학습을 기대할 수 있다.

우리는 지금까지 학생들에게 교사 중심의 교수활동만 했지 학습자 중심 학습교육은 제대로 하지 않았다. 그래서 교사의 교수활동 시간으로 학생의 높은 학습결과를 기대해왔다. 그러나 이젠 교육수요자에게 맞는 교육이 필요한 시대에 이르렀다. 학생 개개인에 맞는 학습방법은 교사와 학생 그리고 학부모와의 허심탄회한 교육상담활동이 필요하다. 이러한 학생 교육상담활동은 바로 학년 초와 학기 초에 보다 구체적으로 이루어져야 한다는 생각이다.

공부는 학생 개인적인 특성에 따른 학습전략이 필요하다. 사실 공부를 좋아하는 사람은 별로 없다. 그래서 공부는 그 자체가 힘들고 부담되지만 즐기는 마음으로 해야 효과적이다. 그렇게 하기 위해서는 먼저 학생 개개인이 공부하는 목표가 뚜렷해야 한다. 공부의 목적이 분명하고 목표가 구체적이고 공부하는 즐거움을 알게 되면 다른 사람의 강요나 필요성에 의해서가 아니라 스스로 공부하게 된다. 또한 즐겁게 할 수 있는 방법을 스스로 만들고 찾아내므로 학생 개인에 따라 다양하다. 이러한 공부 방법은 일정하지 않고 학생 개인 특성에 따른 방법이므로 좀 더 쉽게 이해하고 기억에 오래 남게 된다.

모든 교과목이 그렇겠지만, 학생들이 수업시간에 집중하는 것이 중요하다. 교사의 설명을 놓치지 않고 학생 자신의 생각과 비교하며 이해하는 습관이 필요하다. 학교수업이 하루 일과의 절반 이상을 차지하기 때문에 모든 시간을 집중하기란 그리 쉬운 일은 아니다. 그러나 학습이란 학생 자신이 학습내용을 고민하고 문제해결을 위해선 때론 몰입해야 좋은 해답을 얻을 수 있다.

2011년도 우리나라에서 수능시험 성적이 가장 높은 지역은 전라남도 장성군이다. 군지역이라 한곳의 고등학교이긴 하지만 이 학교의 공부 비결은 소규모의 수준별 교육으로 학생 개개인의 이해력과 집중력을 높이는 교육이었다.

버락 오바마(Barack Obama)는 한국교육을 배워야 한다고 미국인들에게 수차례 강조하고 있지만 우리는 미래학자 앨빈 토플러 (Alvin Toffler)[3]가 "한국의 학생들은 하루 15시간 동안 학교와 학원에서 미래에 필요하지 않을 지식과 존재하지 않을 직업을 위해 시간을 낭비하고 있다"고 말한 것을 기억해야 한다.

학교는 학생들의 행복한 미래를 준비하는 곳이다. 이러한 학교의 모습과는 달리 우리나라 학생들이 생각하는 학교는 바로 좋은 성적을 얻는 곳이다. 그래서 학생들의 고민 1위, 부모님과 갈등원인의 1위가 바로 학교성적이다. 그러므로 학교는 학생들의 개인특성과 학교교육환경을 고려하여 학생 개인의 학습능력을 극대화할 수 있는 맞춤식 학습방법의 학습을 체계적으로 지도해야 지금보다 적은 시간을 투입하고도 높은 성적을 얻을 수 있을 것이다.

---

3) 앨빈 토플러(Alvin Toffler), 미국 뉴욕 태생의 미국 작가이자 미래학자로 디지털혁명, 통신혁명, 사회혁명, 기업혁명과 기술적 특이성 등에 대한 저작으로 유명하다. 대표작 『제3의 물결』에서 처음으로 재택근무, 전자 정보화 가정 등 새로운 용어가 사용되었다. 이 외에도 『미래의 충격』, 『권력 이동』 등이 있다.

PART 09

탈무드식 교육 배우자

    유대인은 세계 26위의 평범한 지능지수를 가지고(유대인의 평균 IQ는 95, 한국인의 평균 IQ는 106으로 세계 2위) 세계 0.1% 인구로 15%가 넘는 노벨상 수상자를 배출해냈다. '아인슈타인, 에디슨, 마르크스, 프로이트, 스필버그, 카프카' 이들 모두가 유대인이다. 이들 말고도 미국 유명 대학 교수 중 30%가 유태인이며, '미국을 지배하는 것은 백인이 아니라 유대인이다'라는 말이 있을 정도로 초강대국 미국에서 엄청난 영향력을 발휘하고 있다.

    이와 같이 평범한 아이도 세계 최강의 인재로 키워내는 유대인들의 교육방법은 우리의 교육에 시사하는 바가 크다. 그들의 교육원칙은 우리와는 확연히 다르다. 먼저 교육의 기본적 인식이 단순한 암기나 자기 아이 중심의 성적을 올리는 교육이 아니라 아이들을 사랑으로 존중하고, 잘하는 것을 찾아 격려해주며, 약점보다는 강점을 더욱 칭찬하여 학습동기를 강화시키고, 인내심을 가지고 오래 기다려주는 교육방법이다. 한마디로 남보다 뛰어난 아이가 아니라 남과 다른 아이로 키우는 교육방법이라고 할 수 있다.

부모들은 자기 자녀가 다른 아이와 어디가 어떻게 다른지를 찾아내어 그 점을 발전시켜주기 위해 노력한다. 결코 자녀가 다른 아이들과 똑같이 행동하고 똑같은 것을 배우며 판에 박은 듯이 자라는 것을 바라지 않는다. 즉 개성 있는 사람으로 성장해가는 것이 아이의 장래에 유익하다는 것을 굳게 믿고 있기 때문이다. 같은 것을 놓고 우열을 다투는 한 승리는 소수만이 차지할 수 있다. 하지만 저마다 다른 능력을 가지고 있다면, 서로의 다름을 인정하고 협력하면서 모두 공존할 수 있다. 이 같은 점은 우리의 자기 자식만을 위하고 잘해야 하는 이기적 교육방식과 대조를 이룬다.

유대인 교육의 특징은 탈무드(Talmud) 교육이라고 할 수 있다. 탈무드는 '위대한 연구'라는 의미의 법전으로 나라 잃은 유태민족에게 5000여 년에 걸쳐 정신적 지주가 되어온 생활규범이다. 탈무드의 핵심은 바로 '질문과 토론'이다. 부모와 자녀가 함께 짤막한 이야기 형식으로 된 탈무드의 내용을 하나 읽은 후 각자의 생각대로 논리적 공격과 방어를 한다. 상대의 논리를 반박하기 위해 갖가지 아이디어를 떠올려 치밀하고 빈틈없는 방어논리를 개발하는 동안 진짜 사고력이 키워지기 때문에, 어릴 때부터 매일 이 토론을 해온 아이들은 갈수록 왕성한 호기심과 창의력을 발휘할 수 있다.

우리나라 부모들의 자녀교육은 교육의 과정보다 결과인 성적에만 있다. 그 반면에 유대인의 부모들은 자녀교육을 위하여 '질문과 토론'에 더 신경을 쓴다. 우리가 알고 있는 바와 같이, 유대인 부모들은 선생님의 말씀에 말없이 듣기만 하는 것보다는 "궁금한 건 언제든지 질문하라"고 격려한다. 이처럼 유대인 부모들은 우리의 부모와는 달리 자녀가 스스로 의문점을 찾아내고 해답을 찾아가는 자기 주도적 학습 자세가 자녀의 성공에 반드시 필요한 능력임을 믿고 있다.

유대인의 교육에 대한 인식은 우리와는 근본적으로 다르다. 우리 부모들은 자녀들의 교육을 학교보다는 학원에게 맡긴 나머지 성적 중심의 근시안적인 경쟁교육에서 벗어나지 못하고 있다. 그래서 우리 교육은 선생님 강의에 귀 기울여 듣고 많이 기억하여 빨리 답을 찾아내는 데 교육의 초점을 두는 반면에 유대인의 교육은 스스로 질문하고 새로운 것을 찾아내며 발견하는 데 초점을 둔다. 그 결과 이제까지 우리나라 교육은 높은 점수만 맞추는 '집어넣은 교육'으로 헛똑똑이만 키워낸 셈이다. 이제는 스스로 문제를 찾아 해결할 수 있는 '끄집어내는 교육', 즉 유대인의 탈무드 교육에 주목해야 한다.

탈무드식 자녀교육의 핵심 원칙을 살펴보면 다음과 같다.

첫째, 아이의 눈높이에서 바라본 사면 벽을 책으로 채워라. 즉 어린 시절의 강렬한 집중력을 텔레비전에 빼앗긴 아이는, 책 읽은 아이를 평생 못 따라간다.

둘째, 독서 후에는 반드시 '탈무드식 토론'을 나눠라. 읽은 내용을 잘 정리하는 암기나 다독이 아니라 책과 다른 의견을 찾아내는 토론이 창의력을 키운다.

셋째, 무엇을 배웠는지 묻지 말고 무엇이 궁금한지 물어라. 의무적으로 '오늘의 질문'을 찾아내는 습관이 평생 자기 주도적으로 성장하는 핵심동력이다.

넷째, 공동체의 규율과 예의범절을 엄격하게 가르쳐라. 예의범절이 몸에 밴 아이가 나가서 사랑받고 커서는 사회적 네트워크의 중심에

설 수 있다.

다섯째, 경제 조기교육으로 돈의 가치를 알게 하라. 꿈을 이루기 위해서는 반드시 돈이 필요함을 알려주고, 어릴 때부터 저축하게 한다.

우리 부모들은 자녀교육에서도 '빨리빨리'를 외치고 있다. 이런 방법이 당장은 자녀학습에 효과를 볼 수도 있지만 임시방편에 불과한 나머지 장기적인 학습능력에는 큰 도움이 되지 않거나 오히려 역효과를 낼 수 있다. 이제는 우리도 교육 선진국으로 차근차근 기초를 다지는 교육, 그리고 학생이 원하는 것을 스스로 찾고 해결할 수 있도록 시간을 갖고 기다리며 격려해주는 여유와 인내가 필요한 교육을 해야 한다. 이러한 점에서 유대인 교육은 오늘날 비틀어지고 왜곡된 우리나라 교육의 현실을 잘 지적해주고 있다.

교육에서의 스토리텔링

'스토리텔링(Storytelling)'이 우리 사회의 흥행 키워드로 등장했다. 영화나 드라마를 넘어서 마케팅, 관광, 결혼에까지 스토리텔링이 화두가 되더니 최근엔 교육, 외식업, 여행사, 부동산 등에도 감초처럼 쓰이게 되었다.

스토리텔링이 다양한 분야에서까지 확산되어가고 있는 이유는 광고를 통하여 자사 제품의 기능이나 효과를 직접적으로 설명하기보다 창업역사, 제품개발 그리고 고객반응 등 이야기를 통해 제품을 홍보함으로써 보다 친근하게 고객에게 다가가 공감을 끌어낼 수 있어 광고효과를 극대화할 수 있기 때문이다.

스토리텔링(Storytelling)은 '이야기(Story)'와 '말하기(Telling)'의 합성어로서 말뜻 그대로 '이야기하다'이다. 이는 단편적인 사실을 그대로 나열하거나 반복해 강조하는 것이 아니다. 스토리텔링이란 상품에 담겨 있는 의미나 개인적인 이야기를 제시해 몰입과 재미를 불러일으키는 주관적이고 감성적인 의사소통 방법이다. 스토리텔링은 청중들의 생각이나 행동의 변화를 목적으로 의미 있는 이야기를 전달함으로써 효과를 높일 수 있게 한다. 또한 상대방의 마음을 감동시키고 함께 공감할 수 있는 가장 효과적이고 전략적인 커뮤니케이션이라고 할 수 있다.

최근에는 스토리텔링을 교육현장에서 다양하게 적용하고 있다. 교육활동은 교사와 학생 간의 지식 및 감성의 교류라는 점에서 스토리텔링의 역할은 학생 생활지도와 교수-학습과정에서 큰 위력을 발휘하고 있다. 특히 스토리텔링은 문제학생의 꽁꽁 언 마음을 교사가 이해하고 공감함으로써 얼었던 마음을 움직일 수 있으며, 교수-학습과정에서도 학습목표나 내용을 스토리텔링함으로써 학생들이 학습내용을 보다 쉽게 이해하고 적극적으로 자신의 다양한 생각을 끌어낼 수 있다는 점에서 효과적이다.

카네기 멜론 대학의 로저 샹크(Rodger Schank) 교수는 "인간의 기본적인 인지구조는 단편적으로 나열되어 있는 정보보다는 이야기의 흐름 속에 담겨 있는 정보를 더 잘 이해하고 기억하도록 되어 있다"고 말한 바 있다. 예를 들면, 국사 교과서에 나오는 역사적 사건과 인물, 의미를 단순히 암기하면 쉽게 잊어버리지만, 사극 드라마를 통해 스토리를 접하게 되면 인물의 이름이나 역사적 사건의 인과관계까지 쉽게 이해하고 오랫동안 기억할 수 있다.

스토리텔링은 인간의 감성에 호소하여 몰입과 공감을 보다 쉽게 이끌어낼 수 있다. 예를 들어, 교과서에 명시된 명성황후 시해 사건에 대한 역사적 정보를 접할 때 사람들은 감정적으로 몰입하기 힘들지만, '명성황후'라는 뮤지컬을 보면 감정적으로 더 몰입하고 공감할 수 있게 된다. 이는 사람들이 스토리로 제시된 정보를 접하면 그 내용을 좀 더 친근하게 받아들일 수 있고, 그 안에 등장하는 사람들과 정서적 유대감을 형성하면서 공감할 수 있게 되기 때문이다. 이렇게 사람들에게서 공감을 이끌어내면, 그들의 능동적인 변화를 쉽게 유도할 수 있게 된다. 뿐만 아니라 공감으로 상대방을 설득하는 효과도 큰 것으로 나타나고 있다.

시몬(Simmons) 박사에 따르면, 스토리텔링은 청중의 감성을 자극하는 '풀 전략(Pull Strategy)'으로 상대의 경계심을 없애고 더 많은 공감대를 형성해서 상대방을 효과적으로 설득할 수 있다고 말하고 있다.

이처럼 스토리텔링은 사람들을 이해시키고 몰입하게 하며, 공감시키고 잘 설득할 수 있다는 특성 때문에 교육에 적용할 때 높은 가치를 보여주고 있다. 스토리텔링의 교육적 효과를 살펴보면 다음과 같다.

첫째는 스토리텔링은 감성을 자극한다. 이는 다른 말로 하면 논리적인 설득보다 감정의 동선을 자아내 '감동'을 빚어낸다는 점이다. 이를 교육에 활용하면 교육내용을 단순히 기억하는 것이 아니라 학생들의 마음을 움직이게 하는 감성을 자극하여 배운 내용을 행동으로 실천하게 할 수 있다.

둘째는 스토리텔링은 오래도록 기억하게 한다. 재미있는 옛날이야기는 한 번 들어도 오랫동안 기억에 남는다. 그 이유는 단순한 내용의 전달은 그 내용 자체만을 전달하지만 스토리는 상상하게 하고 이미지를 형성하도록 하기 때문에 피전달자는 능동적인 상상을 통해 이룬 이미지를 더욱 오래 기억하게 되는 것이다.

셋째는 스토리텔링은 구체적이며 이해가 쉽다. 이야기는 구체적이며 상호 간의 의미를 지니고 있다. 이러한 의미는 순서와 시간대로 실제적인 이미지를 형성함으로써 보다 쉽게 이해할 수 있는 것이다.

이 같은 스토리텔링이 학교현장에 적용되면 학생들의 흥미와 호기심을 자극하여 학습집중력을 높여주고, 학습내용에 의미 있는 이야기를 부여함으로 오랫동안 기억하게 하며, 이야기가 주는 메시지를 자신의 생각과 비교·반성함으로써 생각하는 힘을 키울 수 있다.

학교교육에서 스토리텔링을 활용할 때는 다음과 같은 점을 고려해야 한다.

첫째, 학생들의 공감을 얻기 위해서는 꾸미거나 만들어낸 스토리보다 진실성을 갖춘 실제 스토리를 활용하는 것이 더욱 효과적이다. 우리가 지금까지 보아온 방송 광고에서 리얼 스토리가 각광을 받고 있는 것과 같은 이유이다.

둘째, 스토리는 교육의 목적이 아니라 목적을 달성하기 위한 수단이 되어야 하므로 스토리를 통해 무언가를 가르치려 하거나 강요하지 말아야 한다는 점이다. 부모가 아이에게 어떤 훈계를 하고 싶을 때에도 이를 일방적으로 가르치기보다는 교훈을 담고 있는 이야기 하나를 들려주고 아이들이 스스로 생각할 수 있도록 해주는 것이 훨씬 효과적이다. 다시 말해서 학생 스스로 스토리의 의미를 이해하고 자신의 가치와 비교할 수 있도록 해야 한다.

셋째, 잘 만들어진 스토리텔링을 일회성보다는 반복적으로 활용할 때 그 효과가 크다는 사실이다. 그러므로 교수-학습과정에서 스토리텔링이 효과를 발휘하기 위해서는 끊임없는 순환시스템을 구축해 이야기가 계속되도록 만들어야 한다.

넷째, 학생들이 교육적으로 실천할 수 있는 가치가 담겨 있는 이야기가 되어야 한다. 아무리 감동적인 교훈이 담겨 있다고 하더라도 학생들이 실천할 수 없는 교훈이라고 한다면, 그것은 그저 '그림의 떡'일 뿐이다. 그러므로 학생들이 감동받고 감성에 다가가면서도 일상생활에서 손쉽게 실천할 수 있는 교훈이 담겨 있는 스토리텔링이 되어야 한다.

리처드 맥스웰과 로버트 딕먼은 성공적인 스토리텔링의 5가지 요소를 다음과 같이 이야기하고 있다.

첫째는 이야기를 이끌어내는 힘, 즉 열정(Passion)이다. 내가 왜 그이야기를 했을까? 왜 그 문제에 신경을 쓸까? 이야기를 듣는 사람도 신경을 썼을까?

둘째는 사람을 이야기 속으로 빨아들이는 영웅(Hero)이다. 누구에 관한 이야기였나? 듣는 사람도 주인공의 관점을 받아들였을까?

셋째는 이야기에 생동감을 불어넣는 악당(Antagonist)이다. 주인공은 어떤 문제에 직면했는가? 그 이야기를 한 것이 나와 듣는 사람에게 어떤 느낌을 주었을까?

넷째는 마술 같은 힘을 주는 깨달음의 순간(Awareness)이다. 이야기 속에서 주인공은 무엇을 배웠을까? 이야기가 빛을 발하게 하려고 사실에 덧붙인 것은 무엇인가?

다섯째는 이야기의 완성과 변화(Transformation)이다. 이야기 속에서 어떤 변화가 일어났는가?

스토리텔링의 대가인 스티브 데닝(Steve Denning)은 "사람들은 스토리를 통해 생각하고 말하고 이해한다. 심지어 꿈마저도 스토리 방식으로 꾸고 있다"고 하였다. 그렇기 때문에 교육에서 학생들의 마음을 움직일 수 있는 스토리를 활용해보는 것도 또 하나의 교육방법일 것이다.

PART 11

글쓰기 지도를 강화해야

글쓰기 교육은 학생들에게 단순히 글재주를 교육하는 것이 아니라 자신의 느낌이나 의견을 정확하게 표현하고 전달하는 수단이다. 글쓰기 활동을 통하여 학생들의 올바른 인성교육과 생활태도를 가꾸며, 주체적이고 창의적인 삶을 유도해야 한다. 즉 학생들은 글쓰기를 통하여 논리적이고 비판적인 사고를 형성하고 자신의 행동을 반성함으로써 바른 삶의 태도를 가질 수 있다.

과거의 글쓰기 교육은 일기쓰기가 그 역할을 했다. 하루의 일과를 자신이 반성하고 느낀 점을 진솔하게 적는 습관은 글쓰기에는 가장 좋은 교육방법이다. 그러나 지금은 일기 검사가 학생인권침해로 인하여 사실상 금지된 상태이다. 이러다 보니 글쓰기 교육은 국어교과 쓰기 시간 외에는 지도하기 어려운 실정이다. 다행히 대학입시에서 논술고사가 시행되면서부터 초등학교에서도 특기적성교육으로 논술지도가 이루어지고 있으나 글쓰기 기법 위주의 지도라 아쉬움이 많다.

좋은 글을 쓰기 위해서는 많은 책을 읽고 다양한 글의 내용과 그 구성방법 그리고 감성을 울리는 표현들을 체득해야 한다. 그러므로 좋은 글을 짧은 기간에 쓰는 것을 기대하기는 어렵다. 독서와 사색이 자신의 삶과 결합해야 마음을 울리는 생각을 표현할 수 있다.

최근 미국 명문대에 우리나라 고교생들의 입학이 부쩍 늘었지만 상당수의 학생들이 영어 때문이 아니라 '에세이(essay)' 때문에 중도 탈락한다는 보도를 들었다. 미국의 글쓰기 교육은 초·중등교육에서 뿐 아니라 대학, 대학원에서까지도 글쓰기를 따로 교육할 정도로 철저히 이루어지고 있다. 또한 학교교육과정 중에 많은 고전을 읽어야 하고, 소크라테스(Socrates)식 대화를 통한 토론 중심의 교육이 함께 이루어지고 있다는 것을 보면서 우리의 글쓰기 교육방향은 새롭게 모색되어야 한다고 본다.

인간의 삶에 중요한 소통방식은 말과 문자로 나눌 수 있다. 하지만 우리의 일상생활과는 달리 중요한 의사전달은 말이 아니라 문자로 표현된다. 예를 들면, 우리 직장 내에서의 공식적인 중요 의사전달이나 소통은 말보다는 글을 통해서 이루어지기 때문에 논리적인 글쓰기가 매우 중요한 것과 같다.

미국교육과는 달리 우리의 교육은 타율적인 주입식 교육으로 학생들이 발언이나 토론의 기회가 별로 없다. 그래서 자신을 표현하고 남을 설득하기보다는 일방적으로 듣고 설득당하는 데 익숙해져 있어 세계무대에서는 적응력이나 창의성이 떨어지는 것이다. 그나마 명문대 유학생 중 50% 정도나마 적응하는 것이 오히려 자랑스러울 뿐이다.

다음 글은 인터넷에 소개된 글이다.

나는 한국에서 가장 우수한 외국어 고등학교에 다니는 학생들이
쓴 작문을 읽고 난 뒤 이들에게서 무엇이 부족한지를 명확히 알게
됐다. 학생들은 공부도 많이 하고 머리도 좋은 '범생이'들이었지만
이들의 작문은 문장과 문장 간 연관성이 부족할 뿐더러 이야기 전
개방식 역시 논리적이거나 창조적인 것과는 거리가 멀었다. 왜 이
토록 훌륭한 학생들의 작문실력이 엉망인 걸까. 모든 문법과 단어
들을 줄줄이 외우고 있으면서 왜 창조적이고도 설득력 있는 작문
이 나오지 않는 걸까. 나는 우연히 한국 학생들이 작문에 쓰이는
예문조차 평소에 암기하고 다닌다는 사실을 알게 됐다. 또 학생들
이 선생님과 다른 의견을 제시할 경우 별로 환영받지 않는다는 말
도 전해 들었다. 학생들이 주입식의 '창조적인' 사례만을 외우고
자신들의 의견이나 생각을 제대로 표현하지 못하는 상황에서 논리
적인 사고방식을 기대하기란 지극히 어렵다고 생각한다.

　우리나라 학생들의 글쓰기 교육에서 가장 큰 문제는 현행 학교교
육과정에 체계적인 글쓰기 교육이 제시되어 있지 않다는 것이다. 다
만 국어과 읽기에서 글의 주제별로 약간씩 제시되어 있지만 학생들
의 글쓰기 교육이나 습관을 기르기에는 역부족이다. 또한 학생들의
글쓰기 교육을 위한 글의 주제가 교과서에 제시된 짧은 글에 한정되
어 있어 다양한 내용의 글을 쓰기 어렵다.

　우리나라 학생들이 1년 동안 읽은 독서량은 매우 적다. 초등학생들
은 그래도 다양한 책을 수십 권 읽지만 중·고등학교로 갈수록 교과
서 외에는 읽는 책들이 매우 한정적이다. 그래서 초·중등학교 각 학
년마다 필수도서가 수백 권에 이르는 외국학생과 비교했을 때 배경
지식뿐 아니라 그에 따른 비판의식이나 논리성의 부족은 당연할 수
밖에 없다. 어려서부터 체계적인 독서훈련과 독후감 쓰기 교육이 이
루어져야 한다.

　독서를 통해 다양한 지식의 습득만이 아니라 자신의 삶을 비춰보

고 자기뿐 아니라 타인의 삶에 대해서도 스스로 평가할 수 있는 힘을 얻게 된다. 이러한 독서의 이점 외에도 독서에 재미를 붙이다 보면 한 가지 일에 몰입하는 태도가 형성된다. 그러므로 독서는 학생들의 학습에 대한 집중력을 높여 학습능력을 향상시킬 수 있는 계기가 된다.

대부분 학생들은 독후감 쓰기를 매우 싫어한다. 독후감 때문에 오히려 책을 멀리하는 경우도 있다. 학생들이 독후감 쓰기를 싫어하는 이유는 스스로 생각하기를 싫어하기 때문이다. 그 내용이 새롭고 재미있어서 좋아할 뿐 그 내용에 대한 깊이 있는 사고활동을 싫어하기 때문이다. 깊이 있는 생각은 논리성과 창의적 사고가 필요하기 때문에 쉽게 나오지 않는다. 독후감은 본 대로 느낀 대로 쓰는 것이 아니라 읽은 책의 주인공의 기분 변화나 생각의 변화가 있었는가, 그렇다면 그 이유는 무엇인가, 그리고 '너는 그것에 대해 어떻게 생각하는가' 하는 식으로 구체적으로 쓰도록 지도하는 훈련이 필요하다.

이와 같이 글쓰기 교육은 초등학교 때부터 단계적으로 이루어져야 한다. 앞에서 언급한 바와 같이 좋은 책을 많이 읽고, 토론과 토의학습이 이루어질 때 자신의 생각을 보다 논리적이고 명료하게 표현할 수 있을 것이다.

Step 5

행복한 교직원 관계

PART

학년 초 교원인사 어렵다

새 학년이 시작되는 3월이다. 새 학년은 학생만큼이나 교원들도 설렘으로 맞이한다. 새로 부임한 교사들은 낯선 학교라서 그렇고 기존 교사는 새로운 학년과 담임이라서 더욱 가슴 설레는 달이다.

이러한 설렘도 잠시 새 학년 담임과 업무배정 때문에 일차적으로 어려움을 맞이하는 이가 교감이다. 학급담임과 업무배정의 교사 만족도는 학교경영의 성패를 좌우할 만큼 학년 초엔 중요한 일이다. 설렘과 기대를 갖고 맞이하는 학교생활의 시작이 즐겁게 계획되고 실천되어야 하지만 간혹 불만족으로 인해 실망하는 교사를 대할 땐 미안하고 그 해결점을 찾기가 쉽지 않아 관리자로서 역할에 책임감을 느낀다.

좋은 교원인사는 교원의 능력을 고려하여 학교여건에 맞게 적재적소에 배치하는 것이다. 이러한 인사원칙은 대부분 학교에서는 학교 나름대로 특색 있는 규정을 마련하여 실시하고 있지만 매년 그 결과에 대해 모두가 만족할 수 없는 것이 우리의 현실이며 과제이다.

흔히들 '인사가 만사'라는 말을 하지만 말처럼 그리 쉬운 일은 아니다. 변화하는 학교환경과 교육여건이 유동적인 교원조직의 변화로 인해 교원의 능력과 사정과의 공통분모를 찾기란 여간 어렵지 않다. 학년 초의 어려움을 사전에 해소하기 위해 매년 연말이면 교감이나 교장이 공식 및 비공식적인 만남을 통하여 교사들에게 학교여건을 설명하고 설득하지만 계획대로 결과를 얻기란 그리 쉽지 않다. 그러나 교원의 의견을 최대한 수렴하여 배치하지만 모든 교원들이 만족하기 어렵고 몇몇 교원들의 불만은 여전하다. 이러한 인사 불만은 일 년 내내 관리자와 갈등의 불씨로 남아 있어 신경을 쓰지 않을 수 없는 문제다.

학교의 환경이나 여건에 따라 다소 차이는 있지만 대부분 학교에서 나타나는 학년 초 인사조직의 가장 큰 어려움은 먼저 학교경영의 중추적인 역할을 수행하는 부장교사의 선정이다. 부장교사 임명이 요즘은 대도시나 중소도시 학교에서도 그리 쉽지 않다. 문제는 중견교사들이 없을뿐더러 있다 해도 대부분이 승진을 포기한 분들이라 부장교사에 대한 매력과 호감을 갖고 있지 않아 기피한다. 의욕과 능력을 발휘할 중간경력의 교원 인적 자원의 부족은 학교조직의 새로운 문제점으로 등장하고 있다.

다음으로는 담임배정이다. 학교 나름대로 담임배정의 원칙이 있지만 초등학교 6학년 담임교사는 교장, 교감이 손발을 빌어도 어렵다. 결국 '울며 겨자 먹기' 식으로 6학년 담임을 맡는 이들은 새로 인사이동해 온 교사나 부임한 지 1~2년밖에 안 되는 초보교사들이다. 특히 몇 없는 '남교사'는 발령이 나자마자 6학년 담임후보 1순위가 된다. 고학년일수록 경험이 많은 교사들의 지도가 필요하지만 모두 기피하는 탓에 담임배정은 거꾸로 가고 있다.

6학년 기피현상은 어제오늘의 문제가 아니다. 다른 학년에 비해 수업시간이 많고 학교의 최고 학년으로 각종 행사와 중학교 입학 관련 업무가 증가된다. 그리고 학생 생활지도에 어려움이 많아 싫어한다. 특히 요즘 '무서운 초등학생'들이 늘어나면서 각 초등학교에서는 6학년 담임교사 기피현상이 날이 갈수록 심각해지고 있다. 학교나 교육청별로 나름대로의 대책을 마련하고 있지만 마땅한 해법이 없어 골머리를 앓고 있다.

과거에는 '제자를 배출한다'는 생각으로 서로 6학년을 담임하려고 하였지만 지금은 상황이 달라졌다. 대부분 학교에서는 새로 부임하는 교사에게 강제로 맡기다시피 하고 있다. 앞에서도 언급했듯이 기피하는 가장 큰 이유는 지도하기 어렵다는 점이다. 6학년은 신체적 발육이 빨라진 만큼 사춘기적 반항과 일탈이 찾아온다. 또한 요즘은 TV, 인터넷뿐 아니라 스마트폰 등 학생들이 어른문화를 접할 수 있는 통로가 훨씬 많아져서 조숙한 학생일수록 생활지도가 어렵다.

한 초등학교 교사는 "6학년 중에도 불량한 아이들은 담배를 피우거나 교사에게 욕하는 것은 보통이다"며 "학교 안에서 '짱'이 존재한다. 방과 후에 자기들끼리 싸우거나 '누가 싸움을 잘한다'는 소문만으로 서열을 정한다"고 했다. 최근에는 여교사를 구타하는 사건도 점점 늘고 있어 여교사들이 더욱 기피하고 있다. 일부 여교사들은 초등학교 고학년 남학생들로부터 위험까지 느낀다고 한다. 한마디로 교사의 지도력에 한계를 느낄 정도다.

교육과학기술부가 밝힌 2011년도 각급 학교 여교사 비율을 보면,

초등학교는 76%, 중학교는 67%에 달하고 고교도 50%에 육박할 정도로 여교사 비율이 늘어 '여초 현상'이 고착화하는 경향을 보인다. 이에 대해 학교폭력에 효과적으로 대처하고 성장기 남학생이 남자 교사를 통해 인성·사회성 함양 교육을 받도록 남교사 충원 방안을 진지하게 고려해야 할 시점이라는 지적도 나오고 있다. 특히 대도시에 근무하고 있는 교사들은 대부분이 여교사로 구성되어 있어 우리 교원의 구조적 문제를 다시 생각해봐야 할 때다.

최근에는 학부모의 학교나 교사에 대한 요구도 과거와는 많이 변했다. 먼저 교사를 대하는 태도나 인식이 바뀌었다. 과거에는 학부모로부터 교사가 존경의 대상이었으나 요즘은 하나의 직업인으로 생각하고 있다. 그러면서도 유독 교사에 대한 도덕성과 책임감은 더 높게 요구하고 있어 교사의 조그마한 잘못이나 실수도 쉽게 이해하지 않는다. 심지어 이러한 갈등이 교사폭행으로 이어지기도 한다.

한국교총이 발표한 '2009년도 교권회복 및 교직상담 활동실적'에 따르면 학생과 학부모에 의한 폭언, 폭행, 협박 등 부당행위가 한국교총에 접수된 전체 사건(총 237건)의 45.6%인 108건으로 거의 절반에 육박하는 실정이다. 이렇게 해마다 증가하는 학생과 학부모에 의한 폭행, 폭언으로 교원의 자긍심과 사기가 크게 떨어져 있다. 이렇듯 무너진 학교기강과 추락하는 교권으로는 교육이 제대로 이루어질 수 없음은 자명하다.

학년 초에 학급 담임교사에 대한 학생이나 학부모의 불만 민원이 증가하고 있다. 부장교사와 50대 이상의 고령교사가 바로 그 대상자다. 요즘은 학생보다 학부모들이 먼저 담임교사에 대한 정보를 다른 학부모로부터 듣고 불만을 토로하는 경우가 많다. 이러한 결과는 교사를 믿지 못하는 데에서 비롯된다. 학년 초엔 학급담임과의 작은 의견 차이에도 참지 못하고 민원을 제기하여 담임교체까지 요구하기도 한다. 이러한 감정은 학년 말에 실시하는 교원능력개발평가 결과로 이어진다.

해마다 교육의 중추적인 역할을 수행해야 할 경력교사들이 학교를 떠나고 있다. 학교를 떠나는 이유는 바로 학부모들과의 갈등이 가장 큰 원인이다. 한마디로 나이가 많아 싫다는 것이다. 그리고 학생들의 무례한 행동이 교사의 자존심에 상처를 주어 학생지도에 한계를 느껴 명예퇴임을 결정한다.

교육은 사랑과 존경, 때론 교사의 위엄이 있어야 바르게 할 수 있다. 학교교육이 모두 젊은 교사로 조직된다고 높은 성과를 얻는다곤 할 수 없다. 젊은 교사의 능력과 열정은 인정하지만 연륜 있는 경력교사가 함께하여 조화로운 학교조직을 구성할 때 학교교육은 더욱 안정되고 효율적인 효과를 얻을 수 있다.

교사들의 새 학기 증후군

    며칠 후면 새 학기가 시작된다. 요즘은 예년과 달리 학교나 교원 모두가 새 학기 개학에 걱정이 많다. 학교폭력과 관련해 담임교사가 입건되는 사례가 발생하면서 새 학기 학교 내 교원인사를 놓고 골머리를 앓고 있다. 3월 새 학기를 앞두고 교사들이 담임을 기피하거나 학생생활지도를 담당할 교사들이 없어 교장과 교감이 어려움을 겪고 있다. 초등학교 고학년은 생활지도의 어려움과 학업성취도 평가 부담 등으로 학급담임을 기피하고, 저학년은 학부모의 민원이나 갈등으로 학급담임을 기피한다. 그래서 전근 온 교사나 신규교사들이 6학년이나 1학년 담임에 배정되는 관행은 이미 오래전부터 이어지고 있다.

    차분히 정리하고 새 학년을 계획해야 할 학년 말이 요즘은 이런저런 일들로 더 어수선하고 뒤숭숭한 분위기다. 다른 학교로 떠나는 교사, 다른 학교에서 오는 교사들로 인하여 부산해야 할 학교 분위기가 싸늘하다. 떠나는 교사들은 섭섭한 마음이지만 새로운 학교 분위기에 대한 두려움으로 가득하고, 새로 부임하는 교사는 새 학교에 대한 반가움보다 어떻게 적응할까 하는 걱정이 크다. 이러한 교사들의 두려움과 걱정은 요즘 사회 분위기만큼이나 커지고 많아진 것이 분명하다. 뿐만 아니라 맞이하는 기존 교사들도 이들에 대한 두려움이 없는 것은 아니다. 이들과 어떻게 잘 융화할 수 있을까 하는 걱정은 마찬가지다.

과거에는 떠나는 교사들과의 석별의 아쉬움을 눈물로 달래고 신규교사와 만나는 기쁨을 축하의 꽃다발로 표현하며 맞이했었다. 그러나 지금은 이러한 아쉬움과 기쁨보다는 걱정과 두려움이 이별과 만남의 정서를 대신하는 실정이다. 물론 모든 교사가 다 그런 것은 아니지만 새로 부임하는 교사들의 새 학교에 대한 걱정과 두려움을 줄여주는 일이 필요하다. 새 학기의 설렘과는 사뭇 다르게 최근 등장한 것이 바로 '새 학기 증후군'이다. 어린아이들에게 흔히 나타난다는 새 학기 증후군이 아이들뿐 아니라 최근에는 교사들에게도 많이 나타난다.

첫 번째는 새로 부임하는 교사들이 겪는 새 학교에 대한 불안과 두려움이다. 새로 맞이하는 교장, 교감과의 만남, 새로운 교사들과 만남 그리고 동 학년 교사들과의 만남에 대한 걱정과 두려움이다. 이러한 증후군은 먼저 기존 교사들이 얼마나 따뜻하고 친절하게 맞이하고 안내해주느냐에 달려 있다. 학교의 선임교사로서 학교에 대한 조직구조와 분위기 그리고 문화를 자세히 안내해준다면 보다 빠르게 학교 적응이 가능하다.

두 번째 학생들과의 만남에 대한 두려움이다. 이미 앞에서 언급한 바와 같이 요즘 교사들은 학생들과의 만남의 기쁨보다는 문제학생에 대한 두려움이 크다. 궁합이 맞지 않는 한두 명의 학생들과의 잘못된 만남은 교사를 1년 내내 힘들게 한다. 특히 학급 교우관계, 문제학생을 담임교사가 어떻게 슬기롭게 지도하느냐가 학급운영의 관건이다. 이들과의 만남이 헛되지 않게 하기 위해서는 함께 마음을 읽을 수 있는 학급경영이 필요하며 학생들과 공감할 수 있는 학급경영 역량이 필요하다.

세 번째는 학부모에 대한 두려움이다. 새 학기 첫날 학부모의 관심만큼이나 교사의 관심도 학부모를 향해있다. 학급 일을 잘 협조해주는 학부모를 만나면 학급운영이 쉬울 수 있지만 까다롭고 비협조적인 학부모는 1년 동안 민원의 대상이 될 수 있다. 요즘 학부모들은 신세대만큼이나 개성도 강하므로 어떤 학부모들로 구성되었는가도 중요하다. 일부 학부모이긴 하지만 고령교사를 싫어하는 학부모도 있다. 그러나 학부모가 원한다고 원하는 교사를 만날 수 있는 것은 아니다. 운명적으로 만나게 될 내 아이 교사는 어떤 교사가 좋을까? 학부모들에 따라 남교사를 좋아하는 학부모도 있고 여교사를 좋아하는 학부모도 있다.

네 번째는 학교업무에 대한 두려움이다. 대부분의 교사들은 새로운 업무보다는 기존의 업무를 원한다. 그러나 새 학년 교원조직 구성상 원하는 업무가 아닐 때가 있다. 이러한 교사들이 겪는 업무에 대한 두려움은 또 하나의 교직 스트레스로 다가와 새 학교에 대한 불만과 갈등으로 이어질 수도 있다. 그러므로 학교실정의 이해와 업무의 자세한 안내가 필요하다.

다섯 번째는 원하지 않는 학교 배치에 대한 불만과 두려움이다. 교사들은 자기가 희망하는 학교에 근무하기를 원한다. 대부분 교사가 희망하는 학교에 배치되지만 간혹 그렇지 못한 경우는 임의로 배치하게 된다. 이러한 경우 학교에 대한 불만으로 근무의욕이 저하되어 조그만 일에도 불평과 불만을 토로하기 쉽기 때문에 이들에 대한 배려가 필요하다. 그러나 교사 개인적인 불만을 자세히 파악하고 이해하기란 극히 어려운 문제이나 관리자들의 세심한 관찰과 상담 그리고 학교현황을 이해시키고 설득시킬 필요가 있다.

이처럼 교사들이 겪는 새 학년의 불안과 두려움은 의외로 많다. 교사 개인의 개성과 성격에 따라 다소 차이는 있으나 새 학기 몇 달 동안 겪어야 하는 고통은 생각보다 크다. 새 학교와 새 학기에 겪는 스트레스가 한두 달이 아닌 한 학기까지 이어지는 교사도 있다. 이러한 스트레스성 증후군은 기존 교사들에게도 없지 않지만, 새로 전입하는 교사들이 겪는 두려움만큼은 크지 않다. 그러므로 선임교사들이 이들을 잘 감싸주고 어떻게 위로해주고 안내해주느냐에 따라 그 고통을 줄일 수 있다.

속담에 "슬픔은 나누면 반으로 줄고, 기쁨을 나누면 배가 된다"는 말처럼 새 학기 교사들이 겪는 불안과 두려움을 줄이기 위해 교원들이 서로 위로해주고 격려하여 기쁨과 희망으로 새 학기를 맞이했으면 한다.

요즘, 교사들의 아픈 마음

격동의 한 해가 지나고 있다. 여느 때보다 금년은 유난히 교육계가 수난을 겪었다. 한마디로 교육의 혼동기라고 할 정도로 갑자기 밀려온 교육수요자의 요구와 학교폭력의 여파는 교단을 송두리째 흔들었다. 급기야는 학생이 일반교사 폭행을 넘어 교감까지 폭행하는 일이 벌어졌다.

정말 교단이 어수선하다. 모두가 어지러울 정도로 지쳤다. 가장 충격을 받는 사람은 교단에서 직접 가르치는 교사들이다. 교육자로서 사기는 물론 양심마저 저버리고 싶을 정도로 위축되어 있다. 그래서 교사들의 마음이 교육현장을 떠나 있을 가능성이 아주 높게 나타나고 있다. 이러한 위기의 교육을 어떻게 슬기롭게 헤쳐 나갈 것인가가 당장 학교경영자의 눈앞에 닥친 고민이지만, 힘든 시기에는 학교 구성원과의 신뢰를 돈독히 쌓고 서로의 마음을 여는 것이 위기 극복의 출발점이라 생각한다.

이렇게 교육이 어려움에 처하게 되면, 학교현장의 혼란은 더욱 가속화된다. 학교 구성원의 화합과 새로운 각오 없이는 혼란을 수습하기 힘들다는 것은 누구나 인식하지만 이를 실천하기란 그리 쉽지 않다. 요즘 교육정책 당국자나 학교경영자들 머릿속에서 가장 먼저 떠오르는 것은 '이 위기를 어떻게 극복할 것인가'에 대한 생각일 것이다. 또한 모두의 마음의 상처를 어루만져주고 윈-윈할 수 있는 극복방안을 어떻게 세워 실천하느냐 하는 고민에 빠져 있을 것이다. 그러나 이러한 고민보다 더 중요한 것은 학교 구성원이 힘을 모아 스스로 위기를 헤쳐 나갈 수 있는 신념과 용기를 갖게 하는 것이 선행되어야 한다. 교직원들의 위기극복에 대한 신념과 실천의지는 학교경영자의 리더십에 따라 달라질 수 있다.

지금까지 우리의 교육은 끊임없이 자기 개혁을 해왔다. 물론 그 개혁이 어디서, 어떤 방법과 수준으로 이루어졌느냐에 따라 개혁의 성패가 확연히 달랐음을 경험했다. 지금까지 대부분의 교육개혁은 관 주도인 위로부터 내려온 개혁으로 실패로 끝났다. 다시 말해서, 개혁의 대상인 위로부터의 개혁보다는 교원이 주체가 되어 자율적인 아래로부터의 개혁이 필요하다.

우리의 교육이 지금처럼 힘들고 앞날이 잘 보이지 않을 때는 일찍이 없었다. 그래서 모두가 우리의 교육을 걱정하고 있다. 학교 구성원 모두 암울한 교육현실을 불안해하고 학교현장이 더 위축되지나 않을까 걱정이다. 특히 교육현장에서 헌신하고 있는 교사들의 사기가 저하되지 않았으면 하는 바람이다. 교사들의 교육에 대한 사기와 열정은 학생들의 교육과 밀접한 관계가 있으므로 이에 대한 구체적인 교육당국의 정책이 시급하다.

최근 젊은 직장인을 상대로 운영하는 삼성그룹 포털 사이트 '영삼성닷컴'이 직장인 1,000명을 대상으로 '나는 이럴 때 이직을 생각한다'란 설문조사를 실시한 결과 37%가 '업무가 과중한데도 회사에서 대책을 세워주지 않을 때' 사표를 내고 싶다는 답변이 가장 많았다. 또 응답자 25%는 '아무리 봐도 회사의 비전이 보이지 않을 때' 이직을 고려한다고 했다. 직장 내 인간관계에서 오는 스트레스도 이직 요인으로 꼽혔다. '상사에게 심하게 질책 받을 때'와 '남의 잘못임에도 나에게 피해가 올 때' 회사를 그만두고 싶다는 의견이 각각 17%와 12%였다. 이 밖에 직장인 9%는 '월급을 받을 때마다 내 능력에 비해 적다고 느껴질 때' 서랍 속 사직서를 꺼내 본다고 답했다.

요즘 교사들은 학생을 가르치는 일 외에도 일반 사무직원 못지않게 교무업무가 복잡하고 많다. 각종 외부공문은 날이 갈수록 폭주하고 간섭도 심하며 그 책임의 한계도 다양하며 점점 늘고 있다. 때론 가르치는 일보다 각종 감사업무가 우선시될 때도 있는 현실은 정말 안타까운 자화상이다. 그래도 교직이 지금처럼 인기직종으로 자리 잡은 것은 요즘과 같이 어려운 취업난과 무관하지 않을 것이다. 그러나 취업난이 해소되어도 지금과 같은 직업선호도 상위를 지킬 수 있을지는 다시 한 번 생각해봐야 할 문제이다.

교직생활이 어렵고 힘든 상황일수록 모든 교사들이 한뜻 한마음으로 뭉쳐야 이 위기를 슬기롭게 극복할 수 있다. 아무리 탁월한 학교 경영자라 하더라도 교사들의 열정과 노력이 뒷받침해주지 않는다면 위기를 극복할 수 없다는 것은 자명한 일이다.

교사가 교직에 대한 열정과 사랑이 점점 식어가는 이유는 다양한 원인이 있을 수 있지만 가장 큰 요인은 아마 지금과 같은 학생들의 학교폭력일 것이다. 2012년 2월 말 교원 명예퇴임 신청자가 진보적 교육감이 이끄는 서울교육청(25.6%)과 경기교육청(44.7%)에 많이 증가했다. 이처럼 명퇴 신청이 크게 늘어난 데는 다양한 원인이 있겠지만, 이전보다 교원평가를 비롯한 학교평가가 많아지고 「학생인권조례」로 인한 학생지도의 어려움을 극복하지 못하기 때문일 것이다. 특히 체벌금지로 학생들에 대한 교사의 교육적인 지도 방법이 제한을 받으면서 교권침해 사태를 불러일으킴과 동시에 학생들에 의한 학교폭력 사태가 심각해져 학생 생활지도가 점차 어려워지고 있다.

학부모의 교육에 대한 요구의 증가와 불만으로 인한 폭언과 폭행도 이젠 도를 넘어 교육에 대한 두려움으로 다가오고 있다. 교권이 어느 수준에 와 있으면 자녀들을 지도하는 교사에게까지 학부모가 폭력을 행사할까? 요즘 발생한 일련의 일들은 교원 경시풍조에서 비롯된 것이다. 폭행당한 교사들이 허탈해하는 교육현실을 직시하면서 우리 교육의 총체적인 난맥상을 드러낸 것이다.

교사에 대한 학생이나 학부모의 신뢰가 한꺼번에 모두 무너졌다. 더 큰 문제는 이러한 현실에도 교육당국은 대책이 없고 교사보다는 학생과 학부모의 편에서 이들의 요구에 맞는 편협한 교육정책을 펼치고 있는 점이다. 교원에 대한 구체적인 정책이나 대책은 안중에도 없는 아픈 현실이다.

경영컨설팅사 DDI(Development Dimensions International)의 대표인 로버트 로저스(Robert Rogers)는 아무리 경영진이 구성원과 허물없이 지낼 정도로 친하다고 하더라도, 경영진으로서 갖추어야 할 기본적인 리더십 역량(조직관리, 전략능력 등)이 부족하면 구성원은 경영진을 신뢰하지 않는다고 말한다. 즉 경영진이 위기를 극복할 방안을 보여

주지 못한다면 구성원의 마음이 회사로부터 멀어지는 것은 당연하다.

더욱 심각한 경우는 경영진조차도 나아가야 할 방향에 자신이 없는 상황으로 체면 때문에 '모른다'는 말은 하지 못하고 아랫사람들에게 방향을 찾아내라고 다그치기만 하는 모습을 보이는 경우이다. 경영진들이 조직이 나아갈 방안에 대해 제대로 제시해주지 못하고 더 열심히 하라는 채찍질만 한다고 구성원이 인식한다면 신뢰는 걷잡을 수 없이 무너지고 만다. 만약 경영진이 해결책을 갖고 있지 못하다면 차라리 이를 솔직하게 인정하고 구성원과 같이 고민하는 것이 더 나은 결과를 얻을 수도 있다.

그러므로 교육정책자나 학교경영자는 교사들이 가장 절실하게 느끼고 있는 것이 무엇인지를 바르게 인식하고 이들에 대한 진정성 있는 배려가 선행되어야 한다. 지금과 같이 어려운 교육 여건에서 오는 심리적인 불안요소를 교육의 희망 바이러스로 변화시킬 수 있도록 교육행정 당국이나 학교경영자는 교사들이 교육에 대한 애정과 주인의식을 가질 수 있도록 신뢰와 믿음을 주는 노력이 필요하다.

P세대 교원의 교육역량

　요즘 우리나라 젊은이들에게 닥친 난제는 너무나 엄청나다. 양극화와 무한경쟁, 취업난과 고용불안, 치솟는 학비 등은 요즘 세대 젊은이들이 겪고 있는 생존경쟁이다. 살아남기 위해 남보다 많은 스펙을 쌓아야 하고 스스로 보이지 않는 미래를 위한 홀로서기의 힘겨운 싸움은 우리들의 마음을 아프게 한다. 요즘 세대들은 어려운 시기의 숙명적인 세대라는 생각이다. 이들에게 젊음의 낭만과 청춘은 사치일 뿐 현실은 생존경쟁 때문에 혹독하다.

　이렇게 요즘 세대들의 어려움을 보면 세상이 너무 공평하지 못하다는 생각이다. 우리 사회에 한 세대의 특징을 규정짓는 말로 1990년대에 386세대란 말이 나온 이후 X세대, Y세대, N세대 같은 용어가 잇따라 등장하고 있다. 이러한 용어는 대부분이 이전과는 다른 사고방식이나 행동양식을 지닌 젊은 세대의 문화특성을 규정짓는 용어다.

　이러한 세대 구분은 일반적으로 17~25살의 젊은이들의 인격형성기에 활발하게 일어나는 행동특성과 경험들을 기준으로 삼고 있다. 한마디로 소비와 유행에 민감하다는 X세대, 인터넷과 함께 자란 N세대, 월드컵 응원의 주역인 W세대 등이 이들의 행동특성이다. 이들은 또래가 함께 경험하고 같은 생각을 하는 행동특성들을 가지고 있으며, 이들 나름의 독특한 젊은 문화를 형성하여 나이가 들어서도 이들은 쉽게 바뀌지 않는 행동특성을 지니고 있다.

이러한 개념 중 하나로 P세대란 참여를 의미하는 'participation', 열정을 의미하는 'passion', 힘을 의미하는 'potential power', 패러다임의 변화를 의미하는 'paradigm-shifter'의 각 단어의 공통 접두어로 표현하는 세대다. 우리나라 광고회사인 제일기획이 2003년 사회 각계의 전문가와 서울 및 전국 5대 도시 17~39세 남녀 1,600명을 대상으로 일대일 면접으로 조사한 내용을 종합·분석한 마케팅 관련 연구보고서 '대한민국 변화의 태풍-젊은 그들을 말한다'에서 처음 사용된 용어다.

P세대는 2002년 한·일 월드컵, 촛불시위, 대통령선거 등을 주도한 우리 사회변화의 주역으로 등장한 세대다. 1989년 해외여행 자유화와 노마디즘(유목적인 특성), 1990년대 이후 문민정부 출범으로 정치참여 기회와 영향력의 증대, 외환위기 이후의 세계화의 확산, 인터넷과 휴대전화 보급으로 인한 다양한 커뮤니케이션이 가능한 정보가 생활 중심이 되는 것 등이 P세대가 성장할 수 있었던 배경이다.

P세대가 2002년 당시 17세 이상 39세 이하의 연령층을 가리키는 계층이니 요즘 27세에서 49세가 해당되는 교원들이다. 사실 이러한 연령층의 교원들은 교육개혁의 신세대와 중추적 역할을 하는 핵심요원을 아우르는 세대다. 이들 세대와 이전 세대는 엄청난 문화적 세대

차를 느낄 수 있다. 어떻게 보면 부모세대와 자식세대의 차이인 셈이다.

P세대에게는 1980년대의 386세대가 가졌던 사회의식과 1990년대의 X세대의 소비문화, 2000년 이후 등장한 N세대의 라이프스타일과 W세대의 공동체의식과 행동을 포괄하고 있다. 이들 세대는 정치적 민주화와 경제적인 풍요 아래에서 성장한 세대로, 자신이 사회를 변화시킬 수 있다고 믿는 적극적이고 긍정적인 가치관을 가진 세대이다.

P세대가 우리 사회에 새로운 힘으로 떠오르게 된 성장 배경은 한마디로 '자유화, 유목성, 정보화, 부유함'에 있다. 자유화는 문민정부 이후 정치적 자유화로 정치참여 기회와 그 영향력이 확대됨에 따라 자유주의 성향을 갖게 되었으며, 1989년 해외여행 자유화 및 외환위기 이후 글로벌 스탠더드 확산은 유목적인 특성을 갖게 되는 배경이 되었다. 인터넷 휴대전화 보급으로 인해 다양한 커뮤니케이션과 정보가 중심이 되는 라이프스타일을 형성하게 되었으며, 국가경제 성장으로 인해 이전 세대와는 다른 풍요로움 속에서 다양한 소비의식을 지니고 있다는 데 있다.

이러한 배경으로 나타난 P세대의 5가지 핵심 특성은 다음과 같다.

첫 번째는 '도전(Challenge)'이다. 권위와 고정관념을 거부하고 새로움과 변화를 추구하는 자유로운 사고방식을 가지고 있다.

두 번째는 '관계(Human Network)'이다. 자신이 갖고 있는 정보를 공유, 전파하는 것을 즐거워하고 같은 의식과 취미를 갖고 있는 집단끼리 뭉치기를 좋아하며 인간관계를 중시한다.

세 번째는 '개인(Individual)'이다. 싫고 좋음에 대한 자신의 의견을 솔직하게 표현하는 세대로 사회발전을 위해서는 다양한 의견이 존재해야 한다고 믿는 등 개성과 다양성을 존중하는 세대다.

네 번째는 '경험(Experience)'이다. 한 분야의 전문가가 되느니 다양한 분야를 경험하고 싶어 하고, 물건을 살 때도 본인이 직접 확인한 후 구매하는 등 직접적인 경험과 체험을 중시한다.

다섯 번째 키워드는 '감성(Fun, Feel)'이다. 무슨 일이든지 재미와 즐거움을 추구하고 행동 자체에 엔터테인먼트 요소를 많이 내포하고 있다.

이와 같이 P세대는 기성세대와는 달리 적극적 자기표현, 인터넷을 통한 관계형성, 수평적 토론문화 등을 특성으로 미래 교육을 이끌 주역이다. P세대가 새로운 교육을 위해 열정과 역량을 발휘할 때다. 요즘처럼 어려운 교육에 이들의 적극적인 교육 참여가 이뤄진다면 새로운 변화를 일으킬 수 있다.

P세대는 때로는 기성세대와의 갈등의 진원지가 되기도 하지만 새로운 교육발전의 단초가 된다. 교육개혁은 혼자만의 생각으로는 성공할 수 없다. 교육구성원의 집단적 지성이 필요하다. 그러므로 이들의 특성과 능력을 교육계로 끌어들인다면 보다 건강한 교직사회와 효율성을 높이는 교육기반을 마련할 수 있을 것이다. 높은 도덕성과 투철한 국가관을 지닌 P세대는 세계적인 인재를 길러낼 수 있을 역량을 가진 교육의 새로운 인적 자원이 될 것이다.

미래사회는 다문화 및 신·구세대 간 문화의 충돌이 빈번히 일어나 세대 간 지식체계의 역전현상도 발생할 것이다. 신세대가 구세대의 문화를 배우는 것이 아니라 구세대가 신세대의 문화를 배우는 시대가 될 것이다. 따라서 우리의 의식이나 가치관도 변화하는 시대에 맞추어 나아가며 다가올 미래사회의 특징을 올바로 이해하고 준비해서 자라는 세대들에게 더 나은 교육을 제공할 준비를 해야 한다.

P세대의 새로운 바람을 기대한다. 교육의 변화는 새로운 희망으로 우리의 밝은 미래를 만들 수 있다. 지금까지 교육이 국가발전의 원동력이 된 것처럼 다시 한 번 새로운 교육으로 젊은 청춘들에게 희망과 용기를 주고, 세계가 부러워하는 한국교육을 만들어야 할 것이다.

PART 05

교원의 공감적 경청

    인간의 일상적인 의사소통 형태를 분석해보면, 듣기가 45%, 말하기 30%, 읽기 16%, 쓰기가 9%를 차지한다고 한다. 이렇게 우리의 대화 중 절반 이상이 내가 말하기보다는 상대방의 이야기를 듣는 것이다. 우리의 생각과는 달리 듣기 중심의 대화인데도 우리는 늘 대화의 주도권을 잡아 듣기보다는 말하기 중심의 대화를 원한다.

    사실, 상대방과 이야기할 때 대부분의 사람들은 논리적인 설득보다는 먼저 대화의 주도권을 잡아 말하기를 원한다. 그래서 대화는 갈수록 진지하기보다는 목소리도 높아지고 흥분하게 된다. 이처럼 대화의 주도권을 쥔 사람은 자신의 의견을 전달하고 설득함으로써 쌓였던 감정과 스트레스가 풀어져 시원하고 후련한 기분이지만, 대화를 듣는 사람은 상대방 중심 이야기를 들으므로 자기가 말할 기회가 적어지고 일방적인 설득을 당했다는 느낌으로 좀 답답할 때가 많다.

    우리는 '입은 말을 적게 하라고 하나이고, 귀는 많이 들으라고 둘'

이라고 한다. 그런데도 우리가 상대와 대화 시 대부분이 상대방보다 말을 많이 하려고 하는 이유는 뭘까? 때론 상대방의 말이 끝나기도 전에 상대의 말을 가로채거나 그것도 안 되면 화를 내가며 말한다. 이와 같은 대화방법은 상대를 배려하는 논리적인 설득이 아니라 힘에 의한 주도권의 싸움인 것이다. 화자 중심의 일방적인 대화는 상대방에게 진정한 경청이 이루어지지 않아 오히려 대화를 방해하여 갈등을 표출한다는 사실을 인식해야 한다.

최근 우리 사회에서 경청이 새로운 화두로 떠오르고 있다. 기업에서부터 시작한 경청이 학교현장까지 새로운 관심사로 부각되어 이에 대한 교원들의 연수가 활발하다. 이처럼 학교조직에서도 의사소통을 잘 하려면, 먼저 자신의 유창한 말보다는 상대의 말을 귀담아 듣는 태도가 필요하다. 이러한 경청 태도는 상대방의 입장에서 상대방의 생각이나 감정을 잘 파악하게 하여 상대방으로부터 신뢰를 얻게 되는 것이다. 그리고 대화 도중에 긍정적인 반응을 할 때 서로 공감을 느끼게 된다.

경청은 단순히 듣는 것이 아니라 상대방과 함께 느낄 수 있는 공감적 경청을 해야 하는 것이다. 예를 들어, 상대방을 배려하고 진지하게 들어주는 태도로 상대방의 얼굴에서 눈을 떼지 말고 똑바로 바라보아야 하며, 가끔 상대의 의견을 되묻기도 하고 질문도 하고, 긍정적인 반응으로 고개를 끄덕이는 행동과 때때로 "응, 그래?" 하고 맞장구도 쳐야 효과적으로 자기 의사를 전달할 수 있다.

빠른 통신매체의 발달은 커뮤니케이션의 다양화뿐만 아니라 속도 경쟁까지 가져왔다. 그러나 이러한 커뮤니케이션은 대부분이 상대방과 간접대면이라 적극적이고 공감적인 경청이 어렵다. 사실 상대방과 직접 얼굴을 마주보면서 대화하는 이상의 효과적인 커뮤니케이션은 없다. 그 이유는 면대면 대화는 상대의 감정을 정확하게 읽을 수 있으며, 상대방과 온정적이고 긍정적인 감정관계를 형성할 수 있다. 그러므로 적극적이고 공감할 수 있는 경청은 상대방과 직접 대면하므로 쉽게 이해하고 공감할 수 있어 보다 긍정적인 협력관계를 끌어낼 수 있다.

학교에서 교원들이 가장 먼저 가져야 할 자세가 바로 '공감하는 경청 태도'다. 교원들은 교육전문가로서 전공교과나 담당업무에 대해서는 자기주장이 강하다. 특히 학생들을 대상으로 교육하기 때문에 쌍방적인 대화보다는 주입식의 일방적인 대화에 익숙해 있다. 이러한 습관과 경험들로 인하여 교사들은 학생들의 의견을 자세히 그리고 적극적으로 경청하기보다는 지시 위주로 하는 일방적 대화가 대부분이다. 교사들은 학생들에게 자주 "왜 바른 자세로 듣지 않느냐?"고 야단한다. 그리고 '듣는 게 뭐 그리 어려운가?' 하곤 불평한다. 하지만 누구나 할 수 있는 '듣기'를 제대로 할 수 있는 사람은 의외로 많지 않다. 그래서 우리는 소극적으로 듣는 것이 아니라 상대방의 진심을 이끌어내는 공감할 수 있는 경청이 필요하다.

교사의 적극적이고 공감적인 경청은 학생들과의 진솔한 대화를 이끌어 부드러운 분위기를 만들고 학생들의 적극적인 대화를 유도할 수 있다. 또한 교사의 공감적 경청은 교사 중심의 대화에서 학생 중심의 대화가 이루어짐으로 학생들의 진솔한 이야기를 들을 수 있는 기회로 긍정적인 면을 가지고 있다. 이러한 교사의 경청태도는 학생 주도의 학습 및 자율적으로 생활태도를 개선할 수 있는 계기가 될 수 있다.

학교에서 커뮤니케이션이 이루어지려면 다음과 같은 교원의 공감적 경청 태도가 필요하다.

첫째, 학생들의 언어표현을 그대로 이해하는 것이 필요하다. 사실 학생들의 언어표현은 교사가 그대로 이해하기가 쉽지 않다. 그러나 교수-학습과정에서 학생들의 사고는 그들만의 생각인 것이다. 따라서 학생들의 사고과정이나 방법을 고려하여 주의 깊게 듣고 그 내용을 자세히 이해할 수 있어야 학생들의 생각 가까이 다가설 수 있다.

둘째, 학생들의 비언어적 의사전달도 정확히 이해할 수 있어야 한다. 우리가 하는 언어적 의사소통은 7%, 부언어인 억양의 전달이 38% 그리고 몸짓이나 표정 등 비언어적인 전달이 55% 된다고 한다. 그러므로 학생들의 얼굴표정, 자세나 몸짓, 눈과의 마주침 등을 자세히 읽을 수 있어야 학생들의 진정성 내지는 진실성을 파악할 수 있다.

셋째, 학생들의 의견에 적절한 반응을 보여야 한다. 적절한 반응은 학생들의 마음을 이해한다는 뜻이다. 그래서 대화 중간에 고개 끄덕이기, 눈썹 모으기 등 몸짓과 '그래서?', '저런!', '정말?' 등 추임새를 활용해야 한다. 이때 추임새는 학생들의 말을 재차 확인하는 멘트가 적절하다. 이렇게 하면 주저하고 망설이던 학생들의 이야기도 이끌어 낼 수 있다.

넷째, 학생들이 의식하지 못하는 것까지도 들을 수 있어야 한다. 요즘 학생들은 친구 같은 선생님을 제일 좋아한다. 또 이런 교사에게 학생들은 자신의 마음을 열고 진솔한 이야기를 한다. 그러므로 훌륭한 교사는 학생들의 마음속에 무의식적으로 표출되는 여러 의사의 징표를 읽을 수 있어야 하는 것이다.

다섯째, 학생들의 이야기를 끝까지 인내심을 발휘하여 들어야 한다. 마지막 순간이나 학생들이 스스로 조언을 구하거나 의견을 묻기 전까지는 인내심을 갖고 적극적으로 들어야 한다. 학생의 모든 문제는 학생 스스로 그 해결방법을 갖고 있으므로 스스로 해결할 수 있도록 지도해야 한다. 이처럼 교사의 적극적인 경청태도는 학생들의 생각을 읽고 서로 공감할 수 있어 효과를 극대화할 수 있다.

공감적 경청이란 학생들에게 관심을 기울이고, 객관적으로 관찰하며 긍정적인 마음으로 경청하는 것을 의미한다. 다시 말해서, 학생들이 느끼고 생각한 대로 교사가 느끼고 생각하기는 매우 어려운 것이지만 학생들의 입장에서 이해할 수 있는 공감적 경청을 해야 한다는 것이다. 또한 공감적 경청은 동시에 객관성도 유지해야 한다.

학교 내에서 갈등은 대부분이 학교 구성원의 사소한 의견과 가치의 차이에서 일어난다. 이러한 갈등의 해결은 먼저 상대방의 의견을 자세히 그리고 공감하면서 들어주는 태도가 필요하다. 그러므로 교원들이 보다 적극적으로 공감하는 경청 방법을 이해하고 반복 훈련을 거쳐 자기 것으로 만들면 교직원, 학생, 학부모 관계에 있어 늘 긍정적인 평가와 신뢰를 받아 학교 갈등을 예방하는 인간관계의 달인이 될 수 있을 것이다.

PART

지금은 학교 감성시대

흔히 '요즘을 감성시대'라고 말한다. 기업에서는 소비자의 감성을 자극하는 제품생산으로 소비자가 만족하는 소비자 감동시대를 열고 있다. 제품의 고객인 소비자가 선호하는 제품, 소비자의 감성을 자극할 수 있는 제품의 개발 없이는 기업의 이윤 추구를 기대할 수 없으므로 소비자 개개인이 만족할 수 있는 감성적인 제품 개발에 열을 올리고 있다. 이제 교육도 과거처럼 교사 중심의 일방적 교육방식에서 벗어나 학생과 학부모가 만족하고 감동하는 교육을 펼쳐야 한다. 교육수요자가 만족하는 감동교육을 위해서는 교사와 함께 이해하고, 공감하는 감성이 필요하다. 감성이 카리스마, 비전, 전략의 기본이라고 할 수 있다.

지금까지 학교는 교장 중심의 절대권한으로 명령이나 지시가 곧 학교조직의 역동성과 함께 효율성을 가져왔지만 최근 연구에서는 리더의 일방적인 리더십보다 구성원의 마음을 읽고, 함께 공감하는 감성리더십의 효율성에 대한 관심이 높아지고 있다.

아직도 감성리더십은 교육현장에서 도입단계에 있지만 민주적인 학교경영 측면에서 보면, 학교 구성원의 협력과 공감을 통한 교장 책임경영이라는 점에서 그 의미가 크다. 특히 학교 구성원의 자율적인 참여와 공감적 이해는 조직에 대한 신뢰성을 높이는 동시에 자기 업무에 책임감을 가지게 하며, 이를 통하여 조직 갈등을 줄이고 조직력을 강화할 수 있다는 점에서 매우 긍정적인 효과를 기대할 수 있다.

감성에 대한 이론적 배경은 Salovey와 Mayer(1990)의 감성지능(emotional intelligence)과 Goleman(1995, 2002)의 감성리더십(emotional leadership)에서 찾아볼 수 있으며, Goleman(2002)은 "리더십의 발휘에 있어서 지능지수와 기술이 중요하지만 감성지능은 필수적이다"라고 말한 바와 같이 조직의 신뢰와 공감을 위해서는 감성이론의 중요성을 강조하였다. 감성리더십은 부하들의 마음을 헤아려 부하들이 가지는 감정의 주파수를 맞추어 공감대를 형성함으로써 부하들로부터 호응을 얻는 리더십을 의미한다.

현대사회에서 카리스마적이고 논리적이며, 이성적인 리더의 필요성은 당연하지만, 상황에 따라서는 감성적인 리더십이 조직을 더욱 효과적으로 이끌어 나갈 수 있다. 달리는 말에게 당근과 채찍이 필요하듯이 조직원들의 마음을 헤아려주고 작은 일에도 칭찬해주며 격려해주는 것이 진정한 감성경영이며 감성리더십이다. 아울러 조직원들의 능력을 믿고 그들의 능력이 발휘될 수 있도록 만들어주는 일 또한 감성적인 리더의 역할이다.

전통적 리더십은 기능적인 부분에만 초점이 맞춰져 있을 뿐 조직 구성원의 감정이나 개인적인 차원에는 별로 관심을 갖지 않았다. 이와 같은 리더 중심의 전통적 리더십은 오늘날엔 점점 설 자리를 잃고 있다. 반면 조직구성원의 마음을 읽고 공감의 분위기를 조성할 줄 아는 리더가 진정한 리더의 모습으로 자리 잡고 있다.

사실 과거 리더의 모습이란 오로지 자신이 가진 지위의 힘으로만 조직을 이끌려고 하는 리더를 가리킨다. 그러나 이젠 권력이 아닌 인간관계를 조정하는 탁월한 능력으로 조직을 이끄는 우수한 리더가 속속 출현하고 있다. 인간관계를 조정하는 능력이란 조직의 분위기를 바꿀 수 있는 남다른 능력을 말하는 것으로 이제 리더의 필수적인 능력 가운데 하나가 되었다. 탁월한 리더십에 대한 정의가 인간 대 인간이라는 감성적인 맥락에서 다시 규정되고 있다.

감성지능을 갖춘 리더는 언제 사람들과 같이 협력해야 할지, 언제 어떤 리더십을 발휘해야 할지, 언제 귀를 기울이고 언제 명령을 내려야 할지를 잘 알고 있다. 그는 중요한 사안에 대한 나름의 감각에 귀를 기울일 줄도 알고 자신이 이끌고 있는 사람들이 갖고 있는 가치관에 부응할 수 있는 사명을 이야기할 줄도 안다. 그는 자연스럽게 인간관계를 중시하며 도저히 참을 수 없는 사안은 표면화시켜 개혁할 줄 알고, 서로 조화를 이루는 집단 안에서 인간적인 시너지 효과를 창출할 줄도 안다. 그는 자신을 위해 일하는 사람들의 경력을 소중히 여김으로써 흔들리지 않는 충성심을 이끌어낼 수 있다. 그리고 공동의 가치관에 호소하는 사명을 제시함으로써 사람들이 최선을 다할 수 있도록 고무시킬 수 있다.

이처럼 감성리더십은 리더 혼자서가 아니라 조직구성원 모두가 협력하고 함께 참여하고 함께 그 성과를 만족하게 할 줄 아는 부드러운 리더십이다. 그래서 리더는 항상 조직원의 감성을 파악하고 그들의 요구를 수용할 수 있어야 한다.

이젠 교육계도 다가오는 변화의 물결을 피할 수 없다. 변화는 위기이며 또한 기회이다. 이러한 위기를 슬기롭게 극복할 수 있는 준비를 해야 한다. 이러한 변화에 승부를 걸고 도전할 수 있는 리더의 새로운 리더십이 필요하다. 학교 구성원이 함께 공감하고 상생할 수 있는 감성리더십, 이젠 우리 교육리더가 이를 실천할 때이다.

PART 07

교원의 프렌드십

  하루 생활의 대부분을 보내고 있는 직장인들의 동료는 단순히 '같이 근무하는 사람'이 아니라 인생의 멘토나 삶의 절친한 동료다. 교직원은 직업적인 특성상 일반 직장인만큼 동료 간 조직의 응집력이나 친화력이 그리 강하지 못하다. 이처럼 교원의 동료애는 학교조직의 성격에서 볼 수 있듯이 전문직으로서 강한 개성과 독립적인 업무로 인하여 다른 동료들에 대한 의존도가 낮은 특성을 갖고 있기 때문이다.

  한 직장의 조직 내 프렌드십(Workplace Friendship)은 조직의 팀워크(Team Work) 향상을 위하여 다각도로 노력한다. 조직의 프렌드십은 조직역량을 강화하여 강한 조직력으로 기업의 목적인 생산성을 향상하는 데 중요한 요소이기 때문이다. 이러한 맥락에서 보면 교원들 역시도 하루 8시간 이상을 학교에서 보낸다. 물론 이들 대부분은 동료 교사보다는 학생들과 보내는 시간이기는 하지만 교장, 교감을 포함한 교원들과 직간접적인 인간관계를 교류하면서 시간을 보낸다고 할 수 있다.

일반적으로 좋은 직장 분위기는 동료뿐만 아니라 관리자의 상하관계에서 형성되고 평가된다고 할 수 있다. 학교도 마찬가지로 좋은 학교는 교장, 교감 그리고 동료와의 관계에 의하여 평가된다. 이 같은 결과는 학교조직 내 프렌드십의 성과라고 할 수 있다. 다시 말해서 학교경영자인 교장, 교감의 행정관리 스타일에 따라서 학교의 이미지가 달리 평가되며 구체적으로 일방적인 지시나 감독 위주로 하느냐 민주적인 인간 중심이냐에 따라서 교원들의 학교 선호도가 달라지고 있다.

선호와 비선호 학교의 이미지는 교장의 학교경영에 큰 부담으로 작용하고 있다. 비선호학교로 인식되면, 직접적으로는 우수한 교원자원의 확보가 어려워지고, 학생들에게 양질의 교육을 할 수 없어 낮은 학교교육 성과로 이어기 때문이다. 그래서 요즘 교장은 교직원들의 생각과 시각을 존중하고 배려하는 섬김리더십이나 감성리더십을 발휘하여 새로운 학교경영으로 교육성과를 도출하고 있다.

고대 그리스의 철학자 에피쿠로스는 인생의 행복을 가져다주는 많은 것들 중에 프렌드십을 으뜸으로 여겼다. 이처럼 프렌드십은 이젠 단순히 동료의 관계를 넘어 직장인들의 직무만족뿐만 아니라 삶의 질을 결정짓는 중요한 요소이기도 하다.

좋은 직장은 부드럽고 강한 조직으로 변화하는 환경에도 적극적으로 대응하여 높은 조직성과를 창출한다. 최근 학교조직은 현대적 관료조직으로 점점 다양화, 복잡화되고 있다. 특히 학교 구성원의 다양화는 새로운 조직관계를 형성하고 이들 간의 인간관계 형성은 또 다른 직장 분위기를 만들고 있다. 그러나 학교에서의 이들 관계는 교육이란 공통의 목표를 성취하기 위해서 형성된 관계이므로 대부분이 업무 중심이지만 업무 이전에 인간교육이라는 특수한 인간적인 조직임을 이해해야 한다.

교원은 일반 직장인들과 달리 교원 대부분이 현재 학교를 떠난다 하더라도 다른 학교에서 다시 만날 확률이 상당히 높다. 한번 좋은 동료관계는 또 다른 동료관계 형성에 크게 영향을 주므로 교원의 프렌드십은 성공적인 교직생활의 결정적인 요소라 할 수 있다.

학교에서의 프렌드십(Friendship)이란 '학교에서 함께 근무하는 교장, 교감을 포함한 동료교사들과의 신뢰와 헌신, 애정의 바탕 위에 관심사와 가치를 공유하는 친밀한 관계'라고 정의할 수 있다. 다시 말해서 단순한 친절이나 호의적인 행동 이상의 의미로 먼저 교직이란 직업적 사명감이 선행되고 교원의 자부심과 긍지를 지닌 전문인으로서 프렌드십을 의미한다. 이러한 교원의 프렌드십은 교육을 위해서 헌신하는 직업인으로서 서로 배려하고 공감하는 친구관계이며, 또한 직장생활의 즐거움과 인생의 행복을 느끼게 해주는 가장 중요한 원천이라 할 수 있다.

일반적으로 프렌드십이라고 하면 개인적인 친구관계로 이해하지만 조직 내 프렌드십은 직장상사나 동료를 대상으로 성별, 나이, 신분 등의 차이와 상관없이 직장생활에서 맺어지는 다양한 관계로 보다 넓은 대상을 내포한다. 요즘 교원들이 선호하는 학교를 보면, 과거처럼 편리한 교통과 좋은 학구보다는 학교경영자의 스타일과 학교 분위기를 우선순위로 꼽고 있다. 이 같은 현실은 바로 앞에서 논의한 학교 프렌드십의 특성과 관계가 깊다고 생각된다. 특히 같은 학교에

절친한 동료교사나 상하관계가 있는 교원들은 평생을 동료애로 하고 학교에 대한 깊은 애정을 갖고 근무하므로 직무에 대한 만족도가 높은 것을 알 수 있다. 이와 반대의 교원들은 인간관계에서 오는 불신, 불안, 초조, 외로움 등이 학교의 직무 불만요인으로 작용하여 끝내는 교직을 그만두거나 다른 학교로 떠난다.

학교 내 프렌드십은 학교 구성원 개인의 심리적인 측면에서 안정과 활력을 줄 뿐만 아니라 실제적인 교육의 생산성 증가에도 도움이 된다. 『Friendship』의 저자인 잔 야거(Jan Yager) 박사는 직장 내 친구는 업무결과에 대한 진솔한 피드백을 받을 수 있고, 더 즐거운 직장생활을 갖게 해주며 다양한 대화를 통해 창의성과 생산성을 높여준다고 주장하였다. 또한 서울대학교 송석희 교수는 「상사와 부하 간의 프렌드십에 관한 연구」에서 직장 안에서의 프렌드십은 업무에 대한 구성원의 긍정적인 태도를 유도하여 생산성에 긍정적인 영향을 미친다고 결론짓고 있다.

LG경제연구원이 국내 최초로 우리나라 직장인의 프렌드십(frendship) 수준을 진단해 보았다. 응답자 중에는 국내 대기업 및 중소기업의 직장인들은 물론 IBM, HP, 3M, 듀폰 등 국내에 진출해 있는 외국계 글로벌 기업들에 다니는 직장인 58명도 포함되어 있다. 설문은 총 26개 항목으로 '프렌드십 수준', '프렌드십 특성 및 유형', '주요 정성적 성과요인 인식' 등을 묻는 내용으로 구성되었다.

구체적인 프렌드십 수준 진단의 기준으로는 경영학자들이 기존에 개발해 놓은 '구성원 간의 수직적 및 수평적 관계의 질(quality of relationship)', '상호 접촉 빈도·기회(frequency and opportunity of mutual relationship)', '개방적이고 열린 커뮤니케이션 풍토(open communication climate)', '친구 보유 인식(perception of having a friend)' 등을 사용하였다. 그리고 프렌드십 특성은 이 분야의 권위자이자 미국 갤럽연구소의 수석 컨설턴트인 톰 래스(Tom Rath)가 개발한 8가지 유형(공유형, 길잡이형, 각성제형, 동기부여형, 옹호형, 동반자형, 활력소형, 가교형)을 활용하였다. 프렌드십 수준이 기업의 주요 정성적 성과요인(직무만족·몰입, 팀 성과 인식, 이직의향 등)에 미치는 영향도 알아보았다.

우리나라 직장인 359명을 대상으로 한 조사 결과, 직장 내 프렌드십은 '직장 만족', '직무 몰입', '팀 성과 인식', '이직의향' 등 조직성과 요인에 큰 영향을 미치는 것으로 나타났다.

끈끈한 인간관계라면 한국인을 따라갈 수 없을 것처럼 보이지만, 실제 우리나라 직장인의 건설적인 프렌드십 수준은 100점 만점에 52.4점에 불과했다. 또한 '권위적이고 강압적인 조직의 분위기'와 '업무 과다에 따른 여유 부족' 등이 프렌드십 형성을 가로막는 대표적인 요인들로 꼽혔다.

사실 직장생활 속에서 바람직한 프렌드십이란 상호 간의 신뢰와 존중감 그리고 열린 대화가 가능한 분위기에서 형성된다. 또한 프렌드십은 업무나 직장생활에서 서로에게 필요한 것을 기꺼이 도와주는 조력자의 관계가 될 수 있을 때 의미가 있다. 단순히 끈끈한 감성 터치만으로 프렌드십이 쌓일 수 있다는 생각은 금물이다.

친구는 많으면 많을수록 좋겠지만 현실적으로 바쁜 직장인들이 회사에서 친구 사귀기만 할 수는 없는 노릇이다. 직장인들은 최소한 몇 명의 친구를 보유하는 것이 좋을까? 이들의 연구결과 '조직 내에 3명 이상의 절친한 친구가 있다'고 응답한 구성원이 직장생활의 만족도는 물론 업무성과가 높게 나타났다는 것이다.

프렌드십 유형 8가지로 크게 두 가지 스타일로 나누어진다. 먼저, '공유형', '길잡이형', '각성제형', '동기부여형'으로 대변되는 머리형 스타일로서 이성적인 방식으로 인간관계를 맺는 사람들이다. 다음으로 주로 감성적인 방식으로 인간관계를 맺는 '옹호형', '동반자형', '활력소형', '가교형' 등 이른바 가슴형 스타일에 해당되는 사람들이 있다.

조사 결과를 보면, 직장 상사들의 평소 행동 유형으로는 이성적인 '머리형 스타일(64%)'이 감성적인 '가슴형 스타일(36%)'보다 상대적으로 많다. 세부적으로는 중대한 결정사항에 대해 방향을 제시하는 '길잡이형'과 지적인 자극을 주어 주위 사람들을 성장하게 만드는 '각성제형'이 많았다. 이는 대부분 직장 상사들이 갖추어야 할 지극히 자연스러운 모습일 것이다. 그러나 상하 간에 보다 좋은 관계를 형성하기 위해서는 리더가 이성적인 행동과 함께 감성적인 모습도 균형 있게 보일 수 있어야 한다.

업무에 도움이 되는 사람들은 주로 머리형으로 대변되는 '길잡이형(24%)', '각성제형(16%)', '공유형(13.6%)', '동기부여형(13.2%)' 순으로 나타났다. 반면 직장동료이지만 평생 친구로 삼고 싶은 스타일에 대한 의견은 조금 달랐다. 직장인들은 자신의 의견을 존중해주고 지지해주는 '옹호형(18.2%)'과 어려운 상황에서도 진심을 다해 도와줄 수 있는 '동반자형(18.1%)' 등 주로 가슴형 스타일을 보이는 사람들을 좋아했다. 그러므로 프렌드십 경영을 위해서는 구성원 간 관계의 힘을 강조하는 여건을 조성하고 구성원 간의 충분한 교류를 유도해야 한다. 또한 리더의 커뮤니케이션 스킬 향상에 많은 관심과 지원을 쏟고 조직 내 갈등을 관리하는 프로세스를 정형화하는 데 각별히 신경 써야 할 것으로 보인다.

교원들이 근무하고 싶은 학교에 근무해야 보다 교직에 적극적으로 봉사, 헌신할 수 있다는 것은 이미 연구결과로 알려진 사실이다. 그렇다면 근무하고 싶은 학교는 어떤 학교일까. 그 해답은 바로 학교 분위기가 좋은 학교일 것이다. 분위기 좋은 학교는 학교경영자와 대화가 잘 되는 학교, 동료 간의 친밀도가 높고 다양한 교육정보가 활발히 이루어지는 학교, 조직 간의 소통이 잘 되는 학교이다. 즉 서로 협력하고 '내 것처럼 도와주는' 학교일 것이다. 또한 문제가 생겼을 때 항상 내 편에 서서 대변해줄 수 있는 교장, 교감이 있는 학교라고 할 수 있다.

교원 프렌드십은 좋은 학교를 만드는 근본이 된다. 교원 간 친밀한 관계 속에 이루어지는 활발한 협력과 커뮤니케이션은 교육의 가치를 쉽게 공유하게 하고, 학교조직에 대한 신뢰와 교육에 대한 긍지와 보람, 업무에 대한 자부심을 높이는 데 도움을 주기 때문이다. 이러한 학교 분위기는 근무하기 좋은 학교로 인정받아 외부의 관심을 끌게 되고 우수 교원이 몰리게 되는 긍정적인 효과도 기대할 수 있다.

그러므로 교장은 학교조직 내 프렌드십의 중요성을 인식하고, 상호개방적인 태도나 열린 커뮤니케이션 등 교원의 일상에도 관심을 가지고 격려하고 지원하여 학교경영의 새로운 전략을 세워야 한다. 교원 상호 간의 자연스럽고 활발한 교류를 유도하여 교직 수행능력을 높이고, 조직의 변화를 촉진하는 학교 내 프렌드십을 적절하게 관리하는 것이 학교조직 경쟁력 제고 측면에서 매우 중요하다는 것을 깨달아야 할 것이다.

PART

학교 소통, 어떻게 할 것인가?

21세기 정보화 사회는 변화의 속도가 매우 빠르고 생산되는 정보의 양도 매우 많아서 흔히 정보의 홍수시대라고 말하기도 한다. 이러한 사회 패러다임의 변화는 교육 패러다임(paradigm))의 변화를 함께 요구하고 있다. 따라서 우리는 변화하는 사회환경에 적응하고 나아가 사회의 변화를 주도할 수 있는 교육 방안을 계획하고 실행할 수 있는 준비가 필요하며 그러한 계획을 실행할 능력도 아울러 갖추어야 할 것이다.

빠른 시대의 변화 앞에서 인간 삶의 방식도 점점 복잡해지고 그에 따라 다양한 어려움이 나타나고 있다. 그중에서 인간과 인간의 관계가 복잡해지고 다양해지면서 소통이 새로운 화두로 떠오르고 있다. 이처럼 사회 속에서 인간의 삶이 커뮤니케이션의 연속인 이상, 커뮤니케이션은 인간의 모든 활동을 포괄하고 있다고 해도 과언이 아닐 것이다.

학교에서도 교사와 학생, 교사와 교사, 교사와 학부모 등 모든 관계가 소통의 망 속에서 생활하고 있다. 소통은 모든 직장인이 성공하는 데 있어 가장 핵심적인 요소임에는 틀림이 없다. 학교를 비롯하여 국가기관이나 기업에서 소통이 가장 큰 비중으로 자리 잡고 있는 것은 오늘만의 일이 아니다. 소통이 원활하지 못하면 당장 갈등으로 표출되고 그 결과는 성과로 나타나기 때문이다.

이젠 과거처럼 경영자의 일방적인 소통으로는 기업이나 직장의 성과를 기대할 수 없다. 소통의 부족은 새로운 문제를 낳을 뿐 아니라 기존 문제도 해결할 수 없음을 인식해야 한다. 그러므로 요즘에 강조되는 의사결정은 경영자의 일방적인 Top-down[4] 식이 아니라 Bottom-up[5] 식으로 해야 한다는 주장이 설득력을 얻고 있다. 최근 학교경영에서도 보다 많은 교직원들이 학교경영에 직접 참여하여 보다 민주적이고 합리적인 의사결정 방식을 택하고 있다.

나와 타인 간의 관계에서 서로 전달되는 내용들이 얼마나 설득력 있고 진실한 것이냐에 학교조직의 신뢰관계가 형성된다. 직장의 갈등은 조직 간, 개인 간의 불신에서 시작된다는 점에서 볼 때 이런 갈등의 해결 실마리는 조직원 상호의 진실한 소통에서 출발해야 할 것이다. 구체적으로 자신의 생각을 전달하고, 상대방의 의사를 받아들이고, 서로의 메시지로 상호관계를 맺는 것의 중심에는 신뢰가 있어야 한다. 즉 사람들이 당신을 어떻게 생각하는지, 사람들이 당신의 메시지를 이해했는지, 그들이 당신을 믿었는지를 통해 소통이 일어난다.

KBS 아나운서이자 스피치 커뮤니케이션 박사인 김은성은 "두려움

---

4) Top-down: 위에서부터 말단까지 조직화된, 하향식의.
5) Bottom-up: 하급자에서 비롯된, 상향식의.

을 버리고 소통하여 상대방의 마음을 사로잡는 소통의 법칙으로 공감, 경청, 통합, 스토리텔링, 명료성, 반복과 자극, 진정성"이라고 하였다. 일반적으로 신뢰성의 본질적인 요소는 능력, 침착성, 인성, 사교성, 활력 등이라고 할 수 있으므로 믿음직한 경영자가 되기 위해서는 이들 요소를 갖춰야 한다고 본다.

어느 시인은 "만남에서 동반까지는 희로애락의 아흔아홉 고개를 넘어야 한다"고 하였다. 그만큼 인간관계가 쉽지 않다는 것을 의미한다. 요즘 직장인들의 생활이 힘든 이유 중 하나가 업무의 어려움이 아니라 다양한 인간관계에서 오는 스트레스일 것이다. 그런 이유로 새롭게 '소통'이 떠오르는지도 모른다. 아무튼 소통은 인간관계의 윤활유이며 진실한 소통이야말로 인간 삶의 질을 높이는 비결이기도 하다. 소통이 원활하지 않으면 기분이 시원치 않고 끝내는 신체적인 고통으로 옮겨간다.

소통의 기본은 배려와 경청이라고 할 수 있다. 소통의 기본은 상대방의 입장에서 상대방의 마음을 헤아릴 줄 아는 역지사지에 있다. 그래서 소통은 공감대를 형성하여 상대방을 설득한다. 연설자는 청중을 가르치는 사람이 아니라 그들을 격려하여 전달하고자 하는 문제나 주제에 관하여 공감하도록 설득하는 것이다. 그러므로 연설을 할 때는 연설자는 먼저 청중의 특성을 분석하고 그들의 수준에 맞는 이야기로 그들의 목표와 기대, 가치에 중점을 두고 이야기해야 그 목적을 달성할 수 있다.

앞에서 살펴본 바와 같이 소통의 특징은 '공감대 형성, 경청, 통합, 스토리텔링, 명료성, 반복과 자극, 진정성' 등이라고 할 수 있다. 그 한 예로 오프라 윈프리(Oprah Winfrey)는 1시간 동안 진행되는 토크쇼에서 말을 하는 시간은 대략 10여 분 정도이고 남은 50여 분은 상대방과 눈을 맞추고 고개를 끄덕이며 이야기가 끊이지 않도록 질문을 던져준다는 것이다. 그리고 그녀는 항상 초대 손님과의 포옹을 빼놓지 않는다고 한다. 이것은 바로 오프라 윈프리(Oprah Winfrey)가 '모든 사람에게 따뜻하다'는 이미지를 심어주어 토크쇼의 진행자로서 명성을 얻을 수 있었던 커뮤니케이션이라고 할 수 있다.

원활한 소통이 이루어지기 위해서는 다음과 같은 점을 실천해야 한다.

첫째, 먼저 자신을 열고 상대방을 열린 마음으로 대할 때 서로의 진실성을 이해하고 원활하게 소통할 수 있다. 이렇게 하려면 자신의 내면과 생각을 제대로 이해해야 자존감을 갖고 당당하고 건강하게 세상과 소통할 수 있는 힘이 생기게 된다. 그리고 자신의 진정한 모습을 바르게 볼 수 있을 때 비로소 나와 타인의 진정한 소통이 이루어진다.

둘째, 자신을 비워야 다른 사람의 신뢰와 공감을 받을 수 있다. 즉 자신의 왜곡된 생각을 버리고 다른 사람의 입장에서 생각하고 이해해야 한다는 것이다. 대중가요의 가사처럼 "…… 입장 바꿔 생각해봐 니가 지금 나라면 넌 그럴 수 있니……" 이처럼 소통은 나는 물론이고 다른 사람의 입장을 한 번 더 생각하는 기술인 것이다. 타인을 이해한다는 것은 자신의 모습을 타인의 입장에서 볼 수 있다는 것이다. 우리가 흔히 말하는 역지사지인 것이다. 타인의 입장에서 나를 생각할 수 있다면 나 또한 타인을 이해 못 할 이유가 없으므로 소통이 가능한 것이다. 소통은 타인의 입장에서 긍정적으로 이해하고 경청해야 이루어진다.

셋째, 소통은 자신의 열등감을 버려야 한다. 열등감은 자신의 본래 모습을 볼 수도 이해할 수도 없게 한다. 열등감은 자기 자신을 방어하고 자꾸 숨기려 하며 상대방에게 마음의 문을 열지 않기 때문이다. 오프라 윈프리(Oprah Winfrey)는 토크쇼에서 자신의 열등감인 빈민가 출신, 사생아, 흑인, 14세 미혼모 등 모든 것을 진솔하게 말해 청중들로부터 공감을 받았다. 이처럼 그녀는 자신의 열등감을 감추기보다 진솔하게 밝힘으로써 청중들로부터 신뢰와 공감을 얻은 것이다.

넷째, 소통의 최후방법으로 상대방과 협상해야 한다. 우리는 매일 협상을 하며 살아간다. 소통이 원활하지 못할 때 최후의 방법이 상대방과 선의의 협의인 것이다. 하지만 대부분 사람들이 협상을 모르며, 어떻게 협상해야 잘 해낼 수 있는지도 모른다. 효과적인 협상을 위해서는 우리의 목표뿐만 아니라 상대방의 목표도 이해하려고 노력해야 윈-윈(win-win)의 결과를 얻을 수 있다. 하지만 아무리 뛰어난 협상이라 해도 상대방으로부터 오히려 비난을 받아 평판과 신용을 떨어뜨려서는 역효과를 가져올 수 있으므로 주의해야 한다.

소통은 조직 간, 개인 간 신뢰를 기본으로 하여, 서로 마음을 열어 긍정적인 사고를 하고 스스로 목표를 향해 갈 때 좋은 직장 문화를 형성할 수 있다. 학교에서의 소통방법은 교직원 간의 수평적인 대화에서 출발해야 한다. 대화 속에서 교직원의 불만이나 갈등을 찾아 이를 줄일 수 있는 대안을 모색하고 교직원의 근무여건을 개선하여 사기를 진작시켜야 교직에 보람을 가질 수 있다.

학교의 소통은 모든 교직원들이 자율적으로 학교의 비전을 향해 가는 것이다. 요즘처럼 빠르게 변화하는 시대에 학교에서의 소통문화는 새로운 교육혁신에 중요한 변인임을 인식해야 할 것이다.

건강한 학교 커뮤니케이션

요즘 조직경영에서 주요한 화두인 소통은 학교경영에서도 그 중요성이 강조되고 있다. 이 같은 이유는 건강한 소통은 교직원 상호 간에 교육 관련 정보와 지식을 공유함으로써 교직원의 집단적 창의성을 높이고, 신뢰와 믿음의 학교조직문화를 형성할 수 있기 때문이다.

행동과학자들은 조직구성원이 일하는 시간의 약 70%는 커뮤니케이션 활동이라고 하였다. 이러한 커뮤니케이션은 주로 읽고, 쓰고, 말하고, 듣기 등의 활동이라고 할 수 있다. 그러나 우리의 일상생활을 보면, 이외에도 눈빛, 손짓과 같은 몸짓 언어, 눈치, 분위기 파악, 정서적 교감 등과 같은 감성적 커뮤니케이션을 더 많이 사용하고 있다. 이러한 커뮤니케이션 행동까지 포함한다면 커뮤니케이션은 인간의 활동 시간의 전부라 하여도 과언이 아닐 것이다.

커뮤니케이션 활동은 학교조직 내에서는 관리자와 교사, 교사와 교사, 교사와 학생, 교사와 학부모, 교사와 행정직 간에 여러 대상으로 다양하게 이루어지고 있다. 사실 학교조직에서 커뮤니케이션 활동이 얼마나 많이 이루어지느냐보다는 '얼마나 건강하게 이루어지는가'가 중요하다고 할 수 있다. 물론 교사는 교직원 동료 간의 소통은 말할 것도 없거니와 특히 학교 관리자와 학부모와의 관계에서 간혹 오해와 갈등을 가져올 때가 있다. 이러한 결과는 학교조직의 성과나 발전에 직접적인 영향을 미치므로 학교 구성원 상호 간의 이해와 노력이 필요하다.

학교조직에서 건강한 커뮤니케이션은 다음과 같은 긍정적인 효과를 기대할 수 있다.

첫째, 학교 구성원이 학교교육 목표를 향한 바람직한 행동동기를 부여한다.

건강한 소통문화가 정착된 학교조직은 학교 구성원이 학교의 비전을 향해 행동하게 하는 강한 동기를 지닌다. 교직원들은 학교가 목표하는 바를 알고 스스로 목표달성을 위하여 노력함으로써 높은 교육성과를 얻을 수 있고 또한 교직원 간의 크고 작은 갈등도 사라지게 한다.

둘째, 교직원의 건강한 인간관계 형성은 교직 만족감과 정서적 만족감을 높인다.

건강한 커뮤니케이션은 서로가 느끼는 불만과 고충을 나누고 행복한 감정을 교류하고 공유함으로써 교직원들 간의 정서적 연대감과 친밀감을 높인다. 이러한 정서적 만족감은 좋은 학교문화 형성으로 이어져 교직에 대한 만족감을 높이게 된다. 사실 인간은 누구나 자기 감정을 표출하고 교환하고자 하는 사회적 상호작용 욕구가 잠재되어 있다. 이러한 욕구는 건강한 소통을 통하여 정서적 만족감을 높이고,

학교경영에 직접 참여함으로써 궁극적으로는 신뢰와 믿음의 학교조직 문화를 형성하게 되는 것이다.

셋째, 교육 관련 정보와 지식을 공유함으로써 집단적 창의성을 창출한다.

교직원들은 다양한 전문지식과 정보를 많이 가지고 있는 집단이다. 이러한 좋은 정보와 다양한 지식이 학교조직 내에서 서로 공유되고 재창조될 수 있을 때 집단적 창의성을 발휘할 수 있다. 집단적 창의성은 학교조직문화가 신뢰와 믿음을 바탕으로 수평적이면서도 유연성을 갖추었을 때 가능한 것이다.

학교조직 내에서 원활하고 건강한 커뮤니케이션 활동은 말처럼 쉬운 일이 아니다. 한 인간에게 커뮤니케이션 능력은 단기간에 이루어지지 않으므로 어릴 때부터 학교교육에서 형성된 인간관계와 인성교육이 기초가 되며, 조직원들과 함께 사람을 통해서 일하는 것에 초점을 맞춰야 높은 성과로 이어질 수 있다.

특히 우리나라와 같이 전통적 유교 중심 문화와 관료적인 공직사회 구조에서는 수평적 커뮤니케이션보다는 상의하달의 수직적 구조를 형성하고 있어 효율적인 소통이 어렵다. 그러므로 소통의 방법인 대화방법 역시 수평적인 대화보다는 수직적인 대화가 대부분으로 아랫사람은 말하기보다는 듣는 중심이며, 그리고 윗사람의 관대함보다는 아랫사람이 항상 이해하고 양보해야 하는 실정이다. 이러한 전통적인 구조하에서 건강하고 원활한 소통은 기대하기 어렵기 때문에 학교에서는 커뮤니케이션 능력과 인간관계 능력을 키울 수 있는 실질적인 기회를 부여해야 할 것이다.

그렇다면 학교조직에서 건강한 학교 커뮤니케이션 활동의 저해요인은 무엇인가.

첫째, 학교조직 구성원의 커뮤니케이션의 다양성에 대한 이해가 필요하다.

학교조직 내 소통이란 주로 학교 관리자와 직원 간 혹은 교직원 상호 간의 다양한 생각과 아이디어, 교육 관련 정보 또는 감정상태가 효과적으로 전달되고 공유되도록 하는 것을 말한다. 이러한 소통은 공식 혹은 비공식적, 수평 혹은 수직적, 상향 혹은 하향적, 언어 혹은 비언어적 등 다양한 형태로 이루어지고 있다. 그러나 일부 학교 관리자들은 관료적인 관습에 벗어나지 못하고 쌍방향이 아닌 일방적인 소통으로 교직원들의 불만을 초래하고 있다.

최근 SNS는 실시간 어디에서나 이메일과 메신저로 소통할 수 있는 환경을 만들고 있다. 이러한 소통 채널과 방식은 교육환경의 대변혁을 예고하고 있지만 이를 활용하는 교직원들 스스로가 적극적으로 소통하지 않는다면 무용지물이 되고 만다. 다시 말해서 아무리 좋은 취지와 생각이라도 다른 사람에게 제대로 전달되고 이해되지 않으면 소용이 없기 때문이다. 그러므로 완전한 소통을 위해서는 전달하고자 하는 메시지나 의미가 충분히 상호 간에 이해되고 공유될 수 있어야 한다.

둘째, 학교 구성원의 심리적인 편향성은 오해와 갈등을 낳는다.

교직원들은 다른 사람들보다 권위적이고 보수적이며 자기주장이 강하다. 이들에게 잠재되어 있는 심리적 편향성은 건강한 소통을 방해한다. 그래서 교직원 간의 상충된 의견들로부터 오해와 갈등을 겪는 경우가 많다. 특히 전공이 다르고 다양한 가치관과 배경은 교직원들 간에 발생하는 오해와 갈등의 문제도 유사한 심리적 편향성 때문이라고 할 수 있다. 또한 학교경영자의 지나친 권위와 강압적인 리더십은 학교 커뮤니케이션을 왜곡시키는 주된 원인이 된다.

셋째, 학교경영자의 신뢰와 일관성의 결여는 커뮤니케이션 활동을 저해한다.

스탠포드대학 심리학과 앨버트 반두라(Albert Bandura) 교수는 "행동이 말보다 더 큰 목소리를 낸다. 사람들은 말과 행동의 불일치에 직면할 때 말보다는 행동을 기준으로 판단하는 경향이 있다"라고 지적한다. 이는 리더들이 보이는 솔선수범의 행동 하나는 수백 마디의 말보다 더 큰 위력을 발휘할 수도 있다는 얘기다. 즉 신뢰와 믿음에 기초한 소통을 할 수 있느냐를 결정짓기 때문이다. 반대로 일관성 없는 리더의 행동은 부하 직원들의 불신과 냉소를 유발시킬 수 있다.

이와 같이 학교조직 내에서 건강한 커뮤니케이션은 아무런 준비 없이는 이루어질 수 없다. 앞에서 언급한 바와 같이, 우선 학교의 특성과 여건에 맞는 커뮤니케이션 방식과 채널의 적절성을 찾아 학교 구성원 모두가 긍정적으로 합의하고 노력이 병행되어야 성공할 수 있다.

팀 리더 커뮤니케이션

요즘 모든 직장의 조직이 기능 중심의 조직에서 단위업무 중심의 팀 단위로 옮겨가고 있다. 팀으로 구성한 원인은 여러 가지가 있겠으나 팀은 소수의 사람들로 구성되어 구성원 간에 긴밀하게 상호작용을 가능케 하고 조직의 유연성을 보장한다는 것이다. 또한 팀은 기존의 부서 중심의 조직보다 비효율과 낭비요인을 줄이고 새로운 환경에 융통성 있게 대응하는 특성이 있다.

이러한 팀의 성공요인은 새로운 리더십 발휘, 조직의 공유가치, 명확한 목표제시, 능력과 특성에 맞는 역할 분담 등 여러 가지가 있겠지만, 그중에서 가장 중요한 요인은 팀 리더의 커뮤니케이션 역량이라고 할 수 있다.

팀 조직 전문가인 맥 밀런(Mac Millan)은 높은 성과를 보이는 팀의 가장 기본적인 특징으로 개방적이고 솔직한 커뮤니케이션을 지적한 바 있다. 개인과 개인, 조직과 개인은 커뮤니케이션을 통해 서로의 생각과 의견을 자유롭게 주고받아 업무개선뿐 아니라 팀의 유대감을 발휘함으로써 팀의 성과를 향상시킬 수 있다.

팀의 커뮤니케이션 역량을 높이려면 다음과 같은 조직의 구조 개선이나 커뮤니케이션을 위한 교육 등이 필요하다.

첫째, 팀 리더의 커뮤니케이션 역량이 개선되어야 한다. 팀의 분위기는 팀 리더에 따라 다르다. 팀 리더가 민주적이고 인간적인 리더십을 발휘하면 팀원들은 상사와 편안한 대화를 할 수 있지만 그렇지 못할 경우는 자유로운 대화마저 사라진다. 조직 내에서 커뮤니케이션이 활성화되려면 먼저 팀 리더와 구성원이 서로 허심탄회한 대화를 주고받을 수 있는 수평적인 대화 분위기가 형성되어야 한다. 다시 말해서 팀원 개개인의 생각이나 견해를 자연스럽게 꺼낼 수 있는 대화 분위기는 필수이다. 리더와 팀원, 팀원 간의 대화가 상하관계가 아니라 동료 관계로 이뤄져야 한다.

둘째, 팀 리더는 구성원의 의견을 언제든지 경청하고, 이들의 의견을 팀의 의사결정에 적극 반영하겠다는 태도와 자세가 구성원으로부터 인식되도록 노력해야 한다. 팀원들은 자신들의 의견을 들어주고 배려해줄 때 충성심을 발휘하게 된다. 그러므로 팀 리더는 항상 팀원들에게 관심을 기울여 요구를 살피고 이를 이해하고 도와줌으로써 팀원들이 조직업무에 적극 참여하고 소통하여 조직의 헌신성을 끌어올릴 수 있다.

셋째, 동료들 간의 편안한 인간관계를 형성할 수 있도록 공간과 시간을 제공해주는 것이 필요하다. 즉 상호 간 별 부담 없는 대화를 할 수 있는 기회를 제공해줌으로써 보다 인간적인 관계를 만들어 갈 수 있도록 해주는 것이다. 편안한 인간관계는 조직 내 공식적인 관계보다는 비공식적인 관계를 통하여 형성하는 것이 효과적일 수 있다.

넷째, 팀 리더는 팀원들의 대화를 가로막거나 내용을 비판해서는 안 되며, 팀원들의 이야기를 끝까지 들어주고 그 내용을 조직 상사에게 피드백할 수 있는 자세가 필요하다. 팀원들의 대화에 끼어들거나 비판적인 의견은 팀원들의 진솔한 이야기를 줄이게 되는 원인이 된다. 팀원들의 여러 가지 이야기 속에서 창의적인 아이디어를 발견할 수 있지만 때론 조직에 대한 불평이나 불만 그리고 구성원 간 갈등을 유발할 수도 있다. 갈등도 리더가 적절한 수준을 고려하여 잘 관리하고 해결해준다면 오히려 조직에 활력을 불어넣어 줄 수 있고 구성원이 보다 창의적인 아이디어를 창출할 수 있다.

팀 리더는 구성원 간의 갈등을 적절히 관리함으로써 그 부정적 영향을 최소화하면서, 팀 내에서 대화와 토론이 활발하게 이루어지도록 조직 분위기를 조성해줘야 생산적인 갈등관리를 할 수 있다.

학교의 팀 리더는 학교경영자와 교사 간의 역할을 하는 부장교사라고 할 수 있다. 부장교사는 교장이나 교감, 타 부장들과 원활한 접촉으로 교육정보를 공유하고 학교교육활동의 주요 의사결정 내용이나 흐름을 명확히 인지하고 이를 팀원들에게 신속하게 제공해주어야 한다. 이렇게 함으로써 팀원들은 팀 업무의 내용이나 그 실현 가능성을 예견할 수 있어 업무의 추진력과 성공률을 높일 수 있다. 또한 모든 학교업무의 현황을 인식하고 파악함으로써 주인의식과 책임감을 갖고 적극적으로 커뮤니케이션에 참여할 수 있다.

팀 리더의 커뮤니케이션 역량을 강화한다는 것은 쉬운 일이 아니다. 하지만 팀 리더가 혼자 고민한 아이디어보다 다른 구성원과 원활한 커뮤니케이션을 통해 창출된 아이디어가 더 나을 것이라는 믿음을 갖고 지속적인 노력을 기울인다면 보다 쉽게 학교교육 목표를 달성할 수 있을 것이다.

교장 커뮤니케이션

성공적인 리더는 직원들의 직무수행을 통해서 좋은 성과를 얻을 수 있기 때문에 리더가 제 역할을 수행하기 위해서는 자신의 뜻을 직원들에게 잘 전달할 수 있는 커뮤니케이션 역량이 매우 중요하다.

미국의 작가인 스튜어트 체이스(Stuart Chase)는 "우리는 커뮤니케이션의 바다에 살고 있다. 그러나 물속에 사는 물고기가 물속에 있는 것을 모르는 것처럼 우리도 이를 깨닫지 못하고 있다"고 말했다. 이 말처럼 우리들의 일상적인 삶은 커뮤니케이션의 연속이다. 무인도에서 혼자 살고 있는 사람이 아니라면 누구나 다른 사람과 수시로 의사를 주고받는 소통을 하면서 살아가고 있다.

과거의 교장은 교장이라는 직위와 권위로 직원들의 업무를 지시하고 통제하고 감독하는 업무를 수행해왔으나 지금은 그와 반대로 직원들의 요구나 어려운 점을 찾아 도와주고 해결해주는 서번트 리더십(servant leadership)을 발휘해야 좋은 교장이라는 평을 받는다. 이처럼 교장은 직원들과의 신뢰 있는 상호작용을 통해서 교육의 성과를 만들어낼 수 있으므로 직원들과의 커뮤니케이션은 학교경영의 중요한 요소가 되고 있다.

아무리 탁월한 학교경영 역량을 가진 교장이라 할지라도 혼자서 학교의 모든 일을 할 수는 없다. 교장이 직원들과 믿음과 신뢰 속에서 적절히 직무를 배분하고, 학교의 비전을 함께 설계하고 실천해야 학교가 뜻하는 본래의 목표를 성취할 수 있다.

학교경영 능력이 뛰어난 교장이 되려면, 교원들의 수업업무를 포함하여 잠재능력을 파악하여 적재적소에 배치하고, 그 업무를 잘 수행하도록 옆에서 도와주면서 동기 부여할 수 있는 커뮤니케이션을 잘해야 한다. 지금까지는 교장의 경영지식이 곧 경영능력으로 평가받았지만 앞으로는 직원들의 감정을 얼마나 잘 읽어내고 종합하느냐가 중요한 학교경영능력이며, 직원들을 설득하고 협상하기 위해서는 공감하는 능력, 커뮤니케이션 능력이 갈수록 요구될 것이다.

경영의 대가인 피터 드러커(Peter Drucker)는 "기업에서 발생하는 문제의 60% 정도는 잘못된 커뮤니케이션에서 비롯된다"면서 리더들이 커뮤니케이션에 있어 보다 많은 주의를 기울여야 된다고 강조했다. 물론 커뮤니케이션의 중요성을 모르는 리더들은 없지만 커뮤니케이션을 잘 한다는 것이 그리 쉬운 일이 아니다. 교장이 커뮤니케이션을 잘 하기 위해서는 먼저 자신의 생각을 직원들이 잘 이해할 수 있도록 전달해야 한다. 그러기 위해서는 먼저 직원들의 의사나 욕구를 예견하고 파악하여 이들의 생각과 행동을 자신이 원하는 방향으로 끌고 갈 수 있는 전략이 필요하다. 또한 이해와 설득이라는 커뮤니케이션으로 교장은 말을 너무 많이 하는 것보다 핵심적인 한두 마디로 압축

된 메시지를 전달하는 것이 효과적인 방법이다. 이렇게 하기 위해서는 교장이 전달하고자 했던 핵심 메시지를 정확히 파악하고 이해하기 쉬운 말로 간단명료하게 설명해야 주변 메시지들에 묻히지 않고 전달할 수 있다.

요즘 학교에서 커뮤니케이션 전달의 대표적인 방법이 메신저다. 쉴 시간 없이 오는 메신저는 우선 신속성이라고 할 수 있지만 회의와 같은 언어적 표현보다는 수신자의 부담이 없는 문자메시지이기 때문에 좋다고 할 수 있다. 반면 정보전달의 책임성에 대해서는 좀 더 생각해야 할 문제이다.

1960년대 메라비언(Albert Mehrabian)[6]과 페리스는 오랜 실험을 통해 '커뮤니케이션＝말(10%)＋목소리(30%)＋얼굴 표정(60%)'이란 공식을 제시한 바 있다. 이 공식의 의미는 커뮤니케이션의 상대방은 가장 먼저 시각적인 요소인 얼굴 표정이나 몸짓에 집중하고, 그 다음에 음성적 요소인 목소리에 주의를 기울여야 한다는 것이다.

커뮤니케이션은 듣고 말하는 것을 아우르는 용어이지만 우리는 듣기와 말하기가 이분화되어 있는 시대에 살고 있다. 대부분의 사람들은 들리는 것의 25퍼센트만을 제대로 듣고 나머지 75퍼센트는 그냥 흘려듣는다. 이 25퍼센트는 자신이 듣고 싶은 이야기일 것이다. 누군가를 만났을 때 그 사람의 이야기를 귀 기울여 듣는 것은 타인에게 호감을 주는 최고의 방법 가운데 하나다. 상대방의 말에 관심이 있으며 상대방을 존중한다는 것을 나타내기 때문이다.

---

6) 미국의 메라비언(Albert Mehrabian) 교수는 기존의 커뮤니케이션 이론과 상충하는 이미지 메이킹 이론을 내놓았는데 사람의 이미지를 결정하는 것은 표정, 자세, 몸짓 같은 시각적 요소가 55%, 말투, 억양, 음색 같은 청각적 요소는 38%, 말의 내용이 주는 영향은 불과 7%라는 것이다.

일반적으로 내가 이야기하는 만큼 상대방의 이야기를 듣는 것이 현대 커뮤니케이션의 기본태도다. 이러한 균형이 적절하게 유지되지 않을 때 갈등은 더욱 심해지고 대화를 하기보다는 체념해버리기 쉽다. 균형 있는 커뮤니케이션을 위해서는 대화의 '정성스러움'이 있어야 하며, 뭔가를 꼭 전달하고 싶을 때는 그것을 표현하고자 하는 정성스러움이 필요하다는 것이다.

그러나 학교의 현실은 그렇지 못하다. 대부분 회의나 협의는 교장이나 교감의 일방적인 전달로 끝나기 때문에 쌍방향의 커뮤니케이션이 아니라 일방소통의 전달이 되는 것이다. 이런 한 방향적 커뮤니케이션은 단기적으로는 효과가 크지만, 장기적인 면에서는 상하관계가 더 멀어져 공감대를 형성하지 못한 나머지 결국 커뮤니케이션의 어려움을 겪게 된다.

효과적인 커뮤니케이션이 되기 위해서는 교장은 듣는 사람이 어떻게 받아들이고 있는지를 파악하면서 적절하게 커뮤니케이션의 방법과 내용을 바꾸어야 한다. 또한 교장은 자신이 말하기보다는 직원들의 이야기를 잘 경청하는 데 더 많은 시간을 들여야 한다.

리더십 전문 컨설팅 회사 링키지(Linkage Inc.)의 CEO인 필 하킨스(Phil Harkins)[7]는 뛰어난 리더는 다른 사람이 먼저 말하게 하고 자신은 듣는 '70-20-10의 규칙'을 따른다고 말한다. 즉 대화의 시간 중 70%는 상대방의 이야기를 듣고 20%는 적절한 질문을 던지고, 나머지 10%는 지금까지의 대화내용을 정리하고 향후의 방향을 제시하는 데

---

7) 필 하킨스(Phil Harkins)는 글로벌 컨설팅 회사인 링키지 주식회사의 회장이자 CEO다. 지은 책으로 『파워풀 커뮤니케이션: 영향력 있는 리더는 어떻게 의사소통 하는가』, 『클릭!』, 『리더십 코칭의 기술과 실제』 등이 있다.

사용한다는 것이다.

커뮤니케이션 스타일은 사람마다 다르게 형성되어 있다. 그리고 그 스타일은 경험을 통해 몸에 배어 잘 바뀌지 않는 일종의 습관과도 같은 것이다. 자신의 커뮤니케이션의 스타일을 반성해보고 직원들을 먼저 배려하여 공감을 얻을 수 있는 교장이 되기 위해서는 좋은 커뮤니케이션 습관을 위해 지금부터라도 부단한 노력을 기울여야 할 것이다.

Step 6

마음을 읽는 교육

향기 나는 교육

임진년의 새해가 밝았다. 먼저 교육에 희망과 감동을 주는 한 해였으면 한다. 지난해는 정말 되돌아보기 싫을 정도로 교육에 있어서 치부를 드러낸 한 해였다. 세밑까지 얼룩진 학생 자살 사건은 온 나라를 뒤흔들었다. 우리나라 교육이 이 지경에 이르기까지 학교는 무엇을 했고, 교사는 무엇을 가르쳤으며, 학부모는 어떤 가정교육을 했는지 더 이상 얼굴을 들 수도 입을 열 수도 없는 처지에 이르렀다.

새해에는 우리의 교육이 환골탈태하는 모습을 보여줘야 교육수요자로부터 신뢰를 회복할 수 있다. 교육이 교육 본래의 모습으로 되돌아가야 올바른 교육을 할 수 있다. 다시 말해서 교사는 교사의 위치에서 학생은 학생의 신분에서 역할을 다할 때 바람직한 교육이 이루어진다는 것이다.

21세기 들어 우리 교육에 많은 변화가 있다. 사회적으로는 근래 들어 경제 불황으로 인한 사회교육의 필요성이 다시 주목받고 있으며,

학교교육의 패러다임도 많은 변화를 거듭하고 있다.

첫째, 학습의 장소와 시간의 개념이 변했다. 전에는 학습의 공간이 학교로 한정되어 있었으나 요즘은 인터넷의 발달로 장소와 시간에 구애받지 않고 학습자가 원하는 장소, 원하는 강사, 원하는 시간에 자유롭게 학습할 수 있는 상황이다.

둘째, 교육이 교수자 중심 교육에서 학습자 중심의 교육으로 변화했다. 이제는 교사가 학생을 선택하는 것이 아니라 학습자가 교사를 선택하고 심지어 평가하는 시대가 되었다. 이는 학습자의 요구에 맞는 맞춤형 교육이 필요하다는 것이다.

셋째, 교육이 훈련에서 학습으로 바뀌어가고 있다. 이전의 교육은 반복과 훈련이 주를 이루었다면 현대의 교육은 학습자의 요구와 학습자의 유형에 맞는 교육을 제공함으로써 교육의 효율성을 추구하는 것이다. 반복적인 훈련으로는 교육의 효과에 한계가 있을 수밖에 없다. 이젠 교육은 훈련이 아니라 학습자가 학습의 의지를 가질 수 있게 하는 것이 되어야 한다.

지금까지 우리 교육은 학교교육에만 의존해왔다. 그러나 급격한 교육환경의 변화는 학교교육의 한계를 드러내게 하였다. 학교교육만으로 학교의 여러 가지 문제점과 혼란을 스스로 해결할 수 없는 처지에 이른 것이다. 이 같은 혼란이 온 원인을 살펴보면 다음과 같다.

첫째는 가족구성원의 변화다. 과거의 대가족과는 달리 현대의 소가족 구조는 개인 중심의 독립성을 강조했고 더불어 부모들의 직장생활은 자녀와의 대화를 단절시켰다. 게다가 요즘 학생들은 대부분 왕자와 공주처럼 자라서인지 보다 이기적이고 독립적이어서 경쟁과 협조 등이 조화되지 못하고, 단순하면서도 직선적이어서 다른 사람과 어울려 살아가는 데 필요한 갈등과 마찰을 극복하지 못하고 있다. 특히 자기중심의 융통성이 부족한 인성은 정서적으로 불안하며, 고독하고, 공격적인 학생이 많다는 특성을 가지고 있다.

둘째는 어른들이 어른다운 역할을 못 하고 있다는 것이다. 어른은 학생교육의 모델이다. 국가의 지도자인 국회의원이나 지식인들의 폭언이나 폭행을 보면 과연 우리 학생들이 무엇을 배우고 따르라는 것인지 걱정스럽기까지 하다. 최근에는 법조인들까지 비윤리적인 언행으로 우리 사회를 혼란에 빠뜨리고 있다.

셋째는 교권의 추락이다. 바른 교육은 교육의 기본질서가 확고해야 가능하다. 교육의 권한인 교권이 지금처럼 추락하고 교사의 권위가 학부모나 학생들로부터 신뢰를 잃어버린 상태에서는 정상적인 교육을 기대할 수 없는 것이다. 더욱이 몇몇 교육수장들의 교권보다 학생인권을 강조하는 교육정책이 난무한 상태에서는 더 이상 제2, 제3의 학교폭력을 막을 수 없다. 교육은 교권이 바로 서야 학생들을 올바르게 지도할 수 있다. 교원의 권위는 권력이 아니다. 학생을 지도할 수 있는 기본적인 지도력으로서의 권한인 것이다. 성숙자인 교사가 미성숙한 학생들을 교육할 수 있는 제도나 정책에 힘을 실어주어야 교원의 사기와 열정이 나오는 것이다. 지금처럼 학생이나 학부모의 눈치만 살피는 교육정책으로 일관하는 한 교육의 문제에 대한 답은 기대하기 어렵다. 정부나 교육가족이 함께 머리를 맞대고 진지하게 논의하고 협력해야 해결할 수 있다.

넷째는 교육수요자로부터 신뢰를 잃었다. 교육은 믿음과 신뢰 없이는 바람직한 성과를 기대할 수 없다. 교육전문가인 교사들에게 자율과 권한을 주어야 한다. 한 나라의 교육정책이 정권과 정파에 흔들리는 한 교육의 성과는 허상에 불과하다. 그래서 우리는 교육을 백년 지대계라고 했다. 교육선진국의 교육정책들은 정권이 바뀌어도 계속된다. 이러한 점에서 우리의 교육정책들은 교육정책자의 치적을 위한 교육정책이나 제도는 아닌지를 진지하게 반성해야 할 것이다. 이젠 교육을 교육전문가인 교원들에게 되돌려주어야 한다. 간섭과 감독보다는 자율과 책임을 학교와 교원에게 주어야 진정한 교육을 기대할 수 있다.

교육문제는 학생들의 눈높이에서 들여다보면 그 해결점이 보인다. 요즘 학생문제는 요즘만의 문제는 아니었다. 과거에도 존재한 문제였지만 학교 내 교사들의 적극적인 지도력을 발휘할 수 있어서 크게 표면화되지 않았다. 그러나 지금의 교육환경은 교사의 학생지도력인 교권이 상실되고 책임 있게 교육할 수 있는 정책이나 제도가 뒷받침되지 않아 자율적인 지도가 어렵다. 단지 원하는 학생에게 제공할 수 있는 지식교육이 고작이다. 그러므로 교사들에게 교권을 되돌리는 정책과 법적 제도가 필요하다.

학교의 교사는 학생의 영원한 스승이 되어야 한다. 학원의 교사는 지식교육이 주 교육이지만 학교의 교사는 지식교육뿐만 아니라 학생들의 바람직한 행동과 인성교육에 더 큰 비중을 두고 있다. 학교교육을 통하여 가정교육의 기능까지 보완해주어야 한다. 그러므로 학창시절을 떠나 성인이 되어서도 인생의 선배로서 좋은 멘토가 되어야 진정한 스승으로서 보람을 느낄 수 있다. 이것이 바로 진정한 교육자의 사명이요 스승의 길이다.

한 해가 시작되었다. 희망찬 새해다. 지난해의 고난을 모두 떨쳐 버리고 보다 큰 희망과 열정이 모든 교사들에게 다시 피어나길 바란다.

학생들에게서 교사의 보람을 읽을 수 있고 느낄 수 있는 한 해가 되었으면 좋겠다. 그래서 사제의 정이 넘쳐흐르고 인간미 물씬 풍기는 은은한 교육의 향기를 뿜어낼 수 있는 교실이 되었으면 한다.

존경받는 학교경영자

직장에 존경받을 만한 리더가 있을 때, 직원들은 업무에 대한 열정과 즐거움을 느끼고 조직의 성과를 위해 헌신하게 된다. 그러나 현실은 존경받는 리더가 그리 많지 않다는 것이다. 특히 존경받지 못하는 리더의 존재는 유능한 조직구성원의 불만과 이탈을 유발한다는 점에서 문제의 심각성이 있다.

학교조직에서 존경받을 만한 리더는 다름 아닌 교장일 것이다. 학교경영자인 교장은 교육적 성과나 지식만으로 존경을 얻기에는 다소 한계가 있을 수 있다. 그 이유는 학교 구성원이 마음에서 우러나 스스로 따르게 하는 심리적인 그 무엇인가가 있어야 하기 때문이다. 비록 교육적 성과가 좋지 않더라도 학교 구성원의 존경을 받는 교장이 있는 반면, 교육적 성과는 뛰어나더라도 학교 구성원으로부터 신망을 받지 못하고 불만의 대상이 되는 교장도 있다.

문제는 존경받지 못하는 교장은 장기적으로 학교조직에 상당히 부정적 영향을 미칠 수 있다는 점이다. 직접적으로는 유능한 교직원의 창의성 저해와 이탈의 단초를 제공하고 간접적으로는 불만과 갈등의 요소로 작용하여 결국 교육성과에 부정적인 영향을 끼친다.

특히 우리나라와 같이 국가공무원의 신분인 교직원들은 아무리 좋은 학교라 해도 함께 근무하기 싫은 교장이 있으면 다른 학교로 전근하는 반면, 학교의 근무조건이나 환경이 좋지 않더라도 인간적인 교장이 있는 학교는 많은 교직원들이 선호하게 된다.

그렇다면 존경받는 교장이 가진 공통된 특징은 무엇일까.

첫 번째는 교직원들의 교직에 대한 성장을 도와주는 사람이다. 사실 교직은 다른 직장과는 달리 많은 승진과정 없이 비교적 안정된 직업이다. 요즘 교직원들은 학교생활이 단순히 생계를 위한 수단이 아니라 교원으로서의 보람을 찾는 곳으로 여기고, 제자들을 기른다는 자부심을 갖고 교직에 헌신하고 있다. 그러므로 교장은 교직원 개개인의 장래 비전을 제시해주고 교직의 사명과 의미를 새롭게 일깨워줄 수 있는 적절한 조언과 코치를 해줄 수 있어야 존경받을 수 있다. 이러한 교장과 함께 일하는 교직원들은 시간이 지날수록 자신의 성장을 몸소 느끼게 되고, 교직업무에 대한 책임감과 보람을 얻을 수 있기 때문이다.

두 번째는 교직원들을 이해하고 배려하는 사람이다. 많은 교장들은 교직과 개인의 삶은 엄격히 다른 것이라고 생각하지만 사실은 그렇지 않다. 교직원들은 하루 중 대부분 시간을 학교에서 보낸다. 그래서 가족 중 한 사람이라도 아프거나, 말 못 할 고민이 있는 경우에는 학교업무에 몰입할 수 없다. 많은 연구의 결과들을 봐도 '개인의 삶이 행복한 사람이 직장에서도 좋은 성과를 낸다'는 것이다. 따라서 교장이 성공적인 학교를 경영하기 위해서는 교직원의 개인적 고민과 불만사항을 항상 살피고 점검해야 한다. 그래서 교직원 개개인들의 마음을 읽고 그들의 고충을 보듬고 심기일전하여 다시 학교업무에 몰입할 수 있도록 배려하는 태도가 필요하다. 경제전문지인 「포춘(Fortune)」이 선정하는 일하기 좋은 회사들의 특징 중 하나가 가족문제를 배려하는 문화를 지녔다는 점도 우리가 다시 한 번 되새겨봐야 할 문제다.

　세 번째는 교직원들의 의견을 존중하고 인정해주는 사람이다. 창의와 혁신이 중시되는 요즘 학교경영에서는 학교의 활발한 커뮤니케이션이 새로운 핵심요인으로 떠오르고 있다. 교장은 교직원들과 허심탄회한 대화를 통하여 현장의 생생한 이야기를 듣고, 그들의 고민과 불만을 함께 해결해 나가는 것이 중요하다. 이러한 과정에서 교장은 그들로부터 학교경영의 전반적인 문제점이나 좋은 아이디어를 찾을 수 있다. 또한 학교 구성원이 소신껏 의견을 적극 개진할 수 있는 분위기를 조성하기 위해서는 평소 교장이 말과 행동에서 신뢰를 보여야 한다. 그중 하나가 건전한 실수에 대해서는 포용해 줄 수 있는 넓은 마음을 갖는 것이다.

　네 번째는 교육의 성과를 교직원에게 돌릴 줄 아는 사람이다. 중요한 프로젝트나 태스크가 성공적으로 끝나면 흔히 그 주인공으로 화려한 스포트라이트를 받는 사람은 항상 리더이다. 해당 업무의 전체적인 방향과 실행을 주도한 사람이 바로 리더이기 때문이다. 그러나 이러한 과정에서 한 가지 유념할 점은 리더가 스포트라이트를 받을 수 있도록 곁에서 물심양면으로 보필한 직원의 공이 크다는 점을 잊지 말아야 한다. 이를 간과한다면 교직원들은 '일은 일대로 하고, 인정은 못 받는다'는 생각으로 허탈함을 느낄 수 있다. 이러한 교장은 업무적으로는 유능함과 탁월함을 인정받겠지만, 교직원으로부터는 존경심을 얻기 힘들 것이다.

다섯 번째는 교직원을 공정하게 대하고 평가하는 사람이다. 교직원들이 교장에 대한 불만 가운데 가장 많은 요인이 불평등한 대우라고 말한다. 따라서 교직원들은 학연과 지연을 떠나 공정하게 대하고 평가하는 교장을 선호한다. 특히 요즘 교원능력개발평가, 성과급, 근무평점 등에 대한 공정성과 객관성 문제는 교장의 신뢰와 존경심과 직접적으로 관련되는 요인임을 인식해야 할 것이다.

지금까지 존경받는 교장의 특징에 대해 살펴보았다. 학교를 경영하는 교장이 교직원들로부터 존경받기 위해서는 교직원들의 마음을 바르게 읽을 수 있어야 한다. 다시 말해서, 교장이 먼저 교직원을 이해하고 신뢰하며 존경해야 한다. '어떻게 하면 존경받을 수 있을까'를 고민하기보다는 겸손한 자세로 교직원들을 진심으로 이해하고 배려하는 태도를 보여야 할 것이다.

PART

신뢰감을 주는 학교경영

 교장의 학교경영에서 가장 어려운 문제는 교원들과의 원만한 인간 관계 형성일 것이다. 학교조직에서 인간관계의 기초는 교장과 교원 상호 간의 신뢰라고 할 수 있다.

 프랜시스 후쿠야마(Francis Fukuyama) 교수는 그의 저서 『신뢰(Trust)』 에서 신뢰를 "공동체의 타 구성원이 보편적인 규범에 기초하여 예측 가능하고 정직하며 협동적인 행동을 할 것이라는 기대"라고 정의하면 서, 이러한 신뢰는 단순히 윤리적 가치를 뛰어넘어 사회적 자본으로서 경쟁력을 높이고 경제적 번영을 가져오는 필수요소라고 말하였다.

 이처럼 신뢰를 학교경영의 성공요인으로 보고 있는 이유를 보면 다음과 같다.

 첫째, 신뢰는 교원의 능력과 협력을 최대한 이끌어낼 수 있다. 학 교와 교장에 대한 높은 신뢰는 교원의 업무 몰입도 및 창의성을 제고 시킬 뿐만 아니라 자발적으로 동료교원들과 협력하려는 의사도 강화시켜주기 때문이다.

둘째, 학교조직 내 신뢰는 학교의 변화에 대한 교원들의 수용성을 높인다. 교원은 학교나 교장을 신뢰하지 않거나 자신들이 신뢰받고 있지 않다고 느낄 때 변화에 저항하고 소극적인 근무태도를 보인다. 반면, 교장에 대한 신뢰가 높으면 교원들은 학교교육의 목표와 비전 달성을 위해 스스로 동참하게 된다.

셋째, 신뢰는 학부모나 학생들의 요구에 대한 교원의 대응력을 높일 수 있다. 교원은 신뢰를 통해 의사결정 과정이 간소화되어 학생이나 학부모의 요구에 보다 신속하고 자신감 있게 대응할 수 있다.

마지막으로, 신뢰를 기반으로 한 교장은 교원들에게 학교경영의 갈등과 문제점을 이해시키거나 설득하는 데 필요한 노력을 줄일 수 있다. 그러므로 교장은 교원들과의 신뢰관계가 형성되어야 선진화된 학교경영과 경쟁력을 높일 수 있음을 인식해야 할 것이다.

교원들의 학교나 교장에 대한 신뢰 수준은 신뢰의 대상과 신뢰를 구성하고 있는 요소들을 고려하여 평가할 수 있다. 먼저 신뢰의 대상이라 하면, 학교조직에서의 수직적인 관계와 수평적인 관계를 모두 포함한다. 수직적인 관계는 교장과 교감에 대한 신뢰를 의미하고, 수평적인 관계는 동료교사에 대한 신뢰를 의미한다.

신뢰의 구성 요소에 대하여 심리학자 미쉬라(Mishra) 교수는 면접기법을 활용하여 '능력, 공정성, 개방성, 관심과 배려'라고 하였다. 그 첫 번째 구성 요소인 '능력'은 교장의 학교경영 능력이나 학교를 성공적으로 이끌어갈 수 있는지에 대한 믿음을 뜻한다.

데일 카네기(Dale Carnegie)는 "신뢰야말로 모든 조직의 기초 자산이다"라며 신뢰의 중요성을 역설한 바 있다. 이처럼 신뢰는 교장의 성공적인 학교경영을 위한 중요한 요소임에는 틀림이 없다. 그 이유는 이미 앞에서 논의한 바와 같이 신뢰가 교원의 업무성과와 관련하여 몰입도, 학교에 대한 애착관계에 밀접하기 때문일 것이다.

그렇다면 교원으로부터 신뢰받는 교장의 경영조건을 무엇일까.

첫째는 교원에 대한 존중과 배려가 필요하다. 교장이 교원들로부터 신뢰를 받기 위해서는 먼저 교원을 존중하고 배려하는 것이 필요하다. 물론 이러한 존중과 배려는 일회성이 아닌 학교조직문화로 정착되는 것이 필요하다. 교장이 교원들을 인간적으로 존중하고 배려하고 있다는 인식이 교원들 사이에 확산되면 학교 내에 신뢰구축이 용이하게 된다.

이를 위해 교장은 교원들에 대한 믿음을 분명하게 표현해야 교원들이 학교교육을 위해 헌신적인 교육성과를 창출할 수 있다. 따라서 교장은 교원들에게 학교업무 실행에 대한 의사결정권을 위임함으로써 교원 스스로 업무를 수행할 수 있도록 배려하는 방안을 모색하여야 한다. 또한 교장은 교원들의 의견을 경청해야 한다. 사실 우리나라 교장들은 교원들과 의사소통 역량이 낮아 이들과의 신뢰 형성에 여러 가지 어려움을 겪고 있다. 교원들과의 의사소통 역량 제고를 위해 교장은 많은 시간을 갖고 교원들의 의견을 듣고 그들의 입장을 이해하는 태도를 가져야 한다.

교장은 교원들과의 신뢰구축이 독백이 아니라 대화임을 알고 항상 상대방의 상황과 입장에서 생각하며 이해하고 인정해주어야 한다. 이렇게 되어야만 교원들 역시 교장의 학교비전과 목표를 이해하고 신뢰하여 학교정책에 잘 따르게 된다. 만약 교장이 교원들의 말에 귀 기울이지 않고 자기 말만 되풀이한다면 교원들과의 신뢰는 전혀 기대할 수 없을 것이다.

둘째, 교장의 일관성 있는 학교경영의 실행이다. 학교경영의 일관성 역시 교장의 신뢰성을 구축하는 데 있어 중요한 요소다. 교장의 신뢰도를 높이는 가장 쉬운 방법은 바로 학교교육을 계획한 대로 일관성 있게 실천하는 것이다. 교원들은 교장의 말을 경청하고 행동을 주시하고, 말과 행동이 일치하는지를 살펴본다. 그리고 이 둘이 일치할 때 비로소 신뢰감이 형성된다.

일관성 있는 학교경영을 위해 교장은 학교가 지향하는 비전과 목표 그리고 경영원칙을 갖고 이에 대한 공감대를 교원과 형성해야 한다. 공감대 형성을 위해 교장은 교원들에게 학교의 모든 교육정보를 제공하는 것이 바람직하다. 특히 부정적인 정보를 숨기거나 보기 좋게 꾸며서는 안 된다. 그리고 교장은 교원들과 합의된 경영전략이나 원칙들을 일관성 있게 실행해나가야 한다.

셋째, 교원의 노력에 대한 공정한 보상이 이루어져야 한다. 교원들은 자신의 노력을 공정하게 인정받을 때 학교를 신뢰하고 열심히 일하게 된다. 따라서 교원들이 자신들의 역량을 발휘해서 교육성과에 기여한 만큼 자신에게 적절한 보상을 기대하고 있다. 동시에 실패 또는 바람직하지 못한 행동에 대한 적절한 교장의 관리가 필요하다.

넷째, 교원에 대한 통제와 신뢰의 균형이 확보되어야 한다. 아무리 교장이 교원들에게 신뢰를 불어넣기 위해 노력한다 하더라도 학교가 발전하는 데 필요한 교육적 성과를 도출하지 못하면 아무 소용이 없다. 비록 교장이 외부로부터 도덕적이고 모범적인 학교경영자로 평가받을지라도 학교 내부의 갈등 속에서는 신뢰를 조성할 수 없다. 의식적이든 무의식적이든 교원들은 자신들의 문제를 해결해 주고 요구사

항을 들어줄 수 있을 것이라고 판단할 때 비로소 교장을 신뢰하게 된다.

급변하는 글로벌 경쟁하에서 학교는 능동적인 변화와 혁신을 해야 발전할 수 있다. 이러한 교육환경 변화에 적극적으로 대응하기 위해서는 교원들의 자발적인 노력이 필요하다. 따라서 교원들의 학교교육 목표달성을 위해 자율적인 협력과 노력은 신뢰라는 탄탄한 기초가 뒷받침되어야 가능하다. 그러므로 교장은 교원들 간의 신뢰가 학교경영의 성패를 결정하는 가장 중요한 요인임을 다시 한 번 생각해야 할 것이다.

PART 04

자신감을 길러주는 학교경영

요즘처럼 교육환경이 급변하고 교육 관련 이해관계가 복잡한 교사들은 과거보다 더 많은 교육에 대한 책임과 스트레스에 시달리고 있다. 과거에는 교사의 주된 임무가 학습지도와 생활지도가 전부였다고 할 수 있었으나 최근에는 이들 외에도 급식지도, 방과후학교, 등하교 안전교육 등 그 범위와 기능이 넓고 다양하며 그 책무도 무겁다. 이러한 교사의 학교교육 기능은 교육환경의 변화와 함께 점점 확대되고 있는 실정이다.

학교가 개방되면서 학교를 경영하고 관리하는 범위나 영역이 상대적으로 점점 넓어지게 되어 교원들에 대한 세심한 협조나 도움 없이는 효과적으로 경영할 수 없게 되었다. 교장은 학교의 주요 조직원인 교사들이 학교의 비전을 인식하고 교육목표 달성에 자율적으로 헌신할 수 있도록 하는 교육리더십을 발휘해야 한다. 학교의 리더는 교사들을 배려하고 섬김리더십으로 교직에 대한 사기를 진작시키고 교직의 보람을 얻도록 하는 것이 중요하다.

교원 사기 진작은 업무에 대한 성실성과 몰입으로 의욕을 갖고 맡은 업무에 공헌함으로써 개인적으로는 보람과 자긍심을 얻을 수 있으며, 자율적으로 학교교육 목표를 달성함으로써 학교경영의 효율화를 가져온다는 점에서 중요하다. 그러나 우리의 학교 현실은 교사 개개인에 대한 학교 만족도나 만족요인에 대한 연구가 활발하지 않아서 학교교육의 불만과 갈등의 요인분석에는 적극적이지 못하다.

최근 실시되는 교원능력개발평가는 이러한 점에서 매우 기대되나 몇 번의 시행결과를 보면 그리 만족하지 못한 형편이다. 먼저 교사들에 대한 교원능력개발평가의 만족도에서 보면, 상호 간의 평가는 우수하지만 학부모 평가나 학생 평가는 그렇지 못하다. 물론 그 이유는 여러 가지가 있으나 먼저 평가에 대한 신뢰성이 부족하다는 점이다. 교원 상호평가와는 달리, 단지 한두 번의 수업을 보고 학부모가 교원을 평가한다는 것은 정말 어려운 일이다. 이러한 평가결과로 교사들이 재교육을 위한 연수대상자로 지목받는다는 것은 현실적으로 많은 문제가 있고 또한 타당성이나 신뢰성에 대한 시비거리가 될 수 있는 것이다.

교원의 전문성은 어떤 직업인보다도 중요하다. 교사를 전문직이라고 지칭하는 것도 바로 누구나 할 수 없는 일이기 때문이다. 그중에서도 교사는 가르치는 일에 자신감을 가져야 한다. 요즘처럼 빠르게 변화하는 교육환경은 교사의 교육내용뿐 아니라 교수방법에도 큰 변화를 요구하고 있다. 이러한 변화를 빠르게 인식하고 이에 적응하지 못하면 학생교육에 자신감을 잃게 되고 교직생활이 점점 두려워지게 된다. 그러므로 교사의 자신감은 교육에 대한 의욕과 교직의 보람을 얻을 수 있는 원동력이며, 실패를 스스로 극복할 수 있는 자생력을 지니게 된다. 다시 말해 자신감은 어려움을 보다 쉽게 극복할 수 있는 힘이 되기 때문이다.

하버드 대학의 로자베스 모스 캔터(Rosabeth Moss Kanter) 교수는 "모든 개인이나 조직은 행운 또는 악운의 주기에 말려들 수 있다. 이때 일어서느냐 주저앉느냐는 대개 자신감에 달려 있다"라며, 자신감이 기반이 될 때 '궁극적인 성공'이라는 것이 가능하다고 강조했다. 그러므로 자신감이란 단순히 '나는 할 수 있다'가 아니다. 보다 큰 시련에도 굴하지 않고 새로운 도전적인 힘을 생성할 수 있다는 점에서 볼 때 교장의 말 한마디가 교원의 교직생활의 성공을 판가름할 수 있다.

교사들에게 자신감을 주는 가장 좋은 방법은 교장이나 교감 그리고 동료교사가 칭찬하거나 인정해주어 성취감을 느끼게 하는 것에서부터 출발해야 한다. 실제 교사는 가시적인 교육성과를 통해 학교 경영자나 동료교사로부터 인정 받을 때 자신감이 생기며, 이런 경험들이 쌓여 더 큰 자신감과 용기로 발전하게 된다.

이렇게 교사가 자신감을 효과적으로 얻기 위해서는 다음과 같은 몇 가지 교장의 경영기술이 필요하다.

첫째, 교사들의 장점을 찾아 칭찬과 격려를 아끼지 않아야 한다. 먼저 교장은 교사들 각자 자기가 맡은 업무에 따라 교사에게 맞는 적절한 난이도의 업무와 업무량인지를 분석해야 한다. 교사 자신의 역량으로 감당하기 힘든 업무라면 다음 학년도에는 담당교사와 잘 협의하여 이들에게 적합한 업무로 조정해야 자기 업무에 대한 자신감과 보람을 얻을 수 있다.

둘째, 현재의 업무에 대한 집중도를 파악해야 한다. 교사들의 업무

능력 개인차는 그리 크지 않다. 다만 지금 맡고 있는 일에 대한 최선의 노력 정도가 업무의 성패를 가름한다고 볼 수 있다. 맡은 수업이나 업무에 적극성과 몰입이 없다면 교직에 대한 매력을 잃기 쉬우며 또한 걱정과 두려움에 사로잡히곤 한다. 특히 자신감이 약한 사람일수록 더 쉽게 걱정에 빠지게 되는데, 이는 필연적으로 교육성과를 저하시키게 된다.

영국의 유명한 학자인 윌리엄 오슬러(William Osler)는 "미래나 과거를 모두 닫아라. 내일과 어제의 짐까지 모두 오늘 지고 가려 한다면 아무리 강한 사람이라도 쓰러진다. 에너지의 낭비나 정신적 고뇌, 번민이 붙어 다니기 마련이기 때문이다. 오직 오늘을 위해서만 충실히 생활하는 습관을 가져라"며 잡다한 생각에 사로잡힌 상태에서 성과를 내기란 쉽지 않다고 강조했다.

셋째, 교사들이 지나친 완벽주의(Perfectionism)에서 벗어나게 해야 한다. 교사들 중에는 지나치게 완벽한 이들이 많다. 이러한 성격은 교원의 업무 특성상 적합하다고 생각하지만 반면에 교직업무 수행에 대한 많은 스트레스로 자신감을 잃는 경우가 많다.

누구나 인정하는 우수한 인재도 한 번에 모든 일을 완벽하게 끝내기는 그리 쉽지 않다. 그러므로 완벽주의 성격으로 인해 나타날 수 있는 교원의 문제점은 업무에 너무나 많은 시간이 소요된다는 것이고, 다른 하나는 크게 중요하지 않은 업무에도 너무 집착하게 된다는 것이다.

넷째, 교장은 교사들이 믿고 의지할 수 있는 멘토(mentor)가 되어야 한다. 사람들은 누군가를 믿고 의지할 수 있을 때 안정감을 느끼고 여유를 회복하게 된다. 교원들 역시도 학교의 교장과 교감으로부터 인정받고 신뢰받을 때 근무의욕이 높고 교육성취감을 얻을 수 있다. 그러므로 교장이 교사들에게 좋은 조언자(Advisor) 역할을 함으로써 교원들로 하여금 자신이 처한 교육환경이나 업무상황을 보다 정확히 인지하여 자신감 있는 업무를 수행할 수 있게 한다.

교사들이 교육에 대한 탁월한 능력을 갖고 열심히 노력하더라도 실패 없이 교직을 수행하기란 그리 쉽지 않다. 교사와 학생, 교사와 학부모, 교사와 관리자 그리고 교사 상호 간 등 많은 인간관계에서 겪은 의욕과 자신감의 상실은 교직에 대한 실망과 좌절로 변할 때가 많다. 이러한 때 교사 자신의 교직생활에 대해 어떻게 반성하고 평가하느냐에 따라 교직에 대한 성패가 결정된다.

비록 교직생활에 대한 상실감이나 실패감이 있다고 하더라도 이를 교사 스스로가 극복할 수 있는 낙관적인 사고로 대응할 때 자신감을 회복하여 성공적인 교직생활을 이끌 수 있다. 그러나 교사 스스로 이를 회복할 수 있는 자생력이 없을 땐 교장이나 교감 그리고 동료교사의 도움을 받아야 회생할 수 있다. 그러므로 학교경영자인 교장은 교사들의 교직생활을 세심하게 관찰하고 그들과 소통할 수 있는 따뜻한 리더십과 교사의 자신감을 심어줄 수 있는 대화의 기회를 아끼지 않아야 할 것이다.

기를 살려주는 교육리더

인재선발과 더불어 인재의 능력발휘 여부가 기업의 승패를 좌우하는 것과 마찬가지로 학교에서도 교직원의 잠재역량을 최대한 발휘하도록 하는 것이 교장의 학교경영 성공열쇠가 된다.

교장이 교원 개개인의 기를 살리고 교육활동에 보람을 갖도록 자신감을 심어주는 것이 가장 중요하다. 이처럼 교원의 경력관리는 교원이 자신의 능력을 마음껏 발휘할 수 있도록 교장으로서 리더십을 발휘하는 활동이라고 할 수 있다.

교원이 자신의 능력을 제대로 발휘하기 위해서는 교장의 역할이 중요하다. 이런 면에서 훌륭한 교장은 스스로 뛰어난 능력을 보유한 사람이기도 하지만 교원들이 보유한 역량을 파악하고 이를 육성, 활용할 줄 아는 사람이라 정의할 수 있다.

교장이 자신의 능력만을 믿고 애쓰는 것과 교원을 적절히 활용하는 것 사이에는 분명한 차이가 있다. 교장이 학교경영의 모든 일을 직접 도맡아하려고 한다면 효율적으로 일을 해낼 수 없을뿐더러 본인도 지칠 수밖에 없기 때문이다. 하지만 교장이 교원들로 하여금 자기 능력을 십분 발휘할 수 있도록 유도한다면 조직의 목표를 좀 더 수월하게 달성할 수 있을 것이다.

교장이 교원들의 잠재역량을 최대한 이끌어내려면 할 수 있다는 자신감을 심어주는 것이 중요하다. 자신감은 개인의 행동을 변화시켜 성과를 향상시키는 데 큰 영향을 미치기 때문이다. 그러므로 교원들이 기를 펴고 교직에서 자신의 능력을 마음껏 발휘할 수 있도록 만드는 교장의 조건은 다음과 같다.

첫째, 명령만 하지 말고 교원의 이야기를 경청하라. 교장의 지시와 명령에 익숙하면 교원들이 자신의 역량을 충분히 발휘하기 어렵다. 리더가 경청하는 자세를 가지려면 우선 교원들이 자신의 의견을 자유롭게 이야기할 수 있도록 개방적인 환경을 만드는 것이 중요하다. 이처럼 리더가 지시와 명령보다는 적극적인 경청의 자세를 보이면 교원들은 좀 더 자신감을 갖고 자신의 업무에 자발적이며 창의적인 태도로 임하게 될 것이다.

둘째, 관심과 기대를 표현하는 데 인색하지 마라. 사람의 행동은 주위의 기대에 따라 결정되는 경향이 있다. 따라서 교장이 교원의 탁월한 성과창출을 기대한다면 그들에게 관심을 보이고 잘해낼 수 있을 것이라는 기대를 표현하는 데 인색해서는 안 된다. 이처럼 교원에 대한 관심과 기대가 이들의 잠재력을 이끌어내고 자신감을 얻게 하는 데 중요하다는 점을 리더는 잊어서는 안 될 것이다.

셋째, 못한 것을 질책하기보다는 잘한 것을 칭찬하라. 교장의 칭찬만큼 교원을 신바람 나게 만드는 것도 없다. 누구나 교장과 교원 사이에서 격려와 칭찬이 중요하다고 생각하지만 실제로 이를 실천하기란 쉽지 않다. 칭찬에도 기술이 필요하다. 가장 효과적인 칭찬은 구체적이고 즉각적이면서 공개적으로 하는 것이다. 그러므로 교장이 교원을 성공으로 이끌고 싶다면 결점을 들추어내기보다는 가능한 한 칭찬하려고 노력하라. 교장의 칭찬 한마디가 교원들의 사기를 좌우하기 때문이다.

넷째, 의심하지 말고 믿고 맡겨라. 중국 사서『송사(宋史)』에 '용인불의 의인불용(用人不疑 疑人不用)'이라는 말이 있다. 사람을 쓸 때는 의심하지 말고, 의심 가는 사람은 쓰지 말라는 의미이다. 그만큼 리더와 부하 직원 사이에 신뢰가 중요하다는 의미이다. 교장이 교원을 신임하지 못하면 이들도 자신이 맡은 일에 최선을 다하지 않을뿐더러 실패에 대한 처벌이 두려워 적극성도 상실하게 된다. 교장이 교원을 신뢰하는 모습을 보이려면 사사건건 간섭하고 통제하기보다는 믿고 맡기는 것이 필요하다.

다섯째, 일하는 방법을 가르쳐라. 인재는 타고나는 것이 아니라 만들어진다는 말이 있다. 가르침과 배움 없이 인재가 만들어지기 어렵다는 의미이기도 하다. 그런 의미에서 교장의 중요한 역할 중 하나는 코칭을 통한 육성이라 할 수 있다. 일을 가르치려면 우선 교원에게 일의 필요성을 이해시키고 일하는 순서와 방법을 자세히 가르쳐주는 것도 좋은 방법이 될 수 있다.

여섯째, 약점을 보완하기보다는 강점을 육성시켜라. 누구나 강점과 약점을 동시에 가지고 있다. 기획력은 뛰어나지만 관리력이 부족할 수 있고, 업무 능력은 탁월하지만 수업 능력이 떨어질 수도 있다. 그러나 약점을 보완하는 데 주력하면 강점을 효과적으로 활용하는 데 소홀하게 될 수도 있다. 따라서 교장이 교원의 장점을 파악하여 이를 계발하는 데 주력해야 한다. "결점은 40%만 보고 장점은 60%를 보라"는 말이 있다. 교원에게 단점이 있더라도 장점을 살피고 그것을 살릴 수 있도록 만드는 것이 교장의 중요한 역할임을 명심해야 할 것이다.

요즘 직장인들은 깨어 있는 시간 중 3분의 2 정도를 회사에서 보낸다고 한다. 직장에서 보내는 시간이 많은 만큼 직장인들이 일터에서 행복하다면 인생이 행복하다고 느낄 수밖에 없다. 이런 의미에서 이제 교장은 교원들의 행복을 관리할 필요가 있다. 교원들의 행복한 삶은 교직의 발달단계별 자기의 경력을 잘 관리하는 일이다. 특히 교사는 전문직으로 연구를 게을리 해서는 안 된다. 끊임없이 자기 연수를 통하여 교직의 전문성을 높여야 교직의 보람과 자긍심을 찾을 수 있다.

교장은 인생의 선배이며 교직의 선경험자로서 교원의 성공적인 교직생활을 도와줄 수 있는 교원의 이력 관리가 필요하다. 즉 교장은 교원들의 교직생활뿐만 아니라 삶의 전반에 걸친 인생의 멘토로서 교원 개개인의 특성과 잠재된 역량을 최대로 발휘할 수 있도록 조언하고 안내해주어야 한다. 교장의 따뜻한 말 한마디, 작은 배려가 교원들로 하여금 자신감과 긍지를 갖게 하며 더불어 직장생활에서 행복감을 느끼게 할 수 있다.

행복한 교원이 더 높은 교육성과를 창출한다는 점은 자명한 일이다. 교장이나 교육행정가가 지금처럼 위축된 교육 분위기를 개선하기 위해서는 '교원들이 행복하면 교육의 고객인 학생들이 행복해진다'는 점을 생각하고 교원의 기를 살려주는 일에 더욱 노력해야 할 것이다.

업무에 몰입하는 학교경영

　성공적인 학교경영이란 교장이 얼마나 미래를 잘 예측하고, 새로운 학교경영계획을 얼마나 잘 추진하는지에 따라 결정되는 것이 아니라 학교조직의 모든 교직원들을 학교경영에 몰입시켜 이들이 학교경영계획을 이해하고 단위업무사업을 어떻게 능동적이며 창의적으로 실천하느냐에 달려 있다.

　지금까지 학교경영은 교장과 몇몇 부장에 의하여 학교교육계획이 세워지고 실천되어 온 것이 대부분이었다. 이러다 보니 학교 내 다수의 교직원들은 학교교육에 대한 이해와 그 실행에 있어서도 피동적이었으며 모든 의사결정은 교장이나 부장의 권한에 의해서 결정되었다.

　요즘과 같이 빠르게 변화하는 지식정보사회에서의 학교경영은 학교조직의 몇몇 교원들만이 미래를 예측하고 학교교육을 계획하는 역할에서 벗어나 학교조직 전체가 학교업무에 몰입하는 방향으로 바꾸어야 성공할 수 있다. 그래서 모든 교직원들이 학교경영계획 정보와 관련하여 소통하고 맡은 업무에 몰입함으로써 학교의 교육성과를 극대화할 수 있는 것이다.

현대 경영에서 새로운 화두로 떠오르는 것이 몰입이다. 짐 호던(Jim Haudan)[8]은 『몰입과 소통의 경영』(2011)에서 몰입의 근원을 다음과 같이 밝히고 있다.

첫째, 사람들은 의미 있는 존재가 되고 싶어 한다.

둘째, 사람들은 소속감을 갖기를 원한다.

셋째, 사람들은 의미 있는 일을 하고 싶어 한다.

넷째, 사람들은 자신들의 공헌이 성과와 연결되는지 알고 싶어 한다.

이처럼 몰입은 인간조직에서 추구하고 갈망하며 이를 통해 개인 의미를 표출하려 한다. 그러나 몰입에는 현대 학교조직에서 여러 가지 장애가 존재하고 있다. 교직원의 업무에서 저해요인을 살펴보면 다음과 같다.

첫째는 개인의 능력에 과도한 업무나 특성에 맞지 않은 업무는 몰입을 방해한다. 학교에서 교직원의 업무량은 학교의 규모나 여건에 따라 다소 차이는 있으나 크게 과중할 정도의 양은 아니지만 간혹 몇몇 부장에게 쏠리는 경우가 있다. 특히 기획력과 추진력이 있는 교직원에게 많은 업무가 부여되어 부담을 주고 있다. 또한 자기 특성에 맞지 많은 업무는 업무에 대한 애착이 없어 몰입과는 멀어지므로 교직원의 능력이나 특성에 맞는 업무조직이 필요하다.

---

8) 짐 호던(Jim Haudan)은 루트 러닝(Root Learning)사 CEO이며 20여 년 동안 사람들과 조직을 도와 그들이 깊이 몰입함으로써 숨은 역량을 최대한 발휘하도록 돕는 일을 하고 있다. 코치와 학교행정 업무에서 출발하여 비즈니스 학습, 즉 전략에 사람들을 몰입시킴으로써 실질적인 결과로 '만드는 데' 초점을 둔 회사를 공동 설립하였다. 루트 러닝사의 고객인 스타벅스, 아이비엠, 다우케미컬, 펩시, 퍼스트에너지, 뱅크오브 아메리카, 힐튼호텔 등에서 리더십과 전략개발, 몰입, 학습가속화 등 강연활동과 비즈니스 출판활동을 활발하게 하고 있다.

둘째는 맡은 업무에 대한 애정과 전문성이 없으면 몰입할 수 없다. 학교업무는 대부분이 일 년 단위로 반복되는 업무이므로 기본적인 틀을 바꾸지 않으면 전문성이나 창의성을 발휘하지 못한다. 그러므로 맡은 업무에 대한 애정과 수행능력의 결여는 몰입을 방해하므로 업무에 대한 애착과 전문성 함양을 위한 체계적인 연수가 필요하다.

셋째, 일에 대한 열정과 자신감을 갖지 못하면 몰입할 수 없다. 누구나 처음 시작하는 업무에 대해서는 두려움이 있다. 이 같은 두려움 때문에 마음이 불안하고 조심스럽고 위축되어 자신 있게 일할 수 없으므로 업무에 몰입할 수 없다. 그러므로 업무수행 결과에 대한 아낌없는 격려와 새로운 업무에 대한 매뉴얼 작성이 필요하다.

넷째, 업무에 대한 전체적인 이해를 하지 못하면 몰입할 수 없다. 학교경영에 대한 전반적인 관점 및 여러 요소들의 연관성을 고려할 수 있는 이해가 필요하다. 전체적인 이해는 부분에 대한 이해를 전제로 한 것이므로 자신 있게 하는 업무에 몰입할 수 있는 것이다. 그러므로 신규교사나 전입교사를 위한 학교경영 전반적인 사전 안내가 필요하다.

다섯째, 업무에 대한 책임감이나 주인의식을 갖지 못하면 몰입할 수 없다. 교직원의 책임의식이나 주인의식은 학교경영의 이해와 실행에 중요한 영향을 미치게 된다. 먼저 책임의식을 갖고 적극적으로 참여함으로써 몰입하게 되는 것이다.

여섯째, 교장이 현실을 직시하지 못하면 교직원들은 몰입할 수 없다. 이심전심이란 말과 같이 교장의 생각과 교직원의 생각이 같아야 학교를 성공적으로 운영할 수 있다. 교장뿐 아니라 교직원 역시도 교장의 생각을 읽을 수 있어야 업무에 몰입할 수 있다.

앞에서 밝힌 교직원의 몰입 장애요인을 모두 제거한다면 모두 자기 업무에 몰입할 수 있을까 하는 의문도 없지 않다. 그러나 우리 교직원들이 하는 업무에는 몰입수준은 아니더라도 몰입에 가까운 노력이 있다면 업무성과나 평가결과에서 창의성이 나타날 것이다.

그러므로 교장은 교직원들이 자기 업무에 몰입할 수 있는 환경과 여건을 개선하고 지원하여 교직원 모두가 몰입할 수 있는 업무라 생각할 때 교직이 가장 행복하고 보람된 일이 될 것이다.

Y세대를 위한 학교경영

지금까지 교육은 기업과는 달리 내외부의 환경변화에 대하여 빠르게 대응하지 않았다. 그 이유는 환경변화가 빠르게 직접적으로 교육효과에 영향을 미치지 않았기 때문이다. 그러나 이젠 상황이 많이 바뀌고 있다. 교육도 환경변화에 따라 빠르게 변화해야 교육의 효과를 얻을 수 있다. 교육은 특성상 당장 가시적인 효과는 측정할 수 없지만 학생들의 잠재력에는 많은 영향을 미치고 있음을 인식해야 한다.

Y세대는 1984년에서 2004년 사이에 태어난 세대로서 베이비붐 세대를 대신해 빠른 속도로 노동인구에 유입되고 있다. 이와 같은 현상이 학교를 비롯해 우리 사회 전반에 의미하는 바는 분명 새로운 변화임이 틀림없다. 이들이 우리의 미래 모습이므로 이들을 주목해야 한다.

Y세대는 1990년대 후반부터 우리 사회의 새로운 문화를 만들어 가는 신인류, 월드컵의 길거리응원단을 주도적으로 형성하는 사람, 컴퓨터를 잘 다루고 네트워킹으로 토론카페에 참여하는 젊은이로서, 이

들이 바로 미래의 주인공으로 떠오르는 세대들이다. 우리나라 Y세대들은 일반적으로 부모와는 달리 경제적으로 큰 어려움 없이 부모의 높은 관심과 교육열로 첨단기술 교육을 받아 컴퓨터를 잘 다루는 세대이다.

Y세대는 2010년에 이미 전체 경제인구의 30%에 육박했고, 10년 후에는 모든 학교 구성원의 절반 가까이를 차지하게 될 것이다. 전후세대(Baby Boomers)의 은퇴와 더불어 빠르게 학교 구성원의 새로운 세대교체가 일어나고 있다.

Y세대는 다른 많은 신세대 젊은이와 마찬가지로, 업무의 프로젝트를 옮겨 다니며 일을 한다고 불안해하지도 않으며, 직장에서 차근차근 승진해 올라가는 생활을 부러워하지도 않는다. 그래서 이들에게는 평생직장의 개념도 크게 중요하지 않지만 자기 힘으로 살아야 한다는 강한 의지와 개성 그리고 톡톡 튀는 아이디어는 이들만이 가지는 장점이다. 더 중요한 점은 젊은 세대가 지식, 학력, 소셜(social)네트워킹 기술이 뛰어나고, 기술적으로 능숙하며, 팀워크를 자랑한다는 것이다. 또한 이들은 공격적이고 한발 먼저 나서는 적극성도 가지고 있다. Y세대들은 이전 세대의 젊은이들보다 사회참여에 대해 훨씬 더 적극적이며 덜 무례하고 덜 폭력적이라는 것이다. 이들은 용기, 개성, 결단력, 비전을 보여준다는 장점도 갖고 있다.

이 같은 특성을 가진 Y세대가 학교조직에 들어오면서, 어떻게 기존의 조직과 조화로운 관계를 형성할 것인가는 교장들의 새로운 과제지만 우리는 이에 대한 구체적인 대안이나 준비가 되지 않은 현실이다. 고작해야 학교경영자와 신규교사와의 관례적인 간담회, 교직생활 소개, 학교의 특성 안내 등이 전부이다.

교장은 학교 나름대로 이에 대한 장기적인 계획을 세우고 기존 세대의 Y세대 특성 이해를 위한 연수나 이들과의 조화를 위한 커뮤니케이션 관련 교육이 보다 활성화되어야 한다. 학교는 학교조직 구성원이 학교경영의 성패에 중요한 영향을 미치는 요인이기 때문이다. 즉 구성원이 바뀌면 경영전략, 조직구조, 일하는 방식, 관리체계, 리더십 등이 함께 바뀌어야 한다.

세대 연구 전문가로『디지털 네이티브(Grown up Digital: How the Net Generation is changing your world)』의 저자인 돈 탭스콧(Don Tapscott)은 기존 세대와 다른 넷(Net) 세대의 8가지 기준과 특징을 다음과 제시하고 있다.

첫째, 기존 업무방식 이외에 새로운 업무 방식을 찾으려 한다.

둘째, 소통과 협력이 활발한 업무 환경을 원한다.

셋째, 직장에서도 개인생활에서처럼 즐거움을 추구한다.

넷째, 즉각적인 피드백과 칭찬을 듣고 싶어 한다.

한편, 이와 동시에 Y세대의 산만함, 인내심과 책임감 부족, 낮은 조직 충성도와 잦은 이직, 비현실적인 업무 요구, 직장 예절 경시, 기존 세대와의 갈등 등을 지적하는 우려의 목소리도 있다.

Y세대가 이전 세대와 다른 특징을 보이는 장점을 살려, 학교조직에서 이들의 교육역량을 극대화시키기 위해서는 보다 근본적이고 적극적인 교장의 장기적인 경영전략이 필요하다. 다시 말해 기존 세대와 이들 간의 충격을 완화할 수 있는 준비를 해야 한다.

진화론의 창시자인 찰스 다윈(Charles Darwin)은 "생존경쟁에서 살아남는 종은 가장 강한 종도, 가장 똑똑한 종도 아니다. 변화에 가장 잘 적응하는 종만이 살아남게 된다"고 하였다. 학교에서도 마찬가지다.

미래는 그냥 오는 것이 아니라 우리가 적극적으로 준비하고 만들어가야 한다. 그러므로 교장은 지금부터라도 Y세대에 대한 이해를 높이고 그들이 맘껏 교육역량을 펼칠 수 있도록 새로운 학교환경을 준비해야 할 것이다.

PART 08

교직원의 갈등관리

한 사람의 생각에 의존하기보다 집단적 사고로 새로운 가치를 창출해내는 것이 더 효과적이고 중요해지고 있다. 최근 학교경영에서 집단적 사고를 통한 창의성 계발을 강조하는 것도 이러한 이유일 것이다. 집단적 창의성과 지성이 빛을 발휘하게 하기 위해서는 좋은 시스템이나 제도의 뒷받침도 필요하지만, 이보다 더 중요한 것은 '함께 일하는 구성원 간의 건설적이고 긍정적인 관계 형성'이라고 할 수 있다.

조직 발전에서 인간관계의 중요성은 누구도 부인하지 않지만, 많은 사람들은 사람들 간의 관계 속에서 가장 큰 어려움이 갈등이라고 말한다. 이러한 갈등의 원인 중 하나는 '서로에 대한 이해 부족' 때문일 것이다. 좋은 인간관계를 형성하기 위해서는 서로에 대한 이해가 바탕이 되어야 하는데 현실은 이와 반대인 경우가 많이 발생한다. 이러한 상태가 오래 지속되다 보면 서로의 믿음이 깨어지고 자신도 모르게 상대방에 대한 오해로 갈등이 커지게 된다.

교직원 중에서 교원은 직업적 특성상 학교업무가 일의 중심이 아니지만 학교조직에서 보면, 학년 간, 부서 간의 사소한 업무상 오해와 의견 마찰이 조직 갈등의 원인이 될 때가 많다. 특히 요즘 교원들은 학교업무나 학급경영을 혼자서 하는 경우보다는 동 학년이나 여러 부서를 거쳐 협력해야 하는 경우가 많다. 이러한 과정에서 여러 학교조직 구성원 간의 가치관이나 성장 배경 등으로 인하여 의견차를 쉽게 극복하지 못하고 갈등으로 번지는 경우가 있다.

학교에서의 갈등사태는 긍정적으로 해소되면 학교조직을 발전시키는 계기가 되지만, 교직원들 간에 오해와 갈등이 지속된다면, 아무리 좋은 학교 시스템이 갖추어져 있어도 이들 사이에서 집단적 창의성이나 지성의 발휘를 기대하기 어려울 것이다. 갈등상황에 처한 교직원들은 주어진 업무에 몰입하기가 어렵고 결국에는 교직수행을 그르칠 가능성이 크며, 더 나아가 학교조직의 기능까지 마비시켜 결국은 학교의 교육성과를 감소시키게 된다.

교직원들 간의 업무수행 과정에서 개개인의 특성이나 감정을 충분히 이해하지 못하고 단편적인 정보를 바탕으로 그 사람의 성격이나 행동 특성을 추측하게 되는데 이러한 추론과정을 성격심리학자인 부르너(Bruner)와 타지우리(Tagiuri)는 '내현성격이론(Implicit Personality Theory)'이라고 지칭하였다. 이러한 내현성격이론에 지나치게 의존하여 성격에 대한 고정관념이 형성되었을 때 갈등문제가 발생하는 경우가 많다. 즉 상대방에 대한 자신의 생각과 실제 상대방의 행동 및 언행의 차이로 오해와 갈등이 빚어질 수밖에 없다고 할 수 있기 때문이다.

사람은 누구나 자신이 중요하다고 여기는 가치와 인식을 가지고 있다. 그런데 자신이 중요하다고 여기는 것을 다른 사람도 동일하게 중요하게 여길 것이라고 착각하여 갈등이 발생하는 경우가 있다. 이를 조직심리학자인 톰프슨(Thompson)과 타지우리(Hastie)는 '비양립성 오류(Incompatibility Error)'라고 하였다. 다른 사람들과의 관계 속에서 이러한 차를 지속적으로 접할 경우, 상대방이 자신을 무시한다고 여기거나 상대방이 진정 중요한 것을 모르고 있다고 생각하여 갈등을 초래하는 원인이 된다는 것이다.

이러한 현실 인식은 '잘못된 합의 효과(False Consensus Effect)'라는 착각으로 이어지게 된다. 즉 자신의 생각은 누구에게나 보편적으로 받아들여지는 '상식적인 생각'이라고 여긴다. 반면 상대방의 생각은 '상식에 어긋나는 생각'이라고 여기는 것이다. 이 바탕에는 자신과 다른 의견을 부정하여 혹시라도 자신의 생각의 틀을 바꾸게 되는 노력을 회피하려는 동기가 내재되어 있을 가능성이 크다. 잘못된 합의 효과는 개인의 자기중심적인 성향에 더하여 주변의 동의를 바탕으로 형성되고 강화된다. 자신과 상대방의 생각에서 보이는 공통점에만 주목하여 자신의 생각이 보편적이라고 확신한다. 그러나 수많은 사람들을 대상으로 설문조사와 같은 수단을 동원하여 확인해보지 않는 이상, 실제로 어떤 의견이 보편적으로 널리 받아들여지고 있는지 확인하기 어려울 것이다.

좋은 인간관계를 형성하기 위한 길은 사람마다 다름을 인정하는 데서 시작해야 한다. 모든 갈등은 개인 간의 차이를 이해하고 존중하지 않은 데서 발생된다. 사람들의 가치관, 성격 등은 그 사람의 삶에서 비롯된 것이므로 차이를 이해하는 일이야말로 그 사람 자체를 진정으로 존중하고 배려하는 것이기 때문이다. 차이를 이해하려고 노력하지 않고 고정관념으로 판단하려는 경향, 차이를 무시하고 공통점만을 지나치게 강조하는 경향, 자기중심적인 잣대로 상대방을 재단하려는 경향들이 오해와 갈등을 유발하여 관계를 악화시킬 수 있다. 사람들과의 상호작용 속에서 자신도 모르게 이 같은 실수를 저지르고 있지 않는지 되돌아볼 필요가 있다.

학교조직 내에서는 교장과 교직원 간의 좋은 인간관계 형성만큼 중요한 일은 없을 것이다. 학교에서 좋은 교육성과를 내려면 교장과 교직원 간의 긍정적이고 신뢰가 있는 인간관계 형성이 필요하다. 이를 위해서는 교장은 학교의 갈등요소를 찾아 생산적인 변화와 혁신의 대안으로 인식하고 교직원의 인간관계 개선을 통하여 상호 윈-윈(win - win)할 수 있는 방안을 모색해야 하며, 이를 위해 민주적인 학교운영은 물론 교직원 간의 인화, 협의, 토론 등 공동체적 학교문화가 형성되어야 한다.

교장의 권위보다는 수평적인 관계에서 교직원들 입장에서 이해하고 공감하며 배려함으로써 동료나 선배의 롤 모델이 되도록 노력해야 한다. 모든 교직원이 신뢰하고 서로 존경할 때 학교목표를 향해 모든 역량이 모아지게 되고 자율적인 충성심이 모아질 것이다. 아울러 다른 관계와 다르게 교직원의 상하관계에서는 현실적으로 교직원이 교장에게 직접 피드백을 제공하기는 어렵기 때문에 교장 자신의 부주의한 언행으로 인해 교직원들이 마음에 상처를 받지는 않는지 주의 깊게 살펴봐야 할 것이다.

생산적인 학교 갈등관리

다양한 교직원들이 함께 근무하는 학교에서 갈등은 이제 필연적이다. 학교경영자로서 학교에서 일어나는 여러 가지 갈등을 방치하거나 잘못 관리하면 오히려 학교조직의 저해는 물론 교직원들의 사기마저 저하시키는 요인이 된다.

요즘 학교조직은 과거와는 달리 구성원의 특성이 다양화되고 구조 내용도 복잡해지고 있다. 학교 내 구성원인 교직원 구성도 과거에는 교원과 행정직원이었으나, 최근에는 기능직과 계약직이 확대되어 그 인원도 늘어나고, 교직원의 세대별 개성과 특성도 다양하다. 특히 개방적이고 우호적인 사람은 갈등 해결에 그리 문제가 되지 않지만 편협하고 외골수인 사람이라면 쉬운 일도 설득하기 어렵다. 요즘 학교의 외부조직인 학부모와 지역사회의 관계도 무시할 수 없는 요인이 되고 있다.

다양한 개성과 특성을 가진 교직원들이 교직업무 수행과정에서 크고 작은 갈등이 일어나고 있다. 물론 개인 간, 업무 간에 일어나는 갈등은 구조상의 문제도 있지만 대부분이 작은 의견이나 가치관의 차이와 그 전달과정에서 나타나는 오해에서 시작된다. 이처럼 갈등은 인간의 감정이 수반되므로 빨리 치료하지 않으면 시간이 갈수록 문제가 더 꼬이고 확대되어 문제를 더 어렵게 한다.

학교 내 갈등은 과도할 경우 학교조직 구성원의 육체적·정신적 소모를 초래하여 건강한 학교조직을 파괴시킬 수 있다. 그러나 갈등이 이처럼 부정적인 영향만을 초래하는 것은 아니다. 학교조직 내 어느 정도의 갈등은 학교조직 구성원에게 건강하고 건설적인 긴장감을 줌으로써 학교경영의 혁신성과 창의성을 높이는 긍정적인 효과를 낼 수도 있다.

학교조직에서 일어나는 각종 갈등이 잘 관리되지 않으면 당사자 간의 질시와 반목이 부정적인 감정으로 표출되어 소모적 갈등을 초래한다. 이 같은 소모적 갈등은 개인이나 학교조직에 전혀 도움이 되지 않고 오히려 막대한 폐해를 불러일으킬 수 있다. 반면, 학교조직 구성원의 학교에 대한 애정으로 비롯된 건설적인 의견대립은 학교의 발전과 이익을 위한 생산적인 갈등이라 할 수 있다. 생산적인 갈등은 그 원인을 규명하고 합리적으로 해결한다면 학교 발전은 물론 학교조직 구성원에게도 도움이 된다.

학교조직에서 교장의 능력 차이는 바로 학교경영에서 일어나는 갈등에 대해 수동적이거나 회피하는 게 아니라 갈등을 인정하고 적극적으로 이를 해결하는 능력에 달려 있다고 할 수 있다. 사실 갈등은 밖으로 표출되지 않는 한 상당수 갈등들은 이미 오랫동안 잠재된 채 지속된 것이라고 할 수 있다. 잠재된 갈등을 사전에 찾아 근본적인 문제를 해결하는 것이 교장의 경영능력이라고 할 수 있다.

학교경영자는 학교조직의 건강상태를 수시로 점검하고 잠재적인 갈등요소를 찾아 제거하거나 발생된 갈등문제를 슬기롭게 해결하는 데 학교경영자의 역량을 쏟아야 한다. 조직의 갈등해결 유형에 대해 독일의 심리학자인 토마스 킬만(Thomas – Kilmann)은 협조성과 공격성 두 차원을 중심으로 갈등의 해결 유형을 회피, 강요. 양보. 타협, 그리고 협력 다섯 가지로 설명하였다.

첫째, 회피형은 자신의 주장뿐만이 아니라 상대방의 주장도 만족시킬 수 없으므로 어떤 사안에 대해 당황하거나 그것을 무시해 버린다. 이는 소극적으로 상황을 지켜보는 행동양식으로 이런 유형의 사람들은 갈등의 상황을 겉으로 나타내지 않는다. 특징으로는 ① 독자적인 주장이 약하고 또한 상대방의 주장에 동조하지 않는다. ② 자신이나 상대방의 입장과 이익에 대한 명확하고 신속한 태도나 반응을 나타내지 않는다.

둘째, 강요형은 반대의 입장을 고려하지 않고 당신의 입장만을 주장하는 경우를 말한다. 경쟁은 강한 자기중심성과 약한 타인 수용성을 보이는 것이 특징이며, 이기기 위해서는 자신의 권리를 옹호하거나 권력을 휘두를 수도 있다. 특징으로는 ① 경쟁심이 강하고, 고집이 세며 비협조적이다. ② 자신의 입장을 고수하며 상대방의 양보를 요구한다.

셋째, 양보형은 자기희생이라는 관용과 협조적인 행동 양식이다. 즉 다른 사람의 관심을 만족시키기 위해서 자신의 관심을 보류하는 것으로 낮은 자기 주관성과 높은 타인수용성을 취하며, 이기심 없는 관대한 행동이나 단순히 명령에 복종하는 것을 의미할 수도 있다. 특징으로는 ① 고집을 덜 부리고 경쟁적이라기보다는 상대방에 협조적이다. ② 대립과는 반대되는 행동양식이다.

넷째, 타협형은 자신의 목표 달성뿐만 아니라 상대방과의 관계 유지 또한 중요하게 생각하는 경우로써 얻는 것도 있지만 포기하는 것도 있게 된다. 그것은 자기중심성과 타인수용성 측면에서 적합한 중간지점을 찾는 것이므로 서로의 의견을 절충하고 차이나는 점을 줄이는 것을 의미한다. 특징으로는 ① 자신과상대방의 주장과 입장을 잘 조화하고 중간적인 입장을 취한다. ② 양자의 입장을 부분적으로 만족시키기 위해 절충하는 행동 양식이다.

다섯째, 협력형은 갈등처리에 매우적극적인 행동 양식으로 자신과 상대방의 입장이나 이익을 충족시킬 수 있는 최선의 해결방안을 찾기 위해 노력한다. 특징으로는 ① 자신의주장도 강하며, 상대방의 입장에 대한 관심도 높다. ② 회피와는 반대되는 행동양식이다.

골이 깊어지지 않은 얕은 갈등은 해결이 어렵지 않지만, 교직원들 간에 불거져 나온 깊은 갈등은 대부분이 이 선을 넘어 감정과 자존심의 대결로 이어진 것이므로 그 해결방법이 간단치 않다. 게다가 우리나라는 아직도 유교사상이 깊이 자리 잡고 있어 상하 간에서는 아랫사람이 먼저 양보하기를 바라는 마음이 커서 갈등의 해결을 더욱 어렵게 하고 있다. 특히 세대 간의 갈등은 이해적 가치가 상충되어 해결을 어렵게 하고 있다.

학교경영자 입장에서 교직원의 생산적 갈등관리를 위해서는 다음과 같은 점을 유념할 필요가 있다.

첫째, 학교의 비공식조직을 이용하여 잠재적인 갈등요소를 점검해야 한다. 학교 내에서 갈등이 발생할 수 있는 잠재적인 요인을 찾는 노력이 필요하나 공식적으로 찾아내기는 힘든 일이다. 그러므로 소규모 비공식적인 부서 간, 학년 간, 부장 간, 업무 간 만남의 장을 마련하여 이들과 허심탄회한 대화를 통해 갈등요소를 점검하는 것이 가장 효과적이다.

둘째, 열린 행정과 개방적인 학교경영으로 갈등요소를 제거해야 한다. 학교조직 구성원의 불만의 대부분은 학교경영에서 발생한다. 학교의 의사결정과정이나 행정적 절차과정에서 충분한 수렴과정이 없으면 불만과 오해가 생기고 이러한 요인들이 갈등으로 전개된다. 그러므로 교직원들이 항상 자기의 생각을 건의할 수 있는 열린 대화의 공간을 마련하는 것도 갈등을 줄이는 한 방법이 될 수 있다.

셋째, 교직원과 학부모와의 갈등은 그 수위에 따라 대응전략을 세워야 한다. 교직원과 학부모의 갈등은 내용에 따라 학교경영자인 교장, 교감의 대응전략이 필요하다. 갈등의 깊이에 따라 교사, 교감, 교장의 순으로 점차적인 협상이 이루어져야 효과적이다. 처음부터 교장이 대응하면 오히려 문제가 깊어지고 해결을 어렵게 할 수 있으므로 당사자 간의 충분한 협상이 이루어진 후 교장이 최후로 개입해야 설득이 쉽다.

넷째, 학교경영자인 교장, 교감의 갈등관리 역량을 강화해야 한다. 학교조직 안에서 발생하는 갈등을 조기에 적절히 해결하는 데 있어 특히 중요한 것은 경영자의 역할이다. 유능한 경영자라면 학교조직 구성원 간의 갈등에 대해 객관적이고 공정한 해결방안을 제시해주는 능력을 갖추어야 한다. 흔히 지나치기 쉬운 사실은 갈등에 직접적으로 연관된 당사자일수록 효과적이고 건설적인 해결책을 찾아내기가 더욱 어렵다는 것이다. 그러므로 경영자의 리더십을 통해 조직구성원을 포용하고 조직 내 부드러운 인간관계를 유지할 수 있는 유능한 리더를 육성할 필요가 있다.

다섯째, 갈등이 발생하면 신속하고 적극적으로 대처해야 한다. 갈등의 효과적인 해결을 위해서는 빠른 대처가 필요하다. 갈등을 관리하지 않고 방치할 경우 시간이 지날수록 상황이 더욱 악화되므로 빠르게 해결할수록 적은 노력이 든다. 따라서 작은 갈등에 신속하게 대응하지 못하면 당사자 간 감정의 골이 깊어지고 전체 조직의 경쟁력에도 좋지 못한 영향을 미칠 수 있다. 그러므로 학교경영자인 교장과 교감이 적극적으로 대처하는 것이 갈등해결에 효과적이다.

이와 같이 아무리 좋은 갈등관리기법을 사용한다 하더라도 갈등 당사자 간의 신뢰가 바탕이 되지 않으면 갈등은 근본적으로 해결될 수 없다. 특히 학교조직에서 나타나는 크고 작은 갈등에는 반드시 원인이 학교 내에 존재하고 있다. 그러므로 학교경영자는 건강한 학교조직을 위하여 항상 잠재적인 갈등문제를 조기에 찾아 해결함으로써 교직원의 갈등을 생산적 갈등으로 변화시키는 리더십을 발휘해야 할 것이다.

김성규 ————

강릉교육대학교와 한성대학교를 졸업하고, 한양대학교 경영대학원에서 경영학 석사, 연세대학교 교육대학원에서 교육학 석사, 단국대학교 대학원에서 교육학 박사학위를 받았다.

교사, 교감, 장학사, 성남중앙초등학교 교장을 역임했다. 현재 양영초등학교 교장으로 재직하고 있다. 단국대학교 교육대학원, 동서울대학교, 서울신학대학교에서 〈교육행정 및 교육경영〉, 〈교직실무〉, 〈교육학개론〉 등을 강의하고 있다.

주요 논문으로는 「초등학교 교장의 감성리더십: 교사문화와 직무만족 및 학생 삶의 질에 미치는 영향」이 있으며, 저서로는 『교직실무』(공저)가 있다.

따뜻한
교육,
행복한
미래

초 판 인 쇄 | 2012년 4월 30일
초 판 발 행 | 2012년 4월 30일

지 은 이 | 김성규
펴 낸 이 | 채종준
펴 낸 곳 | 한국학술정보㈜
주　　소 | 경기도 파주시 문발동 파주출판문화정보산업단지 513-5
전　　화 | 031) 908-3181(대표)
팩　　스 | 031) 908-3189
홈 페 이 지 | http://ebook.kstudy.com
E-mail | 출판사업부 publish@kstudy.com
등　　록 | 제일산-115호(2000. 6. 19)

ISBN　　978-89-268-3333-9 93370 (Paper Book)
　　　　978-89-268-3334-6 98370 (e-Book)

내일을여는지식 █ 은 시대와 시대의 지식을 이어 갑니다.

이 책은 한국학술정보(주)와 저작자의 지적 재산으로서 무단 전재와 복제를 금합니다.
책에 대한 더 나은 생각, 끊임없는 고민, 독자를 생각하는 마음으로 보다 좋은 책을 만들어갑니다.